出口王仁三郎

瑞能神歌と
黄泉比良坂

神素盞嗚大神の神代姿の出口王仁三郎
（昭和8年10月22日）

出口王仁三郎（昭和3年10月3日、仙台市 千代分所）

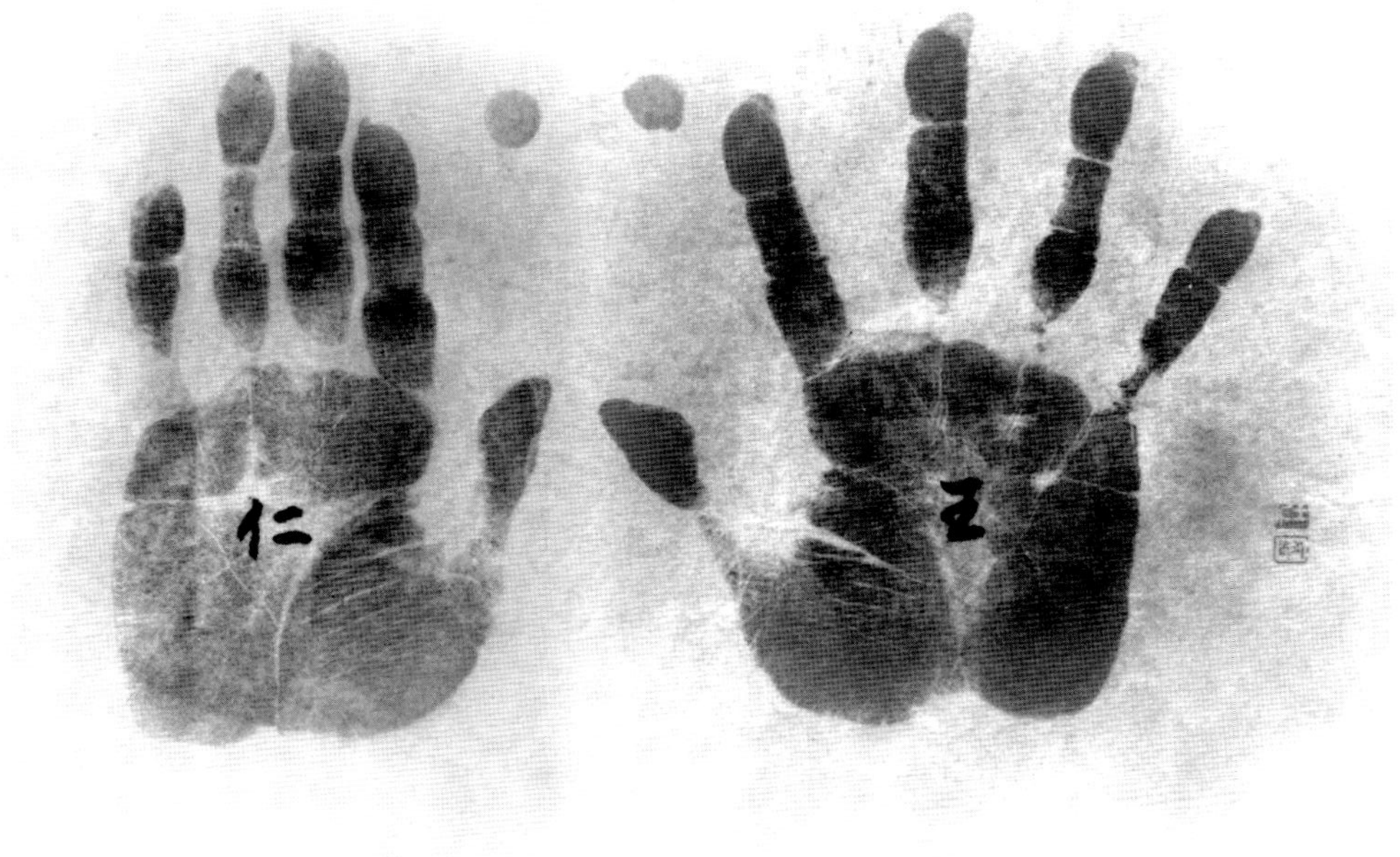

○掌中に五大天紋皆流紋　固く握りて降る救世主　　出口王仁三郎手形

○キリストの聖痕までも手に印し　天降りたる救世の活仏

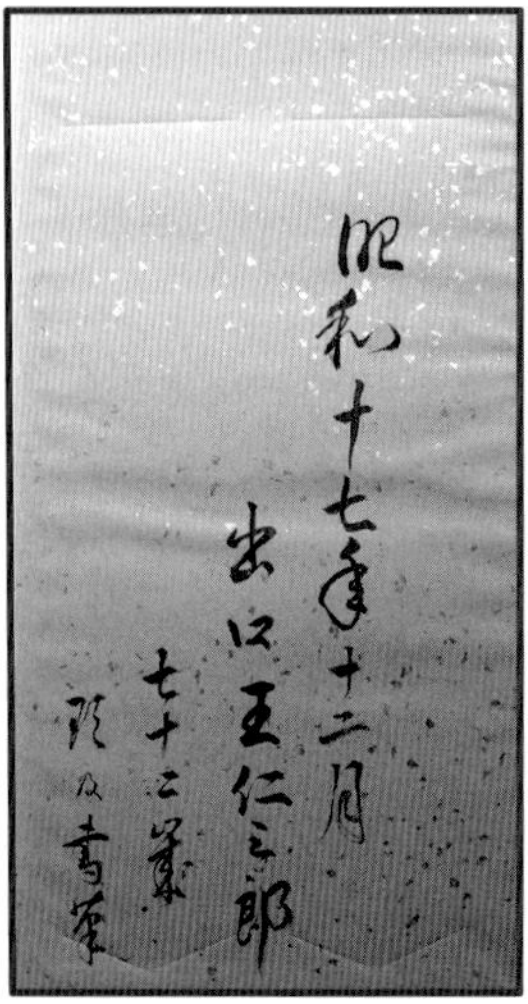

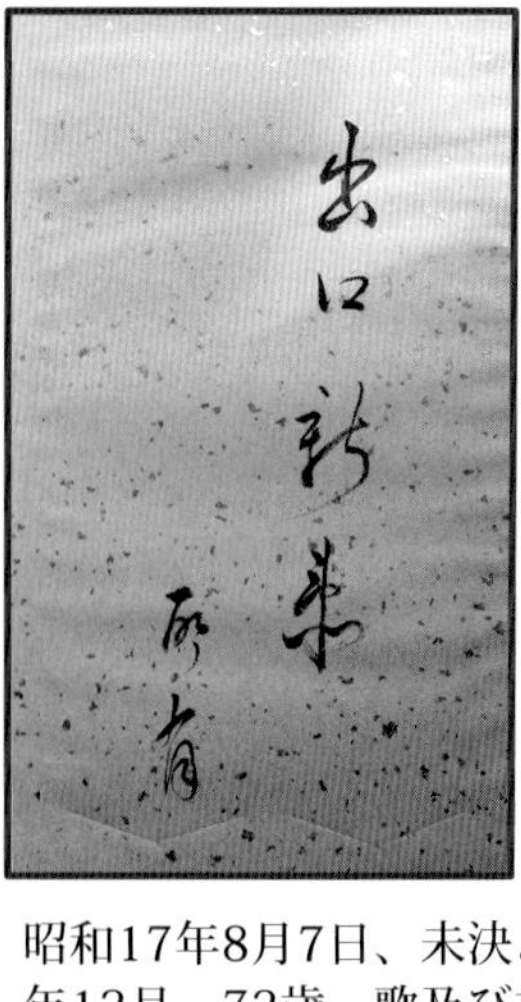

よもつひらさかのうた

昭和17年8月7日、未決より亀岡に帰られた出口王仁三郎は、同年12月、72歳、歌及び書筆、出口新衛所有と揮毫された短冊帳が残されている。

まえがき

戦後の昭和20（1945）年12月30日、鳥取県吉岡温泉で静養中の出口王仁三郎の発言記事が大阪朝日新聞に掲載された。

「……自分はただ全宇宙の統一和平を願うばかりだ。日本の今日あることはすでに幾回も予言したが、そのため弾圧をうけた。〝火の雨が降るぞよ〟のお告げも実際となって日本は敗けた。これから神道の考へ方が変わってくるだろう。これは今までの解釈が間違っていたもので、民主主義でも神に変りがあるわけはない。ただ本当の存在を忘れ、自分に都合のよい神社を偶像化してこれを国民に無理に崇拝させたことが、日本を誤らせた。殊に日本の官国幣社《かんこくへいしゃ》が神様でなく、唯の人間を祀っていることが間違いの根本だった。しかし大和民族は絶対に亡びるものでない。日本敗戦の苦しみはこれからで、毎年困難が加わり、寅年の昭和25（1950）年までは駄目だ。いま日本は軍備がすっかりなくなったが、これは世界平和の先駆者として尊い使命が含まれている。本当の世界平和は全世界の軍備が撤廃した時にはじめて実現され、いまその時が近づきつつある。……」と、希望ある日本、世界への談話が掲載された。

しかして『霊界物語』第67巻　第5章「波の鼓《つづみ》」の「神仏無量寿経《しんぶつむりょうじゅきょう》」（大正13（１９２４）年12月2日。物語口述より１００年前）の中に、「瑞霊《ずいれい》（＝出口王仁三郎聖師）世《よ》を去《さ》りて後《のち》、聖《しょう》道滅《どうめつ》せば、蒼生《そうせい》諂偽《てんぎ》にして、また衆悪《しゅうあく》を為《な》し、五痛五焼還《ごつうごしょうかえ》りて前《まえ》の法《ほう》（＝旧法律。お経、バイブル、神諭）の如《ごと》く久《ひさ》しきを経《へ》て、後転《のちうた》た激烈《げきれつ》なる可《べ》し、悉《ことごと》く説《と》く可《べ》からず。吾《われ》は唯《ただ》衆生《しゅじょう》一切《いっさい》のために略《りゃく》して之《これ》を言《い》うのみ。……」とある。

出口聖師昇天（昭和23年1月19日。数え78歳。満76歳6ヶ月）後、次第に神の教が忘却されて、世界の乱れは激烈になると警告される。戦後日本は平和憲法を公布し遵守して来た。しかし、この憲法の生みの親・金森徳次郎元国務大臣の大精神・画竜点睛《がりょうてんせい》、深奥《しんおう》を喪失しつつある現代、悉く説く可らず……。本書は『霊界物語』、『瑞能神歌《みづのしんか》』や関係文献から、黄泉比良坂《よもつひらさか》、世界の終焉《しゅうえん》、末法《まっぽう》の世の本当の意味について掲載しました。

日本はじめ世界各国が軍備増強を加速する今日、お筆先にも「やむを得ずの事が出来《しゅったい》致すぞよ」、「おそし、はやしは、あるなれど、筆先に出したことは毛筋の横幅も間違いはないぞよ」と示されますが、「立替が何時来ようとも、人間は全てに最善を尽くしおらねばいかん、神様第一として、よく働き、少しでも神様にご苦労をかけんようにすべきじゃ」とのお言葉です。

無限絶対無始無終、至仁至愛の造化の神は、五十六億七千万年この地上に天国・弥勒の世を建設し人間はじめ禽獣草木《きんじゅうそうもく》に至るまで人類を易《やす》く穏《おだや》かに住まわせ給わんとする経綸《けいりん》がある。それにも拘《かかわ》らず何故社会は戦争へと向かうのか。これらの背景とは何か。戦争は民衆を困苦に落し入れるだけで、得るものは何もない。時の勢いで他国を侵略、併合、略奪しても、決して本物の行為にはならないのがこの世界です。

○

これら悪の根源は、人間の祖である「アダムとイブ」。これを物語の中では、天《あ》足《だる》彦《ひこ》、胞《え》場《ば》姫《ひめ》として、禁断の果実《このみ》を食し、神の言葉に叛《そむ》いた罪により、それが邪気となって地上に蔓延し、その邪霊が世界の指導者はじめ人間に憑《ひょう》依《い》して、弱肉強食の修羅の世界を現出させるという。

これを「顕《けん》幽《ゆう》一《いっ》致《ち》」、つまり顕界と霊界は一致する。精神界がこの実体界である現界に移《い》写《しゃ》することを意味する。天上の政治が乱れると、地上に紛《ふん》乱《らん》状態が現れる。天にあることは地に移り、地乱れると天乱れる。それ故、霊界は時間空間のない想念の世界で預言の判断は難しい。

人間には神様の分霊が与えられ、肉体は分霊の容《い》れ物《もの》で、その肉体は神の子、神の宮、生まれつき悪人は一人もいない。ただ心のゆるみにより種々の悪魔に左右され、肉体が使われるのである。

出口聖師の御教から、真《まこと》の神《かみ》（メシア、ミカエル・再臨のキリスト・弥勒下生）主《ス》神《しん》・神《かむ》素盞嗚大神《すさのおのおほかみ》の示される究極の教の中から、愛善主義、無抵抗主義の平和への経綸を考える資料として出版しました。

令和４（２０２２）年12月8日　みいづ舎編集

○本書の原本は明治、大正、昭和初期の文献で、旧字体で書かれております。主題の「黄泉比良坂」の大意を掌握するため第1編の「瑞能神歌」以外は文章を略記しております。また本文は旧字体、旧仮名でこれを新字体に改め、総ルビとしました。

出典は各章の末尾に付し、用語の注は（＝○○）、として本文中に、文章の補足は—◆○○○…—、または—★○○…—と表記し、長文もあります。

目次

第一編　瑞《みづ》能《の》神《しん》歌《か》の預言録

瑞能神歌　解題

▼本編『瑞能神歌《みづのしんか》』に収録したる神歌三章は、何れも「★裏《うら》の神諭《しんゆ》」として取扱うべき性質のものであります。それぞれ★瑞御魂《みづのみたま》がお憑《かか》りになり、咄嗟《とっさ》の間に完結されたもので、普通の文芸的性質の作とは全然選を異にするはいうまでもありません。

▼「大本神歌《おほもとしんか》」は大正6（1917）年12月1日の御作で、大正7年2月発行の雑誌『神霊界《しんれいかい》』誌上に掲載されて居ります。世の大峠の前後に亘《わた》る顕幽両界《けんゆうりょうかい》の重要事を述べられた「神歌《しんか》」で、大本信者に取りては無二の宝典であります。

▼「いろは歌」（その一）は大正6年11月3日の作で、これは6年12月及び7年1月発行の『神霊界《しんれいかい》』誌上に発表されて居ります。

▼「いろは歌」（その二）は明治36（1903）年9月10日の執筆（日露戦争の1年半前の著作）です。当時変性女子（出口王仁三郎聖師）の書かれたものは、大本役員により大部分焼棄され、十数冊だけ保存されて居ります。本歌はその中から選びました。これは大正6年11月発行の『神霊界《しんれいかい》』誌上に掲載されて居ります。

★裏の神諭　開祖・出口直のお筆先を出口王仁三郎聖師が手を加えて大正6年より発表されたものを「表《おもて》の神諭《しんゆ》」と称し、これに対して出口聖師ご自身が書かれて発表されたものを「裏《うら》の神諭《しんゆ》」と称する。

★瑞の御魂　天《あめ》之《の》御中主大神《みなかぬしのおほかみ》・高《たか》皇《み》産霊大神《むすびのおほかみ》・神《かむ》皇《み》産霊大神《むすびのおほかみ》を宇宙の造化三神《ぞうかさんしん》と称し、三神別々の神でなく三位一体の神。これを三《み》ツの御魂《みたま》、瑞《みづ》の御魂《みたま》、言霊学上神《かむ》素《す》盞嗚大神《さのおおほかみ》と奉称し、主神《すしん》のこと。メシア、再臨のキリスト、ミカエル、降臨の意。

第一章　大本神歌

（一）

東雲《しののめ》の空《そら》に輝《かがや》く天津日《あまつひ》の、豊栄登《とよさかのぼ》る神《かみ》の国《くに》、四方《よも》に周《めぐ》らす和田《わだ》の原《はら》、外国軍《とつくにいくさ》の攻《せめ》難《がた》き、神《かみ》の造《つく》りし細矛《くわしほこ》、千足《ちたる》の国《くに》と称《たた》へしは、昔《むかし》の夢《ゆめ》と成《な》りにけり。

今《いま》の世界《せかい》の国々《くにぐに》は、御国《みくに》に勝《まさ》りて軍器《つはもの》を、海《うみ》の底《そこ》にも大空《おほぞら》も、地上地中《ちじやうちちう》の選《えら》み無《な》く、備《そな》へ足《た》らはし間配《まくば》りつ、やがては降《ふ》らす雨利加《あめりか》の、数《かづ》より多《おほ》き迦具槌《かぐづち》に、打《う》たれ砕《くだ》かれ血《ち》の川《かは》の、憂瀬《うきせ》を渡《わた》る国民《くにたみ》の、行《ゆ》く末《すゑ》深《ふか》く憐《あはれ》みて、明治《めいち》の二十五年《ねん》より、露《つゆ》の玉《たま》散《ち》る刃《やいば》にも、向《むか》ひて勝《かち》を取《と》らせつゝ、猶外国《なほとつくに》の襲来《しうらい》を、戒《いまし》め諭《さと》し様々《さまざま》と、神《かみ》の出口《いつき》の口開《くちびら》き、詔《の》らせ給《たま》へど常暗《とこやみ》の、心《こころ》の空《そら》の仇曇《あだぐも》り、磯吹《いそふ》く風《かぜ》と聞《き》き流《なが》し、今《いま》の今《いま》まで馬《うま》の耳《みみ》、風吹《かぜふ》く如《ごと》き人心《ひとごころ》、ア、如何《いか》にせん戊《つちのゑ》の、午《うま》（大正7〔1918〕年）の春夏秋《はるなつあき》に懸《か》け、心落《こころお》ち居《ゐ》ぬ荒浪《あらなみ》の、中《なか》に漂《ただよ》ふ苦《くる》しみは、神《かみ》ならぬ身《み》の知《し》る由《よし》も、なく泣《な》く縋《すが》る神《かみ》の前《まえ》、水底潜《みなそこくぐ》る仇艦《あだふね》と、御空《みそら》に轟《とどろ》く鳥船《とりふね》の、醜《しこ》の荒《すさ》びに悩《なや》まされ、皆散《みなち》り〴〵に散《ち》り惑《まど》ふ、木《こ》の葉《は》の末《すゑ》ぞ哀《あは》れなる。

（二）

連合《れんがふ》の国《くに》の味方《みかた》と今迄《いままで》は、成《な》り竭《つく》せしカラ国《くに》（＝外国）の、悪魔邪神《まがつのかみ》が九分《ぶ》九厘《りん》、モウ一厘《りん》の瀬戸際《せとぎは》に、旗《はた》を反《かへ》すと白露《しらつゆ》の其振舞《そのふるまひ》の非議非道《ひぎひだう》は、凡《すべ》ての計画《しぐみ》を狂《くる》はせて、勝《か》つ可《べ》き戦争《いくさ》の負《ま》け始《はじ》め、永《なが》びき渡《わた》る西《にし》の空《そら》、黒雲《くろくも》晴《は》るゝ暇《ひま》も無《な》く、独《ひと》り気儘《きまま》の仕放第《しはうだい》、印度《いんど》の海《うみ》も掠《かす》め取《と》り、茲《ここ》にも深《ふか》き経綸《しぐみ》為《な》し。

次《つ》いて浦塩《うらじほ》日本海《にほんかい》（＝ウラジオストック）、我物顔《わがものがほ》に跳梁《てうりやう》し、トン〳〵拍子《びやうし》に乗《の》り出《だ》して、神《かみ》の御国《みくに》を脅迫《おびやか》し、モウ一《ひ》と息《いき》と鳴戸灘《なるとなだ》、渦巻《うずま》き猛《たけ》る荒浪《あらなみ》に、大艦《おほぶね》小艦《おぶね》残《のこ》り無《な》く、底《そこ》の藻屑《もくず》と亡《ほろ》ぶるも、綾《あや》の高天《たかま》に最《い》と高《たか》く、空《そら》に聳《そび》えし言霊閣《ことたまや》、天下《てんか》水地《すゐち》と結《むす》び（＝『神と宇宙の真相』参照）たる、五重《いづへ》の殿《との》に駈《か》け登《のぼ》り、力《ちから》の限《かぎ》り声限《こえかぎ》り、鳴《な》る言霊《ことたま》の勲功《いさほし》に、醜《しこ》の鳥船軍艦《とりぶねいくさぶね》、水底《みなそこ》潜《くぐ》る仇艇《あだふね》も、皆《みな》夫《そ》れ〴〵に亡《ほろ》び失《う》せ、影《かげ》をも止《と》めぬ惨状《みじめさ》に、曲津軍《まがついくさ》も慄《おのの》きて、従《したが》ひ仕《つか》へ来《きた》る世《よ》を、松《まつ》と梅《うめ》との大本《おほもと》に、世界《せかい》を救《すく》ふ艮《うしとら》の、神《かみ》の稜威《みいづ》ぞ尊《たふ》とけれ。

（三）

綾《あや》の高天《たかま》に顕《あら》はれし、国常立大神《くにとこたちのおほかみ》（＝国祖・艮の金神）の、神諭《みこと》畏《かし》こみ謹《つつし》みて、厳《いづ》の御《み》魂《たま》と現《あら》はれし、教御親《をしへみおや》の神勅《かみこと》に、日清間《にっしんかん》の戦《たたか》ひ（1894～95）は、演劇《しばい》に譬《たと》へて一番叟《ばんそう》、日露戦争《にちろせんそう》（1904〜05）が二番叟《ばんそう》、三番叟《ばんそう》は此度《このたび》の、五年《ねん》に亙《わた》りし世界《せかい》戦《せん》（＝第一次大戦。1914〜18）、龍虎相打《りうこあひう》つ戊《つちのゑ》の、午《うま》の年《とし》より本舞台《ほんぶたい》、いよ〱初段《しょだん》と相成《あひな》れば、西伯利亜線《シベリアせん》を花道《はなみち》（＝シベリア鉄道の意味ではない。ロシア革命（1917）直後、米国のアジア侵略計画を察知した日本は、シベリア出兵（大正7〔1918〕年）を決意する）と、定《さだ》めて攻《せ》め来《く》る曲津神《まがつかみ》。力《ちから》の限《かぎ》り手《て》を尽《つく》し、工夫《くふう》を凝《こ》らし神国《かみぐに》を、併呑《ひとのみ》せんと寄《よ》せ来《きた》り、天《あま》の鳥船《とりふね》（＝飛行機）天《そら》を蔽《を》ひ、東《あづま》の空《そら》に舞《ま》ひ狂《くる》ひ、茲《ここ》に二段目幕《だんめまく》（＝第二次世界大戦）が開《あ》く。

○

三段《だん》いよ〱開《ひら》く時《とき》、三千余年《よねん》の昔《むかし》より、国《くに》の御祖《みおや》の選《えら》まれし、身魂集《みたまあつま》る大本《おほもと》の、神《かみ》に仕《つか》へし神人《かみびと》が、御祖《みおや》の神《かみ》の給《たま》ひたる、日本心《やまとごころ》を振《ふ》り起《おこ》し、厳《いづ》の雄猛《をたけ》び踏《ふ》み猛《たけ》び、厳《いづ》の身魂《みたま》を元帥《げんすゐ》に、瑞《みづ》の身魂《みたま》を指揮官《しきくわん》に、直日《なほひ》の御魂《みたま》を楯《たて》と為《な》し、何《なん》の猶予《いうよ》も荒魂《あらみたま》、爆裂弾《ばくれつだん》の勇《いさ》ぎ能《よ》く、神《かみ》の軍《いくさ》の奇魂《くしみたま》、奇《く》しき勲功《いさほ》は言霊《ことたま》の、天照《あまて》る国《くに》の幸魂《さちみたま》、言平和《ことむけやは》す和魂《にぎみたま》、魂《たま》の助《たす》けの著《いちじ》るく、轟《とどろ》く御代《みよ》を松《まつ》の代《よ》の、四十有八《よそまりやつ》の生御魂《いくみたま》、言霊閣《ことたまのや》に鎮《しづ》まりて、四方《よも》の国々天《くにぐにあめ》の下《した》、治《をさ》めて茲《ここ》に千早振《ちはやふる》、神代乍《かみよなが》らの「祭政一致《まつりごと》」、開《ひら》き治《はじ》めて日《ひ》の本《もと》の、現津御神《あきつみかみ》に奉《たてまつ》る、常磐《ときは》の御代《みよ》ぞ楽《たの》しけれ。

（四）

カラ国《くに》の天《あめ》に漲《みなぎ》る叢雲《むらくも》も、砲烟弾雨《ほうえんだんう》も晴渡《はれわた》り、日《ひ》の出《で》の守護《しゅご》と成《な》るなれば、斯上《こよ》無《な》き御国《みくに》の幸《さち》なれど、十重《とへ》に二十重《はたへ》に累《かさ》なりし、糸《いと》のもつれの弥繁《いやしげ》く、解《とく》る由《よし》なき小田巻《をだまき》の、繰《く》り返《かへ》しつゝ行《ゆ》く程《ほど》に、東《あづま》の空《そら》にもつれ来《き》て、退《ひ》くに退《ひか》れぬ破目《はめ》と成《な》り、弥々出師《いよいよいくさ》と成《な》る時《とき》は、五十余億《いそよおく》の軍資《ぐんし》をば、一年経《ひととせた》ぬ束《つか》の間《ま》に、烟散霧消《えんさんむせう》の大惨事《だいさんじ》、巨万《きょまん》の生霊土《せいれいつち》と化《くわ》し、農工商《のうこうしやう》の国本《こくほん》も、次第《しだい》〱に衰《おと》ろへて、青菜《あをな》に塩《しほ》の其如《そのごと》く、彼方《あなた》此方《こなた》に溜息《ためいき》を、吐《つ》く〳〵思案《しあん》に暮《くれ》の鐘《かね》、進退爰《しんたいここ》にきはまりて、天《てん》を拝《はい》し地《つち》に伏《ふ》し、狼狽《うろたへ》さわぐ弱虫《よわむし》の、カラの身魂《みたま》は自《おのづ》から、現《あら》はれ狂《くる》ふ憐《あは》れさよ。

然《さ》れど日本《にほん》は千早振《ちはやふる》、神《かみ》の守《まも》りし常磐国《ときはぐに》、国《くに》の真秀国《まほくに》珍《うづ》の国《くに》、神《かみ》が表面《おもて》に現《あ》れまして、御国《みくに》を守《まも》り給《たま》ひつゝ、世界《せかい》を救《すく》ひ玉《たま》へども、未《ま》だ〳〵心許《こころゆる》されぬ、一つの国《くに》の御空《みそら》より、降《ふ》る雨里迦《アメリカ》の一時雨《ひとしぐれ》、木枯《こがら》しさへも加《くわ》はりて、山《やま》の尾《を》の上《へ》の紅葉《もみぢば》も、果敢《はか》なく散《ち》りて小男鹿《さをしか》の、泣《な》く声《こゑ》四方《よも》に龍田山《たつたやま》、神《かみ》のまに〳〵四《よ》ツの尾《を》の、山《やま》の麓《ふもと》の龍館《たつやかた》、集《あつま》り居《ゐ》ます神々《かみがみ》の、厚《あつ》き恵《めぐ》みに照《て》り返《かへ》す、紅《からくれなゐ》の楓葉《もみぢば》の、元《もと》の姿《すがた》ぞ目《め》出度《でたき》けれ。

（大正6年12月1日筆録、『神霊界』大正7年2月1日号掲載）

第二章　いろは歌（その一）

い鹿《かるが》の郡《こほり》綾部《あやべ》の本宮《ほんぐう》の、拾里《じふり》四方《しはう》は宮《みや》の内《うち》、下津岩根《したついはね》の珍《うづ》の国《くに》、高天原《たかあまはら》と称《たた》えつゝ、天《あめ》に坐《ま》す神八百万《かみやほよろづ》、地《つち》に坐《ま》す神八百万《かみやほよろづ》、集《あつ》まりまして幽世《かくりよ》と、現《うつ》つの世《よ》をば知《し》ろしめす、其神業《そのかみわざ》を神議《かむはか》り、議《はか》り玉《たま》ひて常夜往《とこよゆく》、烏羽玉《うばたま》（＝枕ことば）の世《よ》を照《て》らさむと、伊都《いづ》の御魂《みたま》と現《あ》れまして、天津日嗣《あまつひつぎ》の動《ゆる》ぎなく、目出度御代《めでたきみよ》を松《まつ》の世《よ》の、常磐堅磐《ときはかきは》の礎《いしずえ》を、搗固《つきかた》めます霊《たま》の地《ち》を、知《し》らずに暮《くら》す世《よ》の人《ひと》の、心《こころ》の空《そら》の仇曇《あだくも》り、晴《は》るゝ由《よし》なき憐《あは》れさよ。

ろんどんのカラの都《みやこ》に預《あづ》けたる、金山姫《かなやまひめ》の御宝《みたから》は、何時《いつ》還《かへ》り坐《ま》す術《すべ》を無《な》み、御姿《みすがた》さへも瑞穂国《みずほくに》、豊葦原《とよあしはら》の中国《なかくに》の、力《ちから》を削《けず》る曲津霊《まがつひ》は、英米西大国《えべすだいこく》（＝英国・米国・フランスの大国）西《にし》の海《うみ》、底《そこ》の藻屑《もくず》と鳴《な》る神《かみ》に、臍《ほぞ》を奪《と》られし姿《すがた》なり。

はに安《やす》の彦《ひこ》の神言《みこと》の現《あら》はれて、雲井《くもゐ》に懸《かか》る群雲《むらくも》を、伊吹《いぶ》き放《はな》ちて春日《かすが》なる、天《あま》津日陰《つひかげ》の隈《くま》もなく、輝《かがや》き渡《わた》る日《ひ》の本《もと》の、国《くに》の稜威《みいづ》は弥高《いやたか》く、鳴戸《なると》の海《うみ》の弥深《いやふか》き、神《かみ》の恵《めぐ》みの鳴《な》り〱て、鳴《な》りも合《あ》はざる仇波《あだなみ》を、大海原《おほうなばら》に加々呑《かかのみ》て、世《よ》の大本《おほもと》の一筋《ひとすじ》の、誠《まこと》の神《かみ》の統《す》べ玉《たま》ふ、国常立《くにとこたち》の神《かみ》の代《よ》を、来《きた》さん為《ため》に三千歳《みちとせ》の、道有《みちあ》る御《み》代《よ》を松《まつ》の大本《おほもと》、神《かみ》の出口《でぐち》の畏《かし》こけれ。

にし東南《ひがしみなみ》と北《きた》の荒海《あらうみ》に、艦充《ふねみ》ち続《つづ》け寄《よ》せ来《きた》る、醜《しこ》の荒《すさ》びの猛《たけ》く共《とも》、御空《みそら》に震《ふる》ふ鳥船《とりふね》（＝戦闘機）の、羽音《はおと》は如何《いか》に高《たか》くとも、空《そら》より降《ふ》らす迦具槌《かぐづち》の、三《み》ツの都《みやこ》を夜藝速男《やきはやを》、如何《いか》なる神《かみ》の猛《たけ》びにも、少《すこ》しも怖《お》じぬ日《ひ》の本《もと》の、国《くに》に幸《さちは》ふ言霊《ことたま》の、ウ、とアの水火《いき》にカラ鳥《とり》の、肝《きも》を抜《ぬ》かれて落《お》ち此方《こち》に、神《かみ》の稜威《みいづ》の著《いち》じるく、頭《かしら》を地《つち》に逆様《さかしま》に、神《かみ》の御国《みくに》に何時《いつ》までも、仇波《あだなみ》立《た》たぬ松《まつ》の代《よ》と、駿河《するが》の国《くに》の不二《ふじ》の山《やま》、気高《けだか》き姿《すがた》の其儘《そのまま》に、世界《せかい》の上《うへ》に聳《そび》ゆなり。

ほ日《ひ》の命《みこと》（＝天穂日命。血染焼尽の神。滋賀県蒲生に生れる。五男神の一柱）の現《あら》はれて、海《うみ》の内外《うちと》の嫌《きら》ひなく、降《ふ》らす血雨《ちあめ》の河《かは》と成《な》り、屍《かばね》は積《つ》みて山《やま》を為《な》す。カラクレナイの敷島《しきしま》の、赤《あか》き心《こころ》は日本魂《やまとだま》、火《ひ》にさへ焼《や》けぬ国魂《くにたま》の、光《ひか》り輝《かがや》く時《とき》となり、体主霊従《から》の身魂《みたま》を焼《や》き尽《つく》し、水火《みづほ》の国《くに》の中津国《なかつくに》、下津岩根《したついはね》に現《あら》はれし、厳《いづ》の御魂《みたま》の勲功《いさほし》の、天照《あまて》る御代《みよ》の楽《たの》もしさ。

へだて無《な》き、神《かみ》の恵《めぐ》みは弥高《いやたか》き、高天原《たかあまはら》に現《あ》れまして、乱《みだ》れ界《は》てたる現《うつ》し世《よ》の、諸々《もも》の人草《ひとくさ》救《すく》はむと、誠《まこと》の道《みち》をたてよこの、二柱神《ふたつのかみ》の勲功《いさほし》は、天之岩戸《あめのいはと》を開《ひら》くなる、奇磐間戸《くしいはまど》の手力男《たぢからを》、日本《やまと》の人《ひと》も外国人《からびと》も、神《かみ》の教《をしへ》に手《て》撫《な》槌《づち》や、足撫《あしな》（槌《づち》）

（＝神の手足となって働く神々）の道《みち》に迷《まよ》ひたる、身魂《みたま》を善《よ》きに導《みちび》きて、ミロクの神《かみ》の守《まも》ります、常磐《ときは》の松《まつ》の神《かみ》の世《よ》に、覆《かへ》して統《す》ぶる世《よ》の本《もと》の、国常立《くにとこたち》の神《かみ》ぞ尊《たふ》とき。

とつ国《くに》の醜《しこ》の仇浪《あだなみ》いや猛《たけ》く、秋津島根《あきつしまね》に打寄《うちよ》せて、国《くに》の中分《なかば》を洗《あら》ひ去《さ》り、浪花《なには》の土《つち》を汚《けが》しつゝ、五十鈴川《いそすずがは》に襲《おそ》ひ来《き》て、清《きよ》き宮川泥《みやかはどろ》と為《な》し、御国《みくに》の魂《たま》を盗《ぬす》まむと、深《ふか》き奸計《たくみ》は三重県《みえあがた》、尾張半田《をはりはんだ》に押寄《おしよ》せて、手配《てくば》り為《な》せる其刹那《そのひま》に、伊勢《いせ》の神風吹《かみかぜふき》起《おこ》り、怒《いか》れる浪《なみ》の物凄《ものすご》く、心《こころ》の黒《くろ》き黒船《くろふね》の、浮瀬《うきせ》に沈《しず》む神罰《いましめ》の、忽《たちま》ち来《く》ると白人《しらひと》の、国《くに》の末《すゑ》こそ憐《あは》れなりけれ。

ち早振神代《はやふるかみよ》ながらの神国《かみくに》の、千代《ちよ》も八千代《やちよ》も動《ゆる》ぎなき、天津日嗣《あまつひつぎ》の大君《おほきみ》は、豊《とよ》葦原《あしはら》の中津国《なかつくに》、瑞穂《みづほ》の国《くに》の主師親《おほもと》と、現《あら》はれまして天《あめ》の下《した》、四方《よも》の国々隈《くにぐにくま》もなく、言向平《ことむけやは》し御恵《みめぐみ》の、露《つゆ》の御魂《みたま》に潤《うるほ》ひし、日本御国《やまとみくに》の民草《たみくさ》は、我大君《わがおほきみ》の知食《しろしめ》す、大御《おほみ》神業《みわざ》にあなひて、内外《うちと》の国《くに》を助《たす》く可《べ》き、神《かみ》の依《よさ》しの天職《かんわざ》を、身《み》も棚知《たなし》らに弥広《いやひろ》に、尽《つく》せ日本《やまと》の神《かみ》の子等《こら》。

りう球《きう》につゞく台湾澎湖島《たいわんほうこたう》（＝台湾の西の島）、御国《みくに》に遠《とほ》きこの島《しま》に、心《こころ》を配《くば》れ日本人《やまとびと》、外国魂《とつくにたま》のこゝかしこ、国売《くにう》る曲《まが》の多《おほ》くして、主人《あるじ》の留守《るす》の間鍋《まなべ》たき、柱《はしら》を崩《くづ》すカミ斗《ばか》り、ヤンキーモンキー騒《さわ》ぐとも、降《ふ》る雨《あめ》リカを防《ふせ》ぐ由《よし》なし。

ぬさ（＝お祓いの神具）採《と》りて和知《わち》の川辺《かはべ》に祈《いの》りつゝ、この世《よ》の泥《どろ》を滌《すす》がむと、明治《めいぢ》の二十五年《ねん》より、直《すぐ》なる針《はり》に餌《え》も付《つ》けず、川王《かはおう》の鯉《こひ》のツレ無《な》くも、鮒《ふな》や諸魚《もろな》の屑《くず》のみぞ、神《かみ》の恵《めぐみ》の糸長《いとなが》く、釣下《つりを》ろしたる一筋《ひとすぢ》の、誠《まこと》の瑞《みづ》の魂《たましひ》が、かゝり玉《たま》ひし益良夫《ますらを》の、釣《つ》り合《あ》ふ御魂男子女子《みたまなんしによし》、太公望《たいこうぼう》の大望《たいまう》も、西伯文王《せいはくぶんのう》に見出《みいだ》され、国《くに》を治《をさ》めし古事《ふること》の、今目《いまま》の前《あた》り北《きた》の空《そら》、光《ひか》り輝《かがや》き渡《わた》るなる、神《かみ》の大橋《おほはし》いや太《ふと》く、掛《か》けし祈《いの》りの尊《たふ》とけれ。

るい卵《らん》（＝積み上げた卵のように、危険で不安定な様）の危《あや》ふき国《くに》と成《な》り成《な》りて、成《な》り合《あ》はざりし異国《ことくに》の、国王《こくしゅ》は位《くらゐ》を降《おろ》されて、夏《なつ》なほ寒《さむ》き西伯利亜《シベリア》の、荒野《あれの》の果《はて》に退《や》らはれし、スラブ王《わう》家《け》の憐《あは》れさは、聞《き》くも涙《なみだ》の種《たね》なれど、我神国《わがかみくに》に刃向《はむか》ひし、支那《しな》もスラブも天命《てんめい》の免《のが》れぬ道《みち》と覚悟《かくご》せよ。続《つづ》いて三《み》つ四《よ》つカラの国《くに》、神《かみ》の御国《みくに》に仇《あだ》を為《な》す、報《むく》いは今《いま》に火《ひ》の車《くるま》、乗《の》りて奈落《ならく》へ落《お》ちぶれの、悪魔《あくま》の頭《かみ》ぞ憐《あは》れなる。

をに大蛇《をろち》狼《おほかみ》よりも恐《おそ》ろしき、異国魂《ことくにたま》の奸計《まがわざ》は、口《くち》に密《みつ》をば含《ふく》みつゝ、尻《しり》に剣《けん》持《も》つ蜂《はち》の如《ごと》、大砲《おほつつ》小銃《こづつ》の兵器《つはもの》を、残《のこ》らず反古《ほご》の紙《かみ》と為《な》し、尻《しり》の穴《あな》まで見済《みすま》して、時《とき》待《ま》つ時《とき》の火車《ひぐるま》を、御国《みくに》の空《そら》に轟《とどろ》かし、掠《かす》め取《と》らんと曲津神《まがつかみ》、企《たく》みは実《げ》にも良《よ》けれども、日本《やまと》の国《くに》は昔《むかし》より、神《かみ》の御幸《みさち》の強《つよ》き国《くに》、人《ひと》は三分《ぶ》に減《な》るとても、神《かみ》の身魂《みたま》は永遠《とこしへ》に、続《つづ》く常磐《ときは》の神国《かみくに》ぞ、異国魂《ことくにたま》の世《よ》の末《すゑ》と、成《な》り定《さだ》まりし幽世《かくりよ》の、神《かみ》の経《しぐ》綸《み》も白人《しらひと》の、世《よ》の終《をは》りこそ憐《あは》れなりけれ。

わた津見《つみ》の神《かみ》の宮居《みやゐ》に鎮《しづ》まりし、玉依姫《たまよりひめ》の現《あら》はれて、綾《あや》の高天《たかま》に上《のぼ》り坐《ま》し、御《み》供《とも》の神《かみ》も数多《かずおほ》く、集《つど》ひ来《き》まして斯度《このたび》の、神世《かみよ》の経綸《しぐみ》助《たす》けむと、金龍界《きんりうかい》の島々《しまじま》に、今《いま》は潜《ひそ》みて時津風《ときつかぜ》、松《まつ》の神代《かみよ》と成《な》る迄《まで》は、水分《みくまり》の神志那津彦《かみしなづひこ》、巌《いはほ》の神《かみ》や地震《ないふる》の、荒々《あらあら》しくも荒《あ》れの神《かみ》、一度《いちど》に開《ひら》く龍神《たつかみ》の、伊都《いづ》の雄猛《をたけ》び弥猛《いやたけ》く、天地四方《あめつちよも》の国々《くにぐに》も、海山河野《うみやまかはぬ》の生物《いきもの》も、震《ふる》ひ慄《をのの》き地《つち》に附《つ》きて、眼《まなこ》も鼻《はな》も耳口《みみくち》も、何《なん》と詮方泣声《せんかたなくこゑ》も、轟《とどろ》き渡《わた》る皇神《すめがみ》の、言葉《ことば》の霊《たま》の限《かぎ》り無《な》く、鳴《な》り渡《わた》る時選《ときえら》まれし、日本心《やまとごころ》の身魂《みたま》のみ、次《つぎ》の神代《かみよ》の御柱《みはしら》と、栄誉《ほまれ》と共《とも》に残《のこ》るなり。

かくり世《よ》も現《うつ》つの世《よ》をも押並《おしな》べて、天津御祖《あまつみおや》の大神《おほかみ》の、依《よ》さしたまひし其儘《そのまま》の、清《きよ》き神代《かみよ》の御政《みまつり》に、曳《ひ》き還《かへ》さむと梓弓《あづさゆみ》、巌《いはほ》も徹《と》ほす敏心《とごころ》の、日本心《やまとごころ》の弥固《いやかた》き、矢《や》竹心《たけごころ》の畏《かしこ》くも、世《よ》をうしとらの皇神《すめかみ》（＝鬼門の金神、艮の金神）が、下津岩根《したついはね》（＝蓮の花のように、大地の底の岩根から繋がり出来ている聖場）に現《あら》はれて、乱《みだ》れたる世《よ》を正《ただ》さむと、月日《つきひ》さまねく一筋《ひとすぢ》に、誠《まこと》の道《みち》を証《あか》しつゝ、勲《いそ》しみ玉《たま》ふ惟神《かむながら》、神《かみ》の出口《でぐち》の勇《いさ》ましき。

よに出《い》でし守護神等《まもりがみら》の鼻高《はなたか》く、雲井《くもゐ》の空《そら》に蔓《はびこ》りて、天津日陰《あまつひかげ》の御光《みひか》りを、包《つつ》みかくして葦原《あしはら》の、中津御国《なかつみくに》を曇《くも》らせつ、下国民《しもくにたみ》の苦《くる》しみを、余所《よそ》に眺《なが》めて吾《わ》れの身《み》の、しがく斗《ばか》りに日《ひ》も足《た》らす、月日《つきひ》を送《おく》る曲津日《まがつひ》は、落《お》ちて散《ち》り行《ゆ》く秋《あき》の野《の》の、木《こ》の葉《は》の果《はて》ぞ憐《あは》れにも、踏《ふ》み付《つ》けおきし民草《たみくさ》の、足《あし》に踏《ふ》まれて泥《どろ》まぶれ、泥海《どろうみ》の世《よ》を固《かた》めたる、国《くに》の御祖《みおや》の大神《おほかみ》の、御袖《みそで》に縋《すが》り歎《なげ》くとも、神《かみ》の審判《さばき》の明《あきら》けく、罪《つみ》の隠《かく》るゝスキも泣《な》き、人《ひと》の果《はて》こそ憐《あは》れなれ。

たよりなき、世《よ》の人々《ひとびと》に便《たよ》るより、神《かみ》の御教《みのり》にたよりなば、斯世《このよ》の中《なか》に恐《おそ》るべき、物《もの》は一つも荒魂《あらみたま》、神《かみ》の力《ちから》に勇《いさ》ましく、楽《たの》しく渡《わた》る和田《わだ》の原《はら》、隔《へだ》て遠《とほ》き外国《とつくに》の、果《はて》しも知《し》らに行《ゆ》くとても、天津日陰《あまつひかげ》の照《て》る限《かぎ》り、安《やす》く守《まも》らせ玉《たま》ひつゝ、恩頼《みたまのふゆ》の幸《さちは》ひて、国《くに》の誉《ほま》れと諸共《もろとも》に、遺《のこ》る勲功《いさほし》千代《ちよ》八千代《やちよ》、万代迄《よろづよまで》も日本《ひのもと》の、御魂《みたま》を照《て》らせ日本益良雄《やまとますらを》。

れん合《がふ》の国《くに》の軍《いくさ》は強《つよ》くとも、心《こころ》は割《わ》れて四《よ》ツ五《いつ》ツ、いつか勝負《しやうぶ》の果《はて》も無《な》く、力《ちから》は既《すで》にイングリス、艮《とどめ》に以太利《いたり》（＝イタリアは終戦近くに、日本との同盟を破棄、連合国側に寝がえる）て雨《あめ》リカの、フランス跡《あと》に地固《ちがた》めの、望《のぞ》みもつきてカイゼル（ドイツ）の、甲斐《かひ》なき終《をは》り世《よ》の終《をは》り、金《かね》も兵糧《ひやうろう》も尽《つ》き果《はて》てゝ、互《かたみ》に臍《ほぞ》を噛《か》みながら、猶《なほ》懲《こ》りづまに向《む》きを替《か》へ、良《よ》き支那物《しなもの》を奪《うば》はんと、命限《いのちかぎ》りに寄《よ》せ来《きた》る、其時《そのとき》こそは面白《おもしろ》き、茲《ここ》に仁義《じんぎ》の神《かみ》の国《くに》、豊葦原《とよあしはら》の足《あし》に掛《か》け、蹴《く》え放《は》らかして息《いき》の根《ね》を、絶《た》ちて悪魔《あくま》を絶滅《うちたや》し、世界一《せかいひと》つに統《す》べ守《まも》り、祭政一致《かみよながら》の神政《みまつり》を、天地《てんち》と共《とも》に楽《たの》しまむ。

そしもりの山《やま》（＝朝鮮半島）に天降《あも》りし素盞鳴男《すさのお》の、神《かみ》の命《みこと》は恐《かし》こくも、綾《あや》の高天《たかま》に昇《のぼ》りまし、国《くに》に仇為《あだな》す鬼大蛇《おにをろち》、天津醜女《あまつしこめ》や曲津霊《まがつひ》を、十握《とつか》の剣《つるぎ》（＝霊的な神剣）抜《ぬ》き持《も》ちて、切《き》り立《たて》薙《な》ぎ立《た》て遠近《をちこち》の、山《やま》の尾毎《をごと》に斬《き》り靡《なび》け、河《かは》の瀬毎《せごと》に追《お》ひ払《はら》ひ、はらひ清《きよ》めて四方《よも》の国《くに》、草《くさ》の片葉《かきは》に至《いた》る迄《まで》、救《すく》ひ助《たす》けて艮《うしとら》の、皇大神《すめおほかみ》と諸共《もろとも》に、二《に》度目《どめ》の天《あま》の岩戸《いはと》をば、開《あ》けて目《め》出《で》度《たき》午《うま》の春《はる》、★**天《あめ》の班駒逆剥《ふちこまさかは》ぎ**の、世《よ》の醜魂《しこたま》を遣《お》ちも無《な》く、退《やら》ひに退《やら》ひて草薙《くさなぎ》の、心《こころ》の剱《つるぎ》皇神《すめかみ》に、供《そな》へ奉《まつ》りて瑞穂国《みづほくに》、瑞《みづ》の御魂《みたま》の美《うる》はしき、勲功《いさほ》辰己《たつみ》や午《うま》の年《とし》、未申《ひつじさる》なる皇神《すめかみ》の、称《たた》へを酉《とり》の秋《あき》の空《そら》、錦《にしき》織《お》りなす紅葉《もみぢば》の、赤《あか》き心《こころ》の現《あら》はれて、鬼《おに》さへ戌《いぬ》の天《あめ》の下《した》、治《をさ》まる御代《みよ》は斯神《このかみ》の、亥《い》にしへよりの勲《いさほ》功ぞと、青人草《あおひとぐさ》の仰《あほ》ぐ世《よ》を、松《まつ》と梅《うめ》との花《はな》の大本《おほもと》（＝皇道大本）。

★天の斑駒逆剥ぎ　『古事記《こじき》』上巻《じょうかん》に「天照大御神《あまてらすおほみかみ》、忌服屋《いみはたや》に坐《ま》しまして、神御《かむみ》衣《そ》織《お》らしめたまふ時《とき》に、その服屋《はたや》の頂《みね》を穿《うが》ちて、天斑馬《あめのふちこま》を逆剥《さかは》ぎに剥《は》ぎて、堕《お》し入《い》るる時《とき》、天御衣織女《あめのみそおりめ》見驚《みおどろ》きて、梭《ひ》に陰上《ほと》を衝《つ》きて死《みう》せき。……」とある。

これは天照大神《あまてらすおほかみ》は、天御衣織女《あめのみそおりめ》（＝稚姫君命）に天地《てんち》の経綸《けいりん》を織《お》らせていたところ、素盞鳴尊《すさのおのみこと》は天照大神《あまてらすおほかみ》に「そのような経綸《けいりん》では役《やく》に立《た》たぬ」と、斑駒《ふちこま》の皮《かわ》を逆剥《さかはぎ》におとされ、急所《きゅうしょ》を突《つ》かれ織女《おりめ》は昇天《しょうてん》されたという。

斑駒《ふちこま》とは、儒教《じゅきょう》の教《おしえ》に「天《てん》（主神《すしん》）は優《すぐ》れた人物《じんぶつ》を選《えら》び、命《めい》（天命《てんめい》）を下《くだ》して天使《てんし》（皇帝《こうてい》、王《おう》、君主《くんしゅ》、主権者《しゅけんしゃ》）に任命《にんめい》し統治《とうち》を委任《いにん》する。天《てん》は天使《てんし》の行為《こうい》に感応《かんのう》して瑞《ずい》祥《しょう》と災禍《さいか》を下《くだ》す。天使徳高《てんしとくたか》く政治《せいじ》よく行《おこな》われる時《とき》、天《てん》は麒麟《きりん》、鳳凰《ほうおう》、亀《かめ》、龍等《りゅうなど》珍《めずら》しい動植物《どうしょくぶつ》を馬《うま》の体《からだ》などに紋様《もんよう》を描《えが》き出《だ》させる。天使不徳《てんしふとく》で政治《せいじ》よく行《おこな》われない場合《ばあい》には、天災等《てんさいとう》を下《くだ》してその王朝《おうちょう》を滅亡《めつぼう》させるという。これを「天譴思想《てんけんしそう》」という。

つきも日《ひ》も隠《かく》れて見《み》へぬ叢雲《むらくも》の、中《なか》にも神《かみ》の恵《めぐみ》あり、人《ひと》を奪《と》り喰《く》ふ鬼大蛇《おにをろち》、地《ち》震雷鳴火《しんかみなりひ》の雨《あめ》も、少《すこ》しも怖《お》ぢぬ正人《まさびと》は、男女《をとこをみな》の別《わか》ち無《な》く、神《かみ》の守《まも》りし人《ひと》ぞかし。マサカの時《とき》の杖《つゑ》と為《な》り、力《ちから》と為るは信仰《うべない》の、徳《とく》より外《ほか》に何《なに》も無《な》し。神《かみ》の御子《みこ》なる人《ひと》の身《み》は、神《かみ》を誠《まこと》の親《おや》と為《な》し、心《こころ》の限《かぎ》り身《み》の限《かぎ》り、仕《つか》へ奉《まつ》りて天地《あめつち》の、諸《もも》の猛《たけ》びも心安《うらやす》く、凌《しの》ぎ凌《しの》ぎて松《まつ》の代《よ》の、人《ひと》の鏡《かがみ》と鳴神《なるかみ》の、轟《とどろ》き渡《わた》る高《たか》き名《な》を、千代《ちよ》に伝《つた》へて神国《かみくに》の、国《くに》の真柱《みはしら》搗《つ》き固《かた》め、勲功《いさほ》を立《たて》よ万代《よろづよ》に。

ねの国《くに》に落行《おちゆ》く霊魂《みたま》を救《すく》はむと、厳《いづ》の御魂《みたま》の大御神《おほみかみ》、瑞《みづ》の御魂《みたま》と諸共《もろとも》に、綾《あや》の高《たか》天《ま》に現《あら》はれて、龍宮館《りうぐうやかた》の渡《わた》し場《ば》に、救世《ぐせい》の船《ふね》を浮《うか》べつゝ、待《ま》たせ給《たま》へど烏羽玉《うばたま》の、暗《やみ》に迷《まよ》へる人草《ひとくさ》は、取《と》り付島《つくしま》も荒塩《あらしほ》の、塩《しほ》の八百路《やほじ》の八塩路《やしほじ》の、浪《なみ》に漂《ただ》よひ迷《まよ》ひつゝ、沖《おき》の彼方《あなた》へ走《は》せ行《ゆ》くを、救《すく》ひの船《ふね》に棹《さを》さして、呼《よ》べど叫《さけ》べど不知火《しらぬひ》の、浪《なみ》のまに〱隠《かく》れつゝ、海《うみ》の藻屑《もくず》と鳴戸灘《なるとなだ》、危《あや》ふき渦《うず》に近寄《ちかよ》りて、行衛《ゆくゑ》も波《なみ》の底《そこ》の国《くに》、流《なが》れ行《ゆ》くこそ悲《かな》しけれ。

なに波津《はづ》に咲《さ》く兄《こ》の花冬籠《はなふゆごも》り、今《いま》を春辺《はるべ》と咲匂《さきにほ》ふ、我大神《わがおほかみ》の言霊《ことたま》の、鳴《な》り渡《わた》ります龍《たつ》の春《はる》、御稜威《みいづ》もたかき大和路《やまとぢ》の、畝火《うねび》の山《やま》に参上《まゐのぼ》り、四方《よも》の国々《くにぐに》見《み》はるかし、蜻蛉《あきつ》の臀呫《となめ》せるかもと、詔《の》らせ給《たま》ひし神倭《かむやまと》、磐余《いはれ》の君《きみ》（＝神武天皇）の斎《いつ》きたる、最《いと》も畏《かし》こき橿原《かしはら》の、珍《うづ》の御宮殿《みあらか》伏《ふ》し拝《をが》み、皇御国《すめらみくに》の幸《さちは》ひを、赤心《まごころ》籠《こ》めて祈《いの》りけり。

らうそくの我身《わがみ》焦《こが》して暗《やみ》の夜《よ》を、照《て》らすは神《かみ》の御心《みこころ》ぞ。神《かみ》に仕《つか》へしともがらは、世《よ》の為人《ためひと》の為《ため》ならば、家《いえ》をも身《み》をも省《かへり》みず、人《ひと》の謗《そし》りも斑駒《ふちこま》の、耳《みみ》に東風《こち》吹《ふ》く心《ここ》地《ち》して、世人《よひと》の為《ため》に尽《つく》さむと、朝《あさ》な夕《ゆふ》なに命毛《いのちげ》の、筆《ふで》採《と》り坐《ま》して千早振《ちはやふる》、神《かみ》の御《み》教《のり》を説《と》き給《たま》ふ、教御祖《をしへみおや》の勲功《いさほし》は、高天原《たかあまはら》と現《あら》はれて、四方《よも》の民草《たみくさ》靡《なび》けつゝ、神《かみ》の出口《でぐち》の道開《みちびら》き、広《ひろ》き斯世《このよ》の宝《たから》ぞと、天《あめ》に坐《ま》す神地《かみくに》の神《かみ》、歓《よろこ》び勇《いさ》み賞《め》で玉《たま》ふ、錦《にしき》の機《はた》の目出度《めでた》けれ。

むかしより花《はな》に名高《なだか》き吉野山《よしのやま》、八幡《やはた》の山《やま》の奥深《おくふか》く、ミロクの世《よ》まで隠《かく》されし、音《おと》姫《ひめ》どのゝ御宝《みたから》の、在所《ありか》尋《たづ》ねて千代八千代《ちよやちよ》、動《うご》かぬ御代《みよ》の大本《おほもと》の、千歳《ちとせ》の松《まつ》の神《かみ》の子《こ》が、鶴殿君《つるどのぎみ》（＝鶴殿男爵夫人親子(ちかこ)）に従《したが》ひて、未《ま》だ散《ち》り終《を》へぬ八重桜《やへざくら》、日本心《やまとごころ》の大丈夫《ますらを》が、高天原《たかあまはら》を立出《たちいで》て、折《をり》も吉野《よしの》の上市《かはいち》に、一夜《いちや》を明《あ》かし妹背山《いもせやま》、吉野《よしの》の川《かは》に隔《へだ》つれど、誠心《まことこころ》の隔《へだ》てなき、浅野《あさの》、豊本《とよもと》、牧《まき》、村野《むらの》、梅田《うめだ》、秋岡《あきをか》、出口王仁《でぐちわに》、星田《ほしだ》、多慶子《たけこ》や金谷《かなだに》の、清《きよ》き身魂《みたま》は吉野川《よしのがは》、流《なが》れに添《そ》ひて上《のぼ》り行《ゆ》く、十里《り》の道《みち》も山吹《やまぶき》の、一重《ひとへ》の花《はな》に引《ひ》かされて、神《かみ》の教《をし》へのかしこくも、早柏原《はやかしはら》に着《つ》きにけり。

雲井《くもゐ》の空《そら》の神人《かみびと》と、ひなに育《そだ》ちし賤《しづ》の男《を》が、深山《みやま》の奥《おく》に手《て》を曳《ひ》きて、峻《けは》しき山《やま》を辿《たど》りつゝ、御国《みくに》の為《ため》に赤心《まごころ》を、尽《つく》すも神《かみ》の引《ひ》き合《あは》せ、黄金《こがね》の山《やま》の奥深《おくふか》き、神《かみ》の経綸《しぐみ》は白雲《しらくも》の、花《はな》の吉野《よしの》の水清《みずきよ》く、治《をさ》まる御代《みよ》の礎《いしずゑ》を、踏《ふ》み固《かた》めたる千代《ちよ》の鶴《つる》、八千代《やちよ》の亀《かめ》の末長《すゑなが》く、開《ひら》け行《ゆ》く世《よ》を楽《たの》しみに、松《まつ》まの長《なが》き真鶴《まなづる》の首《くび》。

うしとらの神《かみ》の御言《みこと》を畏《かし》こみて、下津岩根《したついはね》の本宮《もとみや》の、神《かみ》に仕《つか》ふる教子《をしへご》が、教御祖《をしへみおや》に従《したが》ひて、巳年五月《みとしさつき》の八《や》ツの日《ひ》に、息長姫《をきながひめ》を祭《まつ》りたる、木村《きむら》の里《さと》の庵我《あが》の宮《みや》、車《しゃ》軸《ぢく》を流《なが》す雨空《あまぞら》を、厭《いと》ひ給《たま》はず出坐《いでま》しの、御共《みとも》の人《ひと》は四百人《しひゃくにん》、風《かぜ》も福知《ふくち》の町《まち》過《す》ぎて、車《くるま》の音《おと》も静々《しづしづ》と、神《かみ》の御前《みまへ》に着《つ》き給《たま》ひ、唱《とな》ふる祝詞《のりと》の声清《こゑきよ》く、御国《みくに》の為《ため》に皇神《すめかみ》の、東《あづま》の国《くに》へ神幸《いでまし》を、祈《いの》り給《たま》ひし赤心《まごころ》を、神《かみ》も諾《うべな》ひ玉《たま》ひけむ、三日《みっか》を経《へ》たる夕空《ゆふぞら》に、神《かみ》の証《あか》しは丹頂《たんちやう》の、鶴《つる》飛《と》び来《きた》り高杉《たかすぎ》の、上《うへ》に宿《やど》りて只《ただ》三声《みこゑ》、鳴《な》き渡《わた》りつゝ産土《うぶすな》の、一宮神社《いっきうやしろ》の神《かみ》の森《もり》、さして飛《と》び行《ゆ》く吉瑞《みあかし》は、千代《ちよ》の栄《さか》えの松《まつ》の代《よ》を、祝《ほ》ぎ給《たま》ひたる惟神《かむながら》、神《かみ》の稜威《みいづ》のいや高《たか》き、事《こと》の証明《あかし》を水茎《みづくき》の、文字《もじ》に写《うつ》して皇神《すめかみ》に、日々《ひび》に仕《つか》ふる神職《かんつかさ》、田中《たなか》の大人《うし》の送《おく》られし、御文《みふみ》は神《かみ》の御宝《みたから》と、世《よ》の大本《おほもと》に留《とど》めけり。

ゐ すくわし神《かみ》の光《ひかり》に照《て》らされて、曇《くも》り果《は》てたる村肝《むらきも》の、心《こころ》の空《そら》も晴《は》れ渡《わた》り、月《つき》日輝《ひかがや》き幽世《かくりよ》も、現《うつ》つの世《よ》をも明《あき》らけく、覚《さと》り開《ひら》きし神心《かみごころ》、瑞《みづ》の御魂《みたま》と現《あら》はれて、御国《みくに》を守《まも》る神《かみ》と成《な》り、斯世《このよ》の母《はは》と成々《なりなり》て、恵《めぐみ》を四方《よも》にたらちねの、心《こころ》も熱田《あつた》の神《かみ》の宮《みや》、つるぎ稜威《みいづ》いやちこに、日本建《やまとたける》と生《あ》れましぬ、是《これ》須佐之男《すさのを》の身魂《みたま》なり。

の あの言霊《ことたま》なと反《かへ》り、なおの言霊《ことたま》のと反《かへ》る、のあとなおとの方舟《はこぶね》の、真中《まなか》に住《す》みきるすの御霊《みたま》、すめら御国《みくに》のすがた也《なり》。のの言霊《ことたま》を調《しら》ぶれば、地《つち》に泥水《どろみづ》充《み》ち溢《あふ》れ、渦巻廻《うずまきめぐ》る御霊《みたま》なり。あの言霊《ことたま》を調《しら》ぶれば、天津《あまつ》御空《みそら》に昇《のぼ》り行《ゆ》き、成《な》り合《あひ》まさぬ御霊《みたま》なり。のあの御霊《みたま》は泥水《どろみづ》の、世界《せかい》を浸《ひた》し山《やま》を越《こ》え、賤《いや》しき身魂《みたま》の雲《くも》の辺《べ》に、上《のぼ》りて天《あめ》を汚《けが》すなり。さは去《さ》り乍《なが》ら世《よ》の人《ひと》よ、昔《むかし》の事《こと》と思《おも》ふなよ、のあの御霊《みたま》の災《わざわひ》は、今眼《いまま》の当《あた》り現《あ》れにけり。なの言霊《ことたま》を調《しら》ぶれば、火水《かみ》の結《むす》びの御魂《みたま》にて、天津《あまつ》御空《みそら》に二柱《ふたはしら》、鎮《しづ》まり坐《いま》す姿也《すがたなり》。おの言霊《ことたま》を調《しら》ぶれば、汚《けが》れし地《つち》を清《きよ》めつゝ、六合《くに》を治《をさ》むる御霊《みたま》なり。

「のあ」と「なお」
とのはこ舟

ナ	タ	サ	カ	ア
ニ	チ	シ	キ	イ
ヌ	ツ	ス	ク	ウ
ネ	テ	セ	ケ	エ
ノ	ト	ソ	コ	オ

地《つち》より生《あ》れし埴安《はにやす》の、神《かみ》の御霊《みたま》もお声《こゑ》なり。五大洲《いつつのくに》の中心《まんなか》に、皇御国《すめらみくに》の天皇《すめらぎ》の、四方《よも》の国々《くにぐに》統《す》べ給《たま》ふ。此《こ》の言霊《ことたま》を省《かへり》みて、皇御国《すめらみくに》の天職《かんわざ》を、覚《さと》りてなおの方舟《はこぶね》の、さとしの舟《ふね》に乗《の》り移《うつ》り、瑞《みづ》の御魂《みたま》に神習《かむなら》ひ、泥《どろ》に漂《ただよ》ふ世《よ》の人《ひと》を、なお霊《ひ》に見《み》なおし詔《の》りなおす、神《かみ》の大《おほ》

道《じ》に導《みちび》きて、世人救《よひとすく》ひてヒマラヤの、山《やま》より高《たか》く名《な》を上《あ》げて、二度目《にどめ》の神代《かみよ》の種《たね》と成《な》り、万代《よろづよ》までも世《よ》の人《ひと》の、救《すく》ひの神《かみ》と鳴《な》り渡《わた》る、言霊《ことたま》の道尊《みちとうと》けれ。

おちこちの寺《てら》の金仏《かなぶつ》、金道具《かなだうぐ》、釣鐘《つりがね》までも鑄潰《いつぶ》して、御国《みくに》を守《まも》る海陸《うみくが》の、軍《いくさ》の備《そな》へに充《あ》つる世《よ》は、今眼《いまま》のあたり迫《せま》り来《き》て、多具理《たぐり》に成《な》ります金山《かなやま》の、彦《ひこ》の命《みこと》の御《み》代《よ》と化《な》り、下国民《しもくにたみ》の持物《もちもの》も、金気《かなけ》の物《もの》は金火鉢《かなひばち》、西洋釘《せいやうくぎ》の折《を》れまでも、御国《みくに》を守《まも》る物《もの》の具《ぐ》と、造《つく》り代《か》えても足《た》らぬまで、迫《せま》り来《く》るこそ歎《うた》てけれ。

くに挙《こぞ》り上《うへ》は五十路《いそぢ》の老人《をひと》より、下《しも》は三五の若者《わかもの》（＝15歳の若者、学徒）が、男《をのこ》、女《をみな》の別《わか》ち無《な》く、坊主《ばうず》も耶蘇《やそ》も囚人《めしうど》も、戦争《いくさ》の庭《には》に立《た》つ時《とき》の、巡《めぐ》りくるまの遠《とほ》からず、遠津《とほつ》御神《みかみ》の造《つく》らしゝ、御国《みくに》を守《まも》る兵《つはもの》と、日本心《やまとごころ》を振《ふ》り起《おこ》し、伊都《いづ》の雄猛《をたけ》び踏《ふ》み健《たけ》び、厳《いづ》のころびを起《おこ》しつゝ、海往《うみゆ》かば水潜《みづく》しかばね山往《やまゆ》かば、草生《くさむ》す屍《かばね》大君《おほぎみ》の、御為《みため》に死《し》なむ徒《いたずら》に、閑《のど》には死《し》なじ一足《ひとあし》も、顧《かへり》みせじと弥進《いやすす》み、いや迫《せま》りつゝ山《やま》の尾《を》に、追伏《おひふ》せ散《ち》らし川《かは》の瀬《せ》に、追払《おひはら》ひつゝ仇軍《あだいくさ》、服従《まつろ》え和《やは》して浦安《うらやす》の、御国《みくに》を守《まも》れ秋津人《あきつびと》、現津御神《あきつみかみ》と大八洲《おほやしま》、国知食《くにしろしめ》す天皇《すめらぎ》の、高《たか》き恵《めぐ》みに酬《むく》へかし、日本島《やまとしま》根《ね》の神《かみ》の御子《みこ》。

やすみしし吾大君《あがおほきみ》の高光《たかひか》る、天津日嗣《あまつひつぎ》の日《ひ》の御子《みこ》の、聖《ひじり》の御代《みよ》の明《あき》らけく、大《ひろ》く正《ただ》しき大御代《おほみよ》（＝大正の時代）は、都《みやこ》もひなも押並《おしな》べて、恵《めぐ》みの露《つゆ》の隅《くま》も無《な》く、草《くさ》の片葉《かきは》に至《いた》るまで、高《たか》き稜威《みいづ》を仰《あほ》ぐ世《よ》に、六年《むとせ》の秋《あき》の末《すゑ》つ頃《ころ》、四尾《よつを》の山《やま》の佐保姫《さほひめ》も、錦《にしき》の機《はた》を織《を》りなして、四方《よも》の景色《けしき》の麗《うらら》かに、牝鹿妻呼《をしかつまよ》ぶ時《とき》もあれ、御国《みくに》の光《ひかり》照妙《てるたへ》の、綾《あや》の錦《にしき》の山里《やまざと》に、御国《みくに》の母《はは》とあを雲《くも》の、雲路遥《くもぢはる》かに掻別《かきわ》けて、民《たみ》の蚕飼《こかひ》の事業《なりはひ》を、嘉《よみ》し給《たま》ひて天降《あも》り坐《ま》す、大御恵《おほみめぐみ》を嬉《うれ》しみて、遠《とほ》き国《くに》より近《ちか》きより、老《おい》も若《わか》きも押並《おしな》べて、御影《みかげ》を拝《をが》む国民《くにたみ》の、道《みち》も狭《せ》きまで群集《うごなは》り、伊迎《いむか》い奉《まつ》る真心《まごころ》は、嬉《うれ》し涙《なみだ》に紅《くれなゐ》の、赤《あか》きもみじの柏手《かしはで》の、高《たか》き稜威《みいづ》を仰《あほ》ぐなり。千早振神代《ちはやふるかみよ》も聞《き》かず丹波路《たにはぢ》に、斯《か》かるためしもあら尊《たふ》と、君《きみ》の恵《めぐみ》のあなかしこ、賢《かしこ》き御代《みよ》に生《お》ひ出《いで》し、此上《こよ》なき幸《さち》に大本《おほもと》の、神《かみ》に仕《つか》ふる王仁《ひろちか》が、御空《みそら》を仰《あほ》ぎ地《つち》に伏《ふ》し、身《み》の賤《しづ》けきも打《うち》忘《わす》れ、心《こころ》の限《かぎ》り身《み》の限《かぎ》り、今日《けふ》の行啓《みゆき》を祝《ほ》ぎ奉《まつ》る。

まが津霊《つひ》の猛《たけ》き荒《すさ》びに奥山《おくやま》の、紅葉《もみぢ》の色《いろ》も光《ひか》り浅《あ》せ、鳴《な》く鹿《しか》の声《こゑ》悲《かな》しくて、錦織《にしきお》り成《な》す佐保姫《さほひめ》の、頭《かみ》も真白《ましろ》に成相《なりあひ》の、山《やま》に連《つら》なる大江山《おほえやま》、鬼《おに》の鼻《はな》より吹降《ふきお》ろす、冷《つめ》たき風《かぜ》に遠近《をちこち》の、木々《きぎ》の梢《こずえ》も皆散《みなち》りて、行衛《ゆくゑ》も知《し》らず真木《まき》の葉《は》の、東《ひがし》の空《そら》に舞《ま》ひ狂《くる》ひ、狂《くる》ひ還《かへ》りて四ツ尾《を》の、山《やま》に黒雲天《くろくもそら》を蔽《お》ひ、世《よ》の大本《おほもと》を見下《みお》ろせど、古《ふる》き神《かみ》代《よ》の昔《むかし》より、隠《かく》れ坐《ま》したる艮《うしとら》の、神《かみ》の稜威《みいづ》に退《やら》はれて、あと白雲《しらくも》となりにけり。

◆平和《へいわ》な丹波《たんば》の山々《やまやま》にも曲津神《まがつかみ》は荒《すさ》び、冷《つめ》たき風《かぜ》に錦織《にしきお》りなす紅葉《もみじば》も色《いろ》あせ、梢《こずえ》の葉《は》を散《ち》らす。やがて冬将軍《ふゆしょうぐん》が丹後半島《たんごはんとう》の成相山《なりあいさん》から連《つら》なる鬼《おに》の住《す》むという大江山《おおえやま》にやって来《き》て、木々《きぎ》は震《ふる》えて真木《まき》（＝槇・柀の木）の常緑樹《じょうりょくじゅ》の葉《は》まで東《あずま》の空《そら》、東京《とうきょう》の空《そら》に向《むか》って飛《と》び散《ち》り皇居《こうきょ》の空《そら》を彷徨《ほうこう》し舞《ま》い狂《くる》い、やる方無《かたな》く引《ひ》きかえす。そして綾部《あやべ》の四ツ尾山《おやま》は黒雲《くろくも》となって覆《おお》いつくされ、大本《おほもと》の聖場《せいじょう》を見下《みお》ろしている。やがて神《かみ》の稜《み》威《いつ》により白雲《しらくも》となって天《てん》に上《のぼ》られるという。

◆因《ちな》みに真木《まき》の木《き》は、素盞嗚尊《すさのおのみこと》が朝鮮《ちょうせん》・曾尸茂梨《そしもり》に巡幸《じゅんこう》の折《お》り、自分《じぶん》の髪《かみ》、髭《ひげ》、毛《け》を抜《ぬ》き杉《すぎ》、桧《ひのき》、楠《くす》、柀《まき》など八十《やそ》の木種《きだね》を造《つく》り、それを五十猛命《いそたけるのみこと》等に日本《にほん》に持《も》ち帰《かえ》らせ分布《ぶんぷ》させる。またマキの木《き》は、「顕見蒼生《うつしきあをひとぐさ》の奥津棄戸《おきつすたべ》にもちふ可《べ》し」と『日《に》本書紀《ほんしょき》』巻《かん》第《だい》一・神代上《じんだいじょう》にある。真木《まき》は死者《ししゃ》の御棺《おかん》に使《つか》うことから、大戦《たいせん》により遊離《ゆうり》した精霊《せいれい》が黒雲《くろくも》となって、東京《とうきょう》の空《そら》を彷徨《ほうこう》することを忌《い》みすると推察《すいさつ》される。

けがれたる斯世《このよ》の中《なか》を如何《いか》にせむ、誠《まこと》の神《かみ》の御教《みをし》へを、家《いへ》をも身《み》をも打忘《うちわす》れ、朝《あさ》な夕《ゆふ》なに一筋《ひとすぢ》に、心《こころ》を尽《つく》し身《み》を尽《つく》し、筑紫《つくし》の果《はて》も東路《あづまぢ》も、至《いた》らぬ隈《くま》も無《な》き迄《まで》に、教《をし》へ諭《さと》せど食《く》う物《もの》と、衣《き》るより外《ほか》に心無《こころな》き、心卑《こころいや》しきけだもの丶、角振《つのふ》り立《た》て反対《さかしま》に、力限《ちからかぎ》りに攻《せ》め来《きた》り、救《すく》ひの綱《つな》も切《き》れ〴〵に、何《なに》と詮方《せんかた》なく斗《ばか》りなり。

ふる里《さと》に老《お》いたる母《はは》を振《ふ》り残《のこ》し、御国《みくに》に尽《つく》す益良夫《ますらを》の、心《こころ》の空《そら》は五月暗《さつきやみ》、暗《くら》き斯世《このよ》を照《て》らさむと、千々《ちぢ》に思《おも》ひを砕《くだ》きつゝ、二十年余《はたとせあま》りて惟神《かむながら》、神《かみ》の御教《みのり》を伝《つた》へつゝ、治《をさ》まる御代《みよ》を待乳山《まつちやま》、山郭公《やまほととぎす》血《ち》も涸《か》れて、呼《よ》ぶ声《こゑ》さへも暗《やみ》の夜《よ》の、人《ひと》の心《こころ》の鞍馬山《くらまやま》、深山《みやま》に猛《たけ》き狼《おほかみ》の、古巣《ふるす》を潜《くぐ》り蛇《へび》むかで、蜂《はち》の室屋《むろや》に幾度《いくたび》か、投《な》げ入《い》れられて猶《なほ》も又《また》、針《はり》の蓆《むしろ》に居《すは》りつゝ、袖《そで》は涙《なみだ》の三瀬川《みつせがは》、渡《わた》りあぐみし丸木橋《まるきばし》、生命《いのち》を掛《か》けて度会《わたらえ》の、宮《みや》に坐《まし》ます皇神《すめかみ》の、稜威《いづ》に開《ひら》けし大本《おほもと》は、斯世《このよ》の中《なか》の大橋《おほはし》と、遠《とほ》き近《ちか》きの別《わか》ち無《な》く、問《と》ひ来《く》る迄《まで》に進《すす》みしは、清《きよ》き和泉《いづみ》の住《すみ》の江《え》（＝東大阪住吉神社）の、神《かみ》に仕《つか》へし生神《いきがみ》の、小松林《こまつばやし》の勲功《いさほ》なり。

（以上　大正6年11月3日筆録、『神霊界』大正6年12月1日号掲載）

○

こきうすき色《いろ》は変《かは》れど紅葉《もみぢば》の、聞《きこ》えも高《たか》き高尾山《たかをやま》、峰《みね》の木《こ》の間《ま》に照妙《てるたへ》の、綾《あや》と錦《にしき》を織《お》り成《な》して、世人《よひと》の為《ため》に歌《うた》はれし、其装《そのよそほ》ひも夢《ゆめ》の間《ま》に、寒《さむ》き木枯《こがら》し吹《ふ》き荒《すさ》び、元《もと》の姿《すがた》もあらし山《やま》、嵐《あらし》の跡《あと》の淋《さび》しさは、この世《よ》の遷《うつ》り変《かは》り行《ゆ》く、神《かみ》の誠《まこと》の黙《しら》示《せ》なり。省《かへり》み覚《さと》れ浮世人《うきよびと》、世《よ》の行末《ゆくすゑ》も眼《ま》のあたり、花咲《はなさ》く春《はる》の来《きた》る迄《まで》、神《かみ》の恵《めぐ》みに冬《ふゆ》小《こ》森《もり》、心《こころ》を尽《つく》し身《み》を尽《つく》し、常磐《ときは》の春《はる》の長閑《のどか》なる、御代松《みよまつ》ごゝろ持《も》てよ世《よ》の人《ひと》。

えらまれし人《ひと》のみ住《す》める神《かみ》の世《よ》は、戦《たたか》ひも無《な》く暗《やみ》も無《な》く、苦《くる》しみ迷《まよ》ふ人《ひと》も無《な》く、飢《う》え凍《こご》えたる人《ひと》も無《な》き、天明《あめあきら》けく地豊《ちゆた》に、見《み》る人毎《ひとごと》に神心《かみごころ》、曲津《まがつ》の潜《ひそ》む蔭《かげ》も無《な》し。齢《よはひ》も長《なが》く病無《やまひな》く、眼《まなこ》涼《すず》しく顔清《かほきよ》く、現世幽界隔《うつしよかくりよへだ》て無《な》く、澄《す》み渡《わた》りたる世《よ》の中《なか》に、残《のこ》る身魂《みたま》の楽《たの》しけれ。

てる妙《たへ》の綾部《あやべ》の里《さと》の鬼村《おにむら》は、人《ひと》が倒《こ》けよが斃《たを》れうが、我《わ》れさへ良《よ》けりゃ宵《よひ》の口《くち》、酒呑童子《しゅてんどうじ》のさかさまに、神《かみ》の教《をしへ》も聞《き》かばこそ、弱《よわ》いと見《み》れば人呑《ひとの》みに、因縁付《いんねんつ》けて酒買《さけか》はし、貧《まづ》しき家《いへ》をば呑《の》み潰《つぶ》す、鬼《おに》と大蛇《だいじゃ》の極悪《ごくあく》の、本宮村《ほんぐうむら》ぞ憐《あは》れなる。

あらたうと神《かみ》の御教《みのり》の深《ふか》くして、計《はか》り知《し》られぬ味《あじは》ひは、この世開《よひら》けし初《はじ》めより、今《いま》に至《いた》りて変《かは》り無《な》く、千々《ちぢ》に心《こころ》を砕《くだ》きつゝ、青人草《あをひとぐさ》を愛《いつ》くしみ、陰《かげ》に陽《おもて》に守《まも》らいて、罪《つみ》に汚《けが》れし空蝉《うつせみ》の、からの身魂《みたま》を救《すく》ひ上《あ》げ、神代《かみよ》乍《なが》らの霊主肉従《ひのもと》の、神《かみ》の御《み》国《くに》を立《たて》よこの、二柱神《ふたつのかみ》が現《あら》はれて、二度目《にどめ》の天《あま》の岩戸《いはと》をば、開《ひら》く日本《にほん》の梅《うめ》の花《はな》、四方《よも》に薫《かほ》りて鶯《うぐひす》の、谷《たに》の戸《と》開《あ》けて初春《はつはる》の、鳴《な》く音《ね》に優《まさ》るあはれさを、只白雪《ただしらゆき》の世《よ》の人《ひと》の、解《と》けぬ霊魂《みたま》を眼《ま》のあたり、眺《なが》めて忍《しの》び玉《たま》の井《ゐ》の、底《そこ》ひも知《し》らぬ皇神《すめかみ》の、深《ふか》き御心《みこころ》汲《く》み取《と》りて、清《きよ》まり澄《す》むを松《まつ》の代《よ》の、楽《たの》しき時《とき》ぞ待《ま》ち玉《たま》ふ、いづの御魂《みたま》の畏《かし》こけれ。

さか孔子《くじ》も悟《さと》り得《え》ざりし真理《まさこと》を、覚《さと》す高天《たかま》の大本《おほもと》に、参来《まゐき》集《つど》ひて類無《たぐひな》き、神《かみ》の御《み》教《のり》を聞人《きくひと》の、身《み》の幸《さち》こそは芽出度《めでた》けれ。曲津《まがつ》の猛《たけ》き世《よ》の中《なか》に、心平《こころたひ》らに安《やす》らかに、勇《いさ》みて暮《くら》す信徒《まめびと》の、心《こころ》の奥《おく》は真寸鏡《ますかがみ》、光《ひか》り輝《かがや》き天地《あめつち》に、貫《つらぬ》き徹《とほ》す赤心《まごころ》の、蕾《つぼみ》の花《はな》の開《ひら》く世《よ》は、千年《ちとせ》の松《まつ》の末長《すゑなが》く、朽《くち》ぬ宝《たから》は万代《よろづよ》に、生《い》き死生《しにうま》れ死《し》に生《うま》れ、限《かぎ》り無《な》き身《み》も魂線《たましひ》も、栄《さか》え〱て皇神《すめかみ》の、恩頼《みたまのふゆ》を蒙《かかぶ》りて、誠《まこと》の栄《さか》えと歓《よろこび》は、月日《つきひ》と共《とゑ》に続《つづ》くなり。

き みの為《ため》御国《みくに》の為《ため》に身《み》を忘《わす》れ、家《いへ》をも捨《す》てゝ尽《つく》す身《み》は、俸給《てあて》も位階《くら》も何《なに》も無《な》く、世人《よひと》の足《あし》に踏《ふ》まれつゝ、臣《をみ》たる道《みち》に勤《いそし》みて、心《こころ》の限《かぎ》り身《み》の限《かぎ》り、筑紫《つくし》の端《はて》も東路《あづまぢ》も、南《みなみ》も北《きた》も厭《いと》ひ無《な》く、神《かみ》の教《をしへ》を敷島《しきしま》の、底津岩根《そこついはね》に搗固《つきかた》め、上津岩根《うはついはね》に突凝《つきこら》し、千代万代《ちよよろづよ》の礎《いしずゑ》を、科戸《しなど》の風《かぜ》の福知山《ふくちやま》、一宮神社《いっきうやしろ》の氏《うぢ》の子《こ》の、桐村氏《きりむらうぢ》の珍《うづ》の娘《こ》と、生《うま》れ給《たま》ひし我開祖《わがみおや》、綾部《あやべ》神宮《しんぐう》の坪《つぼ》の内《うち》、神《かみ》の出口《でぐち》の家《いへ》に嫁《い》り、世《よ》の艮《うしとら》に隠身《すみきり》し、国常立《くにとこたち》の大神《おほかみ》に、久《ひさ》しき間《あひだ》撓《たゆ》み無《な》く、仕《つか》へ給《たま》ひし勲功《いさほし》の、花咲《はなさ》き実《みの》る御代《みよ》と成《な》り、世人《よひと》の為《ため》に竭《つく》さるゝ、教御祖《をしへみおや》（＝開祖・出口直）ぞ畏《かし》こけれ。

ゆ み張《はり》の月《つき》の光《ひかり》はやましろの、鞍馬《くらま》の山《やま》に輝《かが》やけど、教御祖《をしへみおや》の御心《みこころ》は、乱《みだ》れたる世《よ》を治《をさ》めんと、千々《ちぢ》の思《おもひ》に村肝《むらきも》の、心《こころ》の空《そら》も懸曇《かけくも》り、木《こ》の間《ま》の星《ほし》の遠近《をちこち》と、深山《みやま》の奥《おく》に杖《つゑ》を曳《ひ》き、岩窟《いはや》の中《うち》に差籠《さしこも》り、斯世《このよ》を乱《みだ》す鼻高《たかがみ》を、言向和《ことむけやは》し治《をさ》めんと、柴《しば》の褥《しとね》に雲《くも》の笠《かさ》、石《いし》の枕《まくら》も厭《いと》ひ無《な》く、四人《よたり》の伴《とも》を引連《ひきつれ》て、善言美詞《みやびことば》の神嘉言《かむよごと》、心《こころ》を籠《こめ》て宣給《のりたま》ふ、其勲功《そのいさほし》に八衢《やちまた》の、醜《しこ》の曲霊《まがひ》も服従《まつろ》ひて、十五の月《つき》の有明《ありあけ》に、鞍馬《くらま》の山《やま》を立出《たちいで》て、綾《あや》の高天《たかま》へ復命《かへりごと》、申《まを》し奉《まつ》りし大僧正《たかつかみ》、数多《あまた》の下神《しもかみ》引《ひ》き連《つれ》て、本宮山《ほんぐうやま》に鎮《しづま》りつ、神《かみ》の御国《みくに》に尽《つく》さむと、誓《ちか》ひを立《たて》し高神《たかがみ》の、言葉《ことば》を栞《しほ》に帰《かへ》り坐《ま》し、百《もも》と十日《とをか》の其間《そのあひだ》、一間《ひとま》を閉《と》ぢて入《い》り給《たま》ひ、世《よ》の神々《かみがみ》に神言《かみごと》を、宣《の》らせ給《たま》ひし畏《かし》こさよ。

（明治33年10月1日、閏8月8日、「鞍馬山出修」）

めしま男嶋《おしま》（＝丹後の沖合、沓嶋冠嶋）の荒海原《あらうなばら》を、神《かみ》の御言《みこと》を畏《かし》こみて、明治《めいち》は三十三年《ねん》の、六月八日《むつきやうか》の未明《あさまだき》、上田《うへだ》海潮《かいちやう》出口《でぐち》寿美《すみ》、四方《しかた》平蔵《へいざう》木下《きのした》の、慶太郎《けいたらう》四人《よたり》を引連《ひきつれ》て、雨風《あめかぜ》強《つよ》く浪猛《なみたけ》き、底《そこ》さへ知《し》れぬ海原《うなばら》を、小《ちひ》さき舟《ふね》に身《み》を任《まか》せ、勇《いさ》み進《すす》んで出給《いでたま》ふ、教御祖《をしへみおや》の雄々《おお》しさに、波路《なみぢ》半《なか》ばを渡《わた》る頃《ころ》、海《わた》の御神《みかみ》も驚《おどろ》きて、御空《みそら》を晴《はら》し風《かぜ》を和《な》ぎ、波《なみ》を静《しづ》めて心安《うらやす》く、送《おく》り給《たま》ひし尊《たふ》とさよ。神代《かみよ》の遠《とほ》き昔《むかし》より、龍宮嶋《りうぐうじま》と聞《きこ》えたる、大海原《おほうなばら》の無人島《ひとつじま》、波打寄《なみうちよす》る磯《いそ》の辺《べ》に、小舟《こぶね》を繋《つな》ぎ静々《しづしづ》と、上《のぼ》り給《たま》へば百鳥《ももとり》の、声《こゑ》を限《かぎ》りに鳴叫《なきさけ》び、迎《むk》え奉《まつ》りし時《とき》も在《あ》れ、若狭《わかさ》の海《うみ》の波《なみ》の上《うへ》に、漂《ただよ》ひ上《のぼ》る天《あま》津日《つひ》の、御蔭《みかげ》も最《いと》と麗《うらら》かに、日《ひ》の出《で》の神《かみ》の御姿《みすがた》を、天地四方《あめつちよも》に光《てら》しつゝ、神《かみ》の出《で》口《ぐち》の出修《いでまし》を、諾《うべな》ひ給《たま》ふ心地《ここち》して、神《かみ》の御告《みつげ》の業《わざ》も了《を》へ、翌《あく》る十日《とをか》の夕暮《ゆふぐれ》れに、月《つき》を頭《かしら》に星《ほし》を踏《ふ》み、世継王《よつわう》の山《やま》の麓《ふもと》なる、大本指《おほもとさ》して帰《かへ》り坐《ま》す、出口御祖《でぐちみおや》の勇《いさ》ましさ。

みづ清《きよ》き金龍海《きんりうかい》の島々《しまじま》は、日出《ひいづ》る国《くに》の雛形《ひながた》と、祝《いは》ひ定《さだ》めて築《きづ》きたり。日出《ひいづ》る国《くに》の日《ひ》の本《もと》は、全《まった》く世界《せかい》の雛形《ひながた》ぞ、神倭磐余《かむやまといはれ》の君《きみ》が大和《やまと》なる、火々真《ほほま》の岡《おか》に登《のぼ》り坐《まし》。蜻蛉《あきつ》の臀嘗《となめ》せる国《くに》と、詔《のら》せ給《たま》ふも理《ことはり》や。我九州《わがきうしう》は阿弗利加《あふりか》に、北海道《ほっかいだう》は北米《ほくべい》に。台湾島《たいわんとう》は南米《なんべい》に、四国《しこく》の島《しま》は豪州《ごうしゅう》に、我本州《わがほんしゅう》は広《ひろ》くして、欧亜大陸《おうあたいりく》其儘《そのまま》の、地形《ちけい》を止《と》むるも千早振《ちはやふる》、神代《かみよ》の古《ふる》き昔《むかし》より、深《ふか》き神誓《ちかひ》の在《いま》すなり。豊芦原《とよあしはら》の中津《なかつ》国《くに》、秋津根別《あきつねわけ》の神国《かみくに》は、世界《せかい》を統《す》ぶる天職《かむわざ》を、神代《かみよ》乍《なが》らに具《そな》へたる、珍《うづ》の御国《みくに》ぞ美《うま》し国《くに》、国《くに》の真秀良場《まほらば》畳並《ただなは》る、青垣山《あをがきやま》に囲《かこ》まれし、綾《あや》の錦《にしき》の本宮《もとみや》に、斯世《このよ》を統《す》ぶる皇神《すめがみ》の、御稜威《みいづ》も高《たか》く四方《よも》の国《くに》、輝《かがや》き渡《わた》る兄《こ》の花《はな》の、咲耶《さくや》この時言霊《ときことたま》の、照《て》るや斯時畏《このときかし》こくも、皇大神《すめおほかみ》の御教《みをしへ》を、顕《あら》はし奉《まつ》れ大本《おほもと》の、下津岩根《したついはね》に集《あつ》まれる、心優《こころやさ》しき神《かみ》の御子《みこ》。

しき島《しま》の大和島根《やまとしまね》の礎《いしずえ》と、神《かみ》の選《えら》みし益良夫《ますらを》の、清《きよ》き身魂《みたま》と駿河《するが》なる、不二《ふじ》の御山《みやま》に宮柱《みやはしら》、太知立《ふとしりたて》て鎮《しづま》りし、木花咲哉姫神《このはなさくやひめがみ》の、御言《みこと》の随《まま》に丹波路《たにはぢ》に、天駆《あまかけ》り来《こ》し芙蓉坊《ふようぼう》、瑞《みづ》の身魂《みたま》の神代《かみしろ》を、明治《めいぢ》は三十一年《ねん》の、雪《ゆき》まだ残《のこ》る如月《きさらぎ》の、十日《とをか》の夜《よ》半《は》に奥深《おくふか》き、高熊山《たかくまやま》に連《つ》れて行《ゆき》て、神《かみ》の御詔《みのり》を宣《の》べ伝《つた》へ、神《かみ》の柱《はしら》と経緯《たてよこ》の、錦《にしき》の機《はた》を織《お》らさむと、心《こころ》づくしの兄《こ》の神《かみ》の、教《をしへ》の甲斐《かひ》や有明《ありあけ》の、月《つき》を合図《あひづ》に穴太《あなう》なる、宮《みや》の傍《かたへ》の宮垣内《みやがいち》、賎《しづ》が伏屋《ふせや》に帰《かへ》り行《ゆ》く、神《かみ》の経綸《しぐみ》の奇《くし》びなれ。

ゐらまれし神《かみ》の柱《はしら》の甲斐《かひ》も無《な》し、早《はや》二十年《はたとせ》を過《すぎ》ぬれど、神《かみ》の依《よさ》しの神業《かんわざ》の、万《よろづ》の中《なか》の一《ひと》つさへ、為《な》し遂《と》げ得《え》ざる苦《くる》しさに、千々《ちぢ》に砕《くだ》くる村肝《むらきも》の、心《こころ》の空《そら》は五月《さつき》暗《やみ》、袖《そで》に涙《なみだ》の晴間《はれま》なく、御国《みくに》に尽《つく》す赤心《まごころ》を、雲井《くもゐ》に告《つげ》よ時鳥《ほととぎす》、玉《たま》の御声《みこゑ》を待乳山《まつちやま》、姿隠《すがたかく》して泣《な》き渡《わた》るなり。

ひさ方《かた》の天津御空《あまつみそら》に照《て》る月《つき》は、昔《むかし》も今《いま》も変《かは》らねど、変《かは》り果《はて》たる現世《うつしよ》の、人《ひと》の心《こころ》を悲《かな》しみて、夜《よ》は寝《ね》もやらず只一人《ただひとり》、加茂《かも》の川辺《かはべ》に彷徨《さまよひ》つ、月《つき》に誓《ちか》ひを掛巻《かけまく》も、恐《かしこ》き神《かみ》の御国《みくに》をば、元《もと》の神代《かみよ》に還《かへ》さんと、乙女心《をとめごころ》の一筋《ひとすぢ》に、思《おも》ひ浮《うか》べて行水《ゆくみづ》の、流《なが》れに沈《しづ》む月影《つきかげ》は、波《なみ》に砕《くだ》けて果敢《はか》なくも、年《とし》も十五の朝野子《あさのこ》が、御国《みくに》を思《おも》ふ赤《ま》心《ごころ》の、行《や》る瀬《せ》無《な》きこそ憐《あは》れなり。

もとゝ末内外《すゑうちと》の法《のり》を過《あやま》たず、御国《みくに》の為《ため》に身《み》を忘《わす》れ、家《いへ》を忘《わす》れて惟神《かむながら》、神《かみ》の大道《おほぢ》を辿《たど》りつゝ、審神者《さには》の道《みち》に勤《いそ》しみて、諸々《もも》の身魂《みたま》を夫《そ》れ〴〵に、立別《たてわ》け調《しら》べ神国《かみくに》の、柱《はしら》を造《つく》る益良夫《ますらを》の、道《みち》の審神者《さには》は経《たて》と緯《よこ》、相並《あひなら》ばして葦原《あしはら》の、醜《しこ》の仇草薙払《あだくさなぎはら》ひ、祓《はら》ひ清《きよ》めて国造《くにつく》り、吾大君《あがおほきみ》に奉《たてまつ》る、厳《いづ》の御魂《みたま》の神勅《かみこと》を、謹《つつし》み恐《かしこ》み弥遠《いやとほ》に、弥広《いやひろ》らかに伝《つた》へ行《ゆ》く、心《こころ》は清《きよ》き和知川《わちがは》の、瑞《みづ》の御魂《みたま》と現《あら》はれて、世人《よびと》を救《すく》ふ神柱《みはしら》の、誉《ほま》れは世々《よよ》に流《なが》る也《なり》。

せまり来《く》る国《くに》の乱《みだ》れを治《をさ》めむと、御国《みくに》を思《おも》ふ大丈夫《ますらを》が、活動《はたら》く時機《とき》を松《まつ》の世《よ》の、心《こころ》一つに大日本《おほやまと》、国《くに》の鎮《しづ》めと木花《このはな》の、咲耶《さくや》の姫《ひめ》の活動《はたらき》は、千代《ちよ》に八千代《やちよ》に動《うご》きなき、深《ふか》き経綸《しぐみ》を駿河湾《するがわん》、富士《ふじ》より高《たか》き久方《ひさかた》の、天津御祖《あまつみおや》の日《ひ》の御子《みこ》の、御稜威《みいづ》を四方《よも》に輝《かがや》かし、神《かみ》の御徳《みとく》を苅碁母《かりごも》の、乱《みだ》れ果《はて》たる武蔵野《むさしの》に、布《しき》て迷《まよ》へる百姓《みたから》を、彼方《かなた》の岸《きし》に渡《わた》さむと、一つ心《こころ》に大元《おほもと》の、教《をしへ》に尽《つく》す赤心《まごころ》は、天《あめ》の兒屋根《こやね》や太玉《ふとたま》の、神《かみ》の御魂《みたま》の御幸《みさち》なり。長田《ながた》に植《う》えし種物《たなもの》は、大宣津姫《おほげつひめ》の御幸《みさち》はひ、世人《よひと》の生命《いのち》弥長《いやなが》に、守《まも》らせ給《たま》ふ豊受《とようけ》の、深《ふか》き恵《めぐみ》は伊勢《いせ》の海《うみ》、山田《やまだ》の宮《みや》の奥深《おくふか》き、神《かみ》の経《しぐ》綸《み》の一柱《ひとはしら》、五伴緒《いつとものを》の厳御魂《いづみたま》、瑞能御魂《みづのみたま》の清《きよ》くして、雲井《くもゐ》に上《のぼ》る十四夜《いざよひ》の、月《つき》も隈《くま》無《な》く照《て》り渡《わた》り、曙《あけ》の烏《からす》の勇《いさ》ましく、天津御空《あまつみそら》に日《ひ》の神《かみ》の、輝《かがや》き渡《わた》り日《ひ》の御子《みこ》の、鎮《しづま》り坐《いま》す高御座《たかみくら》、千代《ちよ》に八千代《やちよ》に限《かぎ》り無《な》く、射《ゐ》照《てり》徹《とほ》らす天《あま》の下《した》、四方《よも》の国々《くにぐに》平《たひ》らけく、治《をさま》る御代《みよ》の豊栄《とよさか》の、瑞穂《みづほ》の国《くに》ぞ尊《たふ》とけれ。

す　みきりし国常立《くにとこたち》の大神《おほかみ》の、神勅《みこと》畏《かし》こみ謹《つつ》しみて、明治《めいぢ》の二十五年《ねん》より、一つ心《こころ》に仕《つか》へたる、教御祖《をしへみおや》の神教《みをしへ》に、服《まつ》ろひ尽《つく》す真人《まなひと》が、幽《かげ》より顕《おも》に懸巻《かけまく》も、恐《かし》こき神《かみ》の造《つく》らしゝ、御国《みくに》の汚清《けがれきよ》めむと、二十年余《はたとせあま》りて言霊《ことたま》の、学《まな》びに、心砕《こころくだ》きつゝ、息艮放爾火脹與血濁緯濁縦《いろはにほへとちりぬるを》、輪搦興玉濁水火続根凝濁水渦巻《わかよたれそつねならむ》、浮水火清水起降文《うゐのおくや》向差別吹凝胞衣発《まけふこえて》、空水割別和回月始撰回火諸瀬洲《あさきゆめみしゑひもせす》、京《きやう》の都《みやこ》の九重《ここのへ》の、花咲《はなさ》く春《はる》を松《まつ》の代《よ》に、四十余八文字《よそまりやもじ》の生御魂《いくみたま》、揃《そろ》へて四方《よも》の国々《くにぐに》を、ミロクの御代《みよ》に進《すす》めむと、尽《つく》す日本《やまと》の雄心《をごころ》は、一つに成《なり》て金龍《きんりう》の、生島々《いくしまじま》の神社《かむやしろ》、中《なか》にも別《わけ》て大八洲《おほやしま》、天《あま》の岩戸《いはと》の頂《いただ》きに、真木《まき》の柱《はしら》の弥高《いやたか》く、梅《うめ》の薫《かほ》りの芳《かむ》ばしく、小松林《こまつばやし》の弥繁《いやしげ》く、秋《あき》の紅葉《もみぢ》の錦織《にしきお》り、澄渡《すみわた》りたる十四夜《いざよひ》の、月《つき》に心《こころ》を照《て》らしつゝ、神霊鎮座《みたましづめ》の大《まつ》祭典《りごと》、秋《あき》の田《た》の面《も》に稔《みの》りたる、千五百《ちいほ》の秋《あき》の八束穂《やつかほ》や、山海河野種々《やまうみかはのくさぐさ》の、御饌献《みけたてまつ》り一向《ひたすら》に、今日《けふ》の生日《いくひ》を祝《いは》ひつゝ、八雲《やくも》の琴《こと》の音《ね》も清《きよ》く、天《あめ》に座神国《ますかみくに》つ神《かみ》、千《ち》五《い》百万《ほよろづ》の神等《かみたち》も、集《あつま》り坐《ま》して賑敷《にぎはしく》、御祭《みまつ》り終《を》へし勲功《いさほし》は、世《よ》の大本《おほもと》に信従《まつろひ》し、清《きよ》き身魂《みたま》の撓《たゆ》み無《な》く、道《みち》に尽《つく》せし報《むく》ひぞと、代々《よよ》に伝《つた》へて芳《かん》ばしく、咲哉木《さくやこ》の花春《はなはな》の空《そら》、時代《みよ》の栄《さか》へも弥広《いやひろ》く、誉《ほまれ》も龍《たつ》の宮《みや》の棟《むね》、十曜《とよう》の紋《もん》のキラ〳〵と、月日《つきひ》に照《て》りて照妙《てるたへ》の、綾部《あやべ》に錦飾《にしきかざ》る世《よ》を、松間《まつま》の長《なが》き鶴《つる》の首《くび》、亀《かめ》の齢《よはひ》の万世《よろづよ》の、固《かた》めの基《もと》と素盞嗚《すさのお》の須賀《すが》の新宮八雲立《にいみややくもたつ》、出雲八重垣妻《いづもやへがきつま》ごみに、八重垣造《やへがきつく》る八重垣《やへがき》を、瑞穂《みづほ》の国《くに》の中国《なかくに》の、天皇《すめらみこと》の大稜威《おほみいづ》、四方《よも》に轟《とどろ》く八雲琴《やくもごと》、其音《そのね》も清《きよ》く澄渡《すみわた》り、天地《あめつち》四方《よも》に響《ひび》きけり。

◆八雲立《やくもた》つ出雲八重垣《いづもやへがき》つまごみに　八重垣作《やへがきつく》るその八重垣《やへがき》を

　スサノオ尊《みこと》の御神歌《ごしんか》を「出雲神歌《いづもしんか》」と称《しょう》し、日本初《にほんはつ》の和歌《わか》の始《はじ》りです。これを言《こと》霊《たま》により解《かい》すると、「出雲八重垣《いづもやへがき》」の「出雲《いづも》」は「いづくも」のこと、「どこの国《く》も」の意《い》。大山《だいせん》の八岐大蛇《やまたのおろち》（＝頭、尾が八ツあるのでは ではなく巨悪な豪族の意）は退治《たいじ》したが、世界《せかい》には八《や》重垣《えがき》が築《きず》かれ、八雲《やくも》が立《た》ち並《なら》んでいる。「八雲《やくも》」は「いやくも」で、二重三重《ふたえみえ》にも重《かさ》なり、今日《こんにち》も「八重垣《やえがき》」は沢山《たくさん》ある。「つまごみ」は、日本《にほん》の国《くに》を「秀妻国《ほつまのくに》」と云《い》い日本《にほん》も外国《がいこく》と一緒《いっしょ》になって八重《やえ》の垣根《かきね》を作《つく》っている、この八重垣《やえがき》を取払《とりはら》いたいものだ……と歌《うた》の後尾《ごび》が「を」の字《じ》で治《おさ》まっている。現代の分断世界の意。

（昭和10年10月31日　出口王仁三郎講話録略記。第二次大本弾圧39日前）

京《きょう》　浪花《なには》東京《とうきやう》駿河《するが》大和路《やまとぢ》に、神《かみ》の柱《はしら》を配置《まくばり》て、二度目《にどめ》の天《あま》の岩屋戸《いはやど》を、開《ひら》く常磐《ときは》の松《まつ》の代《よ》の、国常立之皇神《くにとこたちのすめがみ》は、古《ふる》き神代《かみよ》の初発《はじめ》より、隠身坐《すみきりま》して幽世《かくりよ》に、現《うつ》つの国《くに》の身魂《みたま》をば、最《い》と詳細《つばらか》に取調《とりしら》べ、天津御祖《あまつみおや》の大神《おほかみ》に、奏《まを》し給《たま》ひて畏《かし》こくも、ミロクの神代《みよ》に造《つく》らむと、思《おもひ》は胸《むね》に三千年《みちとせ》の、溢《あふ》れて茲《ここ》に神柱《かむはしら》、出口開祖《でぐちみおや》の身体《からたま》に、鎮《しづま》り坐《まし》て万世《よろづよ》の、国《くに》の固《かた》めの神勅《かみこと》を、或《あるひ》は口《くち》に或《ある》は手《て》は、写《うつ》して世人導《よひとみちび》きつ、

曲《まが》の集《つど》へる大江山《おほえやま》、鬼《おに》も大蛇《をろち》も言向《ことむ》けて、三段《みへた》に分《わか》てる身魂《みたま》をば、目鼻《めはな》を附《つ》けて
安《やす》らけき、常磐《ときは》の御代《みよ》を待乳山《まつちやま》、鳴《な》く郭公《ほととぎす》血《ち》も涸《かれ》て、叫《さけ》び給《たま》ふぞ尊《たふ》とけれ。

（以上　大正6年11月3日筆録、『神霊界』大正7年1月1日号掲載）

○厳瑞慈悲《げんずいじひ》の大海《だいかい》は　智愚正邪《ちぐせいじや》の波《なみ》もなし　神《かみ》の誓《ちか》ひの御船《おんふね》に
乗《の》りて苦界《くかい》を渉《わた》り行《ゆ》く　その身《み》は愛風《あいふう》に任《まか》せたり

○救世《ぐせい》の聖主《せいしゅ》に遇《あ》ひ難《がた》く　瑞霊《ずいれい》の教《をしへ》聞《き》きがたし　神使《しんし》の勝法《しょうほふ》聞《き》くことも
稀《まれ》なりといふ暗《やみ》の世《よ》に　聞《き》くは嬉《うれ》しき伊都能法《いづののり》

○聖教権仮《しやうけうごんげ》の方便《ほうべん》に　万衆《ばんしう》久《ひさ》しく止《とど》まりて　三界流転《さんかいるてん》の身《み》とぞなる
神《かみ》に信従《しんじゅう》する身魂《たま》は　一乗帰命《いちじやうきみやう》す天津国《あまつくに》

（『霊界物語』第67巻・第5章「浪の鼓」）

第三章　いろは歌（その二）

本編《ほんぺん》は、第《だい》一・二章《しょう》より旧作《きゅうさく》で日露戦争開戦《にちろせんそうかいせん》1年半前《ねんはんまえ》に神霊《しんれい》が憑《かか》り著作《ちょさく》されている。当時《とうじ》出口聖師《でぐちせいし》は567冊《さつ》の書物《しょもつ》を執筆《しっぴつ》されたが、旧役員《きゅうやくいん》により「神《かみ》」という字《じ》を切取《きりと》られて焼却《しょうきゃく》され、その中《なか》の十数冊《じゅうすうさつ》が残《のこ》されたその一部《ぶ》。

い　まは斯世《このよ》の、落《おち》ぶれものよ。人《ひと》に笑《わら》はれ罵《そ》しられて、誠《まこと》の道《みち》を辿《たど》りつゝ。末《すゑ》にや夜光《やくわう》の珠《たま》を得《と》る。

ろ　こく斗《ばか》りか亜米利加《アメリカ》迄《まで》が、末《すゑ》に日本《にっほん》を奪《と》る企画《たくみ》。金《かね》と便利《べんり》に任《まか》しつゝ。

は　やく勝負《しょうぶ》を極《き》めない事《こと》にゃ、枕《まくら》を高《たか》く休《やす》めない。神政成就《しんせいじやうじゅ》出来《でき》るまで。

にしに亜米利加《あめりか》、北《きた》には露西亜《ろしあ》、前《まえ》と後《うしろ》に敵《てき》ひかえ、四方海《しはうみ》なる日本国《にほんこく》。

ほくそ笑《わら》ひを、為《な》しつゝ聞《き》きし、神《かみ》の教《をし》への現《あら》はれて、今《いま》じゃ頭《あたま》が上《あが》らない。

べん〱だらりと、談判《だんぱん》延《の》ばし、深《ふか》い巧《たく》みをする夷国《ゐこく》、太平洋《たいへいやう》のまん中《なか》に。

とくを貰《もら》うも又落《またおと》すのも、心次第《こころしだい》の大本《おほもと》ぞ。天《あま》の岩戸《いはと》の御戸開《みとびら》き。

ぢしん雷鳴《かみなり》。火《ひ》の雨降《あめふ》らし、人《ひと》の心《こころ》を戒《いま》しめる、天地《てんち》の神《かみ》の御経綸《おんしぐみ》。

りくつ斗《ばか》りを、ヱラソウに言《い》うて、腹《はら》に誠《まこと》の無《な》いものは、今《いま》の世界《せかい》の流行物《はやりもの》。

ぬくい懐中《ふところ》八髭《ひげ》生《は》やし、神《かみ》も仏《ほとけ》も要《い》るものか、金《かね》が神《かみ》じゃと鰌鯰《どじやうなまづ》、一寸《すん》先《さ》きは泥《どろ》の暗《や》み。

るすじゃ留守《るす》じゃと、何時《いつ》来《き》て見《み》ても、奥《おく》に主人《しゅじん》は居《ゐ》る癖《くせ》に、不思議《ふしぎ》と門《かど》に立留《たちとま》り、能《よ》く〱思案《しあん》をして見《み》れば、何時《いつ》も嘘《うそ》つくこの家《いえ》に、神《かみ》が御不在《おるす》といふ事《こと》か。

を

にも十八番茶《ばんちゃ》も出花《でばな》、時《とき》が過《す》ぎたら間《ま》に合《あ》はぬ。世界《せかい》の立替《たてかへ》あるまでに、身魂《みたま》研《みが》いて置《お》くが良《よ》い、後《あと》の改心間《かいしんま》に合《あ》はぬ。

わ

しは備前《びぜん》の岡山育《をかやまそだ》ち、米《こめ》の生《な》る木《き》は未《ま》だ知《し》らぬ。綾部《あやべ》に生《うま》れた人《ひと》でさへ、世《よ》の大本《おほもと》を未《ま》だ知《し》らぬ。燈台下《とうだいもと》は真《しん》の暗《やみ》。

か

へせ戻《もど》せと扇《あふぎ》を揚《あ》げて、招《まね》ぐは熊谷須磨《くまがひすま》の浦《うら》、モ一度《いちど》斯世《このよ》を持《も》たんとて、呼《よ》べど招《まね》けど白波《しらなみ》の、おきの毒《どく》でも、此度《このたび》の二度目《にどめ》の世界《せかい》は、返《か》やしゃせぬ。鬼門《きもん》の金神在《こんじんあ》る限《かぎ》り、世《よ》に出《で》て居《を》れた守護神《しゅごじん》、早《はや》く心《こころ》を入《い》れ直《なほ》し変性男子《へんしやうなんし》（＝出口開祖）に従《したが》ひて、今度《こんど》の御役《おやく》に立《た》つが宜《よ》い。

よ

言《げん》どころか確言《かくげん》ばかり、一分《ぶ》一厘違《りんちが》やせぬ。誠《まこと》の心《こころ》で聞《き》くなれば、ヒヤリくと汗《あせ》が出《で》る。何程邪慳《なにほどじやけん》な身魂《みたま》でも、改心《かいしん》せずには居《を》られない。皇大神《すめおほかみ》の御神諭《おんさとし》。

たすけ給《たま》はれ世界《せかい》の人《ひと》を、如何《いか》なる罪《つみ》の在《あ》りとても、暗夜《やみよ》の如《ごと》き人民《じんみん》の、代《かは》りと天地《てんち》へ御詫《おわび》して、朝《あさ》な夕《ゆふ》なに変《かは》りなく、出口《でぐち》の守《かみ》の御祈念《ごきねん》は、世界《せかい》の為《ため》と国《くに》の為《ため》。

れん華経《げきやう》でも南無阿弥陀《なむあみだ》でも、今度《こんど》の事《こと》には間《ま》に合《あ》はぬ。木魚《もくぎよ》をどれだけたゝいても、太鼓《たいこ》をドン〳〵なぐっても、妙見坊主《みやうけんぼうず》や日蓮《にちれん》の、一寸梃《ちよっとてこ》には合《あ》ひ兼《かね》る。二度目《にどめ》の斯世《このよ》の立替《たてかえ》は、勝手《かって》気儘《きまま》の神々《かみがみ》や、生臭坊主《なまぐさぼうず》の年《ねん》の明《あ》き。

そんじや徳《とく》じやと計算《そろばん》斗《ばか》り、損《そん》の中《なか》にも得《とく》がある、得《とく》と思《おも》へば損《そん》となる。兎角《とかく》この世《よ》は人民《じんみん》の、思案《しあん》斗《ばか》りで行《ゆ》きはせぬ。万事《ばんじ》万端《ばんたん》神界《しんかい》の教《をしへ》を守《まも》り行《ゆ》くなれば、見《み》えぬ所《とこ》から神々《かみがみ》が、守護《しゆご》なされて何事《なにごと》も、キチリ〳〵と遂《と》げらるゝ、思案《しあん》も工夫《くふう》も要《い》りはせぬ。心研《こころみが》いて御教《みをしへ》に、なびけよ〳〵神《かみ》の子等《こら》。

つ

るぎの山《やま》に登《のぼ》るとも、千尋《ちひろ》の荒海《あらうみ》打《う》ち渡《わた》り、底《そこ》の藻屑《もくず》と成《なる》とても、ナドヤ厭《いと》はん敷島《しきしま》の、日本男子《にっぽんだんし》を引連《ひきつれ》て、丹後《たんご》の国《くに》の無人島《むじんたう》、沓島《めしま》冠島《おしま》を開《ひら》かんと、神《かみ》の御言《みこと》を畏《かし》こみて、勇《いさ》み進《すす》んで出《いで》て行《ゆ》く、出口《でぐち》の守《かみ》の雄々《をを》しさよ、明治《めいぢ》三十三年《ねん》の、七月八日《げつやうか》の未明《あさまだき》、一つの神祠《ほこら》を建初《たてそ》めて、唱《とな》ふる祝詞《のりと》の声《こゑ》清《きよ》く、沖《おき》に聞《きこ》ゆる浪《なみ》の音《ね》も、神《かみ》の御声《みこゑ》と偲《しの》ばるゝ。東《あづま》の空《そら》は茜刺《あかねさ》す、日《ひ》の出《で》の景色《けしき》拝《はい》しつゝ、神《かみ》の教《をしへ》の神務《わざ》を終《を》えて、大本《おほもと》さして帰《かへ》らるゝ、出口《でぐち》の御親《みおや》の勇《いさ》ましさ。

ね

らう要所《えうしょ》は対馬《つしま》に津軽《つがる》、馬関海峡《ばくわんかいきょう》其次《そのつ》ぎに、舞鶴軍港《まひづるぐんこう》岸和田《きしわだ》の、間《あひだ》の軍備《ぐんび》に眼《め》を着《つけ》て、地勢要害《ちせいえうがい》取調《とりしら》べ、又《また》も越前敦賀《えちぜんつるが》より、尾張《をはり》の半田《はんだ》に至《いた》るまで、国探《いぬ》を放《はな》ちて探索《たんさく》し、一挙《いっきょ》に御国《みくに》へ攻《せ》め寄《よ》せて、総《すべ》ての活動中断《かつどうちうだん》し、日本《にほん》を占領《せんりやう》する企《たく》み、夢《ゆめ》でも見《み》てるか夷国人《ゐこくじん》、日本神国《やまとみくに》の敷島《しきしま》の、神《かみ》の身魂《みたま》を知《し》らないか、鰐《わに》の如《や》うなる口開《くちあ》けて、只一呑《ただひとの》みと思《おも》うても、日本男子《にほんだんし》の魂《たましひ》は、胸《むね》に填《つま》りて呑《の》めないぞ。行《ゆ》きも戻《もど》りも成《な》らないぞ。綾部《あやべ》の錦《にしき》の大本《おほもと》の、十里《り》四方《しはう》は宮《みや》の内《うち》、見事覚《みごとおぼ》えが在《あ》るなれば、沓島《めしま》の沖《おき》まで来《き》て見《み》よれ、鋼鉄艦《こうてつかん》も潜艇《せんてい》も、丹後《たんご》の海《うみ》の埋《う》め草《くさ》に、一隻《さう》も残《のこ》さず揺《ゆ》り沈《しづ》め、日本兵士《にほんへいし》の忠勇《ちうゆう》と、出口《でぐち》の守《かみ》の御威徳《みいとく》で、艮大神現《うしとらおほかみあら》はれて、三千世界《ぜんせかい》を立直《たてなほ》す、首途《かどで》の血祭《ちまつ》り覚悟《かくご》せよ。

なり鳴《な》りて鳴余《なりあま》りたる駿河《するが》なる、富士《ふじ》の高峰《たかね》の神霊《しんれい》が、正勝《まさか》の時《とき》に現《あら》はれて、三千世界《ぜんせかい》に鳴《な》り渡《わた》り、登《のぼ》る龍巻《たつまき》すさまじく、清水《しみづ》の港《みなと》に攻《せ》め寄《よ》せし、外国船《とつくにぶね》を残《のこ》りなく、沈《しづ》め絶《た》やして葦原《あしはら》の、中津御国《なかつみくに》を鎮《しづ》めます、神《かみ》は木花咲耶姫《このはなさくやひめ》、神《かみ》の勲《いさほ》の尊《たふ》とけれ。

らん暴極《ぼうきは》まる畜生国《けものくに》、慾《よく》に眼光《まなこ》を曇《くも》らせて、我神国《わがかみくに》を屠《ほふ》らんと、日《ひ》頃《ごろ》巧《たく》みし軍《ぐん》略《りゃく》は、旅順《りょじゅん》、大連《だいれん》、韓国《かんこく》に、計画外《しぐみはづ》れて馬鹿《ばか》を見《み》む。石炭兵糧軍資《せきたんひょうろうぐんし》まで、用《よう》意《い》して置《を》け旅順港《りょじゅんこう》に、今《いま》に日本《にほん》が貰《もろ》てやる。其返礼《そのへんれい》に日本刀《にほんたう》、一度《いちど》は切味見《きれあぢみ》せてやろ、覚悟召《かくごめ》されよスラブども。

むかしの神《かみ》の仕組《しぐ》まれし、最《いと》も便利《べんり》な世《よ》が参《まゐ》り、蒸気《じょうき》、電気《でんき》の働《はたら》きで、三千世《ぜんせ》界《かい》を近《ちか》よせる、交通機関《かうつうきくわん》も完備《くわんび》して、千里万里《せんりまんり》も夢《ゆめ》の間《ま》に、是《これ》も昔《むかし》の神代《かみよ》から、神《かみ》の御裔《みすゑ》の奇魂《くしみたま》、奇《く》しき力《ちから》の賜《たまもの》ぞ。艮金神現《うしとらのこんじんあら》はれて、世界《せかい》一つに統《す》べ玉《たま》ふ、天《てん》の時節《じせつ》の来《き》たものを、訳《わけ》の分《わか》らぬ人民《じんみん》が、人智《じんち》や科学《くわがく》の活《はたら》きと、誤解《ごかい》して居《を》る憐《あは》れさよ。

うそで固《かた》めて得心《とくしん》させて、あとでペロリと舌《した》を出《だ》す。今《いま》の世界《せかい》の人々《ひとびと》は、上《うへ》から下《した》まで其通《そのとほ》り、一分《ぶ》の誠《まこと》のものは無《な》い、是《これ》が畜類《けもの》の世《よ》の中《なか》ぞ。

ゐ

つも鳴《な》いてる烏《からす》と思《おも》ひ、神《かみ》の教《をしへ》もウワの空《そら》、慾《よく》と慢心《まんしん》強《つよ》くして、心《こころ》の空《そら》もかけくもり、暗夜《やみよ》に鳥《とり》の飛《た》つ如《ごと》く、何《なに》が何《なに》やら白雲《しらくも》の、曙《あけ》の烏《からす》に近《ちか》よりて、日《ひ》の出《で》の守護《しゅご》と成《な》るなれば、悪《あく》の審判《さばき》は眼《ま》のあたり、罪穢《めぐり》の深《ふか》き人々《ひとびと》よ。早《はや》く身魂《みたま》を研《みが》き上《あ》げ、改心《かいしん》するが日本一《にほんいち》。不二《ふじ》の山《やま》ほど在《あ》る罪《つみ》も、直霊《なおひ》の御魂《みたま》に清《きよ》くなる。弥々《いよいよ》日《ひ》の出《で》と成《な》るなれば、元《もと》の生神《いきがみ》あらはれて、激《はげ》しき守護《しゅごう》ある故《ゆゑ》に、心《こころ》に曇《くも》りあるものは、余《あま》り眩《まば》ゆて寄《よ》り付《つ》けぬ。龍宮館《りうぐうやかた》の庭《には》までも。

の

山《やま》の奥《おく》も都路《みやこぢ》も、天《てん》にも地《ち》にも押並《おしな》べて、神《かみ》の坐《ゐ》まさぬ所《とこ》は無《な》い。日輪《にちりん》お照《てら》し在《あ》る限《かぎ》り、変性男子《へんしやうなんし》が現《あら》はれて、常盤《ときは》の松《まつ》の世《よ》となれば、神《かみ》の守護《しゅごう》はあり明《あけ》の、月《つき》の形《かたち》の御簾《みす》の内《うち》。

おもひ違《ちが》ひの斯世《このよ》の政治《せいぢ》、是《これ》から総《すべ》てを立替《たてかへ》て、随意競争《ずいいきやうさう》の幣《へい》を去《さ》り、天下公共《てんかこうきよう》の其為《そのため》に、世界舛掛引《せかいますかけひ》き均《な》らし、神《かみ》も仏事《ぶつじ》も人民《じんみん》も、勇《いさ》みて暮《くら》す神代《かみよ》とし、綾部《あやべ》を世界《せかい》の中心《まんなか》と、定《さだ》めて国《くに》々統《す》べ守《まも》る、天津日継《あまつひつぎ》の御威徳《みいとく》と、変性男子《へんしやうなんし》の御守護《ごしゆごう》で。

くにの為《ため》とは口先《くちさき》ばかり、今《いま》の高座《たかみ》の番頭《ばんとう》は、我身奸《わがみよ》かれのしがくして、下《し》タの難義《なんぎ》は露知《つゆし》らず、人車《くるま》や馬車《ばしや》に打《う》ち乗《の》りて、然《しか》も大道《おほち》の中心《まんなか》を、往来《ゆきき》の妨害気《さまたげき》にもせず、鼻高々《はなたかだか》と澄《すま》し込《こ》み、口《くち》に葉巻《はまき》を咬《くわ》へつゝ、横柄面《おうへいつら》する見苦《みぐる》しさ。

やがて三十七年《ねん》の、明治《めいぢ》の春《はる》の四月《がつ》には、斯世《このよ》の滅亡《めつぼう》と基督《きりすと》の、神《かみ》の信徒《しんと》がヒマラヤの、高地《こうち》を尋《たづ》ねて寄《よ》り集《つど》ひ、寺《てら》を建《たて》たり祈祷《きたう》して、総《すべ》ての事《こと》を打棄《うちす》てゝ、救《すく》ひを祈《いの》る最中《さいちう》に、神《かみ》の御国《みくに》に生《うま》れたる、日本《にほん》の人《ひと》が知《し》らぬとは、燈台下《とうだいもと》は真《しん》の暗《やみ》。さは去《さ》り乍《なが》ら世《よ》の人《ひと》よ、周章《あわ》てず騒《さわ》がず一筋《ひとすぢ》に、神《かみ》の教《をしへ》に従《したが》ひて、誠《まこと》を尽《つく》せば此度《このたび》は、一先《ひとま》づ延《の》ばす神《かみ》の旨《むね》、斯世《このよ》の滅亡《めつばう》来《く》る事《こと》は、何《いづ》れの神《かみ》も知《し》りつれど、此儘《このまま》続《つづ》かす経綸《しぐみ》をば、知《し》らざる故《ゆゑ》に色々《いろいろ》と、騒《さわ》ぐは無理《むり》も無《な》けれ共《ども》、世《せ》界《かい》に鬼《おに》は無《な》いとやら、鬼《おに》といはれし艮《うしとら》の、隅《すみ》に坐《ゐ》ませし生神《いきがみ》が、斯世《このよ》この儘《まま》預《あづか》りて、善《ぜん》と悪《あく》とを立別《たてわ》けて、世界《せかい》の洗濯《せんたく》為《な》し玉《たま》ひ、清《きよ》きは赦《ゆる》し玉《たま》ふなり。

早《はや》く改心《かいしん》一等《とう》ぞ。心次第《こころしだい》で此度《このたび》は、どんな御徳《みとく》も授《さづ》けられ、心《こころ》の悪《わ》るい人民《じんみん》は、厳《き》つき懲戒《いましめ》ある故《ゆゑ》に、何《な》んにも知《し》らぬ神《かみ》の子等《こら》、総《すべ》てを捨《すて》て神界《しんかい》に、心《こころ》捧《ささ》げて祈《いの》れかし。

まいにち新聞《しんぶん》披《ひら》いて見《み》れば、魔法《まつぽ》（＝末法）の斯世《このよ》は眼《ま》のあたり、殺人強盗窃盗《さつじんごうとうせつとう》に、詐偽《さぎ》に間男《まをとこ》大喧嘩《おうげんくわ》、一つも碌《ろく》な記事《きじ》は無《な》い。熟々《よくよく》思案《しあん》をして見《み》れば、実《げ》にもこの世《よ》は暗黒《くらがり》よ。畜生《ちくしやう》ばかりの住《す》み所《ところ》。

思《おも》へよ思《おも》へ秋津人《あきつびと》。日本《にほん》は神《かみ》の住《す》み所《ところ》、大和御魂《やまとみたま》の持主《もちぬし》ぞ。世界《せかい》に先立《さきだ》ち善《よき》行《こと》の、鏡《かがみ》を出《だ》して敷島《しきしま》の、水晶魂《すいしやうだま》を輝《かがや》かし、出口《でぐち》の守《かみ》に従《したが》ひて、二度目《にどめ》の岩戸《いはと》の大前《おおまへ》に、世界《せかい》の人《ひと》を助《たす》くるは、日本《にほん》の民《たみ》の天職《てんしょく》ぞ。日本御魂《やまとみたま》の持《もち》まへぞ。

けん利義務《りぎむ》じゃと小理屈斗《こりくつばか》り、潜《もぐ》りて飯《めし》を喰《く》ふものは、我神国《わがしんこく》の土《つち》の上《うへ》に、いく十万《まん》の穀潰《ごくつ》ぶし。法律《はふりつ》ばかりを楯《たて》と為《な》し、情誼《なさけ》も義理《ぎり》も知《し》らばこそ、鬼《おに》の上前《うはま》へ越《こ》す悪魔《あくま》、日本御国《やまとみくに》に蔓《はび》こりて、今《いま》や斯世《このよ》は真《しん》の暗《やみ》、仁義道徳敗頽《じんぎだうとくはいたい》し、誠《まこと》の人《ひと》はなき暮《くら》し、獣畜《けもの》ばかりの住《す》む世界《せかい》、清《きよ》めて元《もと》に立《た》て復《かへ》す、変性男子《へんしやうなんし》の斯《こ》の教《をしへ》。

ふじの高峰《たかね》に村雲懸《むらくもかか》り、清《きよ》き姿《すがた》を包《つつ》めども、雲立《くもた》ち退《の》けば元《もと》の不二《ふじ》、神代《かみよ》ながらの神《かみ》の山《やま》、気高《けだか》き姿《すがた》は世界《せかい》一、日本魂《やまとだましひ》も其通《そのとほ》り、心《こころ》に懸《かか》れる村雲《むらくも》を、除《のぞ》けば直《す》ぐに光《ひか》り出《だ》す、元《もと》は天地《てんち》の分身魂《わけみたま》、魂《たま》を磨《みが》けよ人々《ひとびと》よ。神《かみ》の誠《まこと》の御教《みをしへ》を、畏《かし》こみ謹《つつ》しみ赤心《まごころ》に、誓《ちか》ひて固《かた》く守《まも》る可《べ》し。

こん輪奈落《りんならく》の底《そこ》まで落《おち》た、腐敗堕落《ふはいだらく》の世《よ》の中《なか》に、水晶御魂《すいしょうみたま》がたゞ一つ、一つの御《み》魂《たま》を種《たね》として、日本御魂《やまとみたま》を培養《ばいやう》し、二度目《にどめ》の世界《せかい》の御柱《みはしら》を、したつ岩根《いはね》の大本《おほもと》の、神《かみ》の御役《おやく》に立《た》てんとて、心《こころ》を千々《ちぢ》に砕《くだ》きつゝ、血《ち》を吐《は》く思《おも》ひの辛労《しんらう》を、世《よ》人《ひと》の為《ため》に舐《な》め玉《たま》ふ、変性男子《へんしやうなんし》の雄々《おお》しさよ。（以上　明治36年9月8日　筆録）

江ん慮笑釈《りょえしやく》も梨地《なしぢ》の硯《すずり》、齢《よわい》も長《なが》き命毛《いのちげ》の、筆《ふで》を振《ふる》ひて皇神《すめかみ》は、三千世界《ぜんせかい》の出来事《できごと》を、示《しめ》して斯世《このよ》を救《すく》はんと、明治《めいぢ》の二十五年《ねん》より、出口《でぐち》の守《かみ》は一筋《ひとすぢ》に、知《し》らせ給《たま》へと濁《にご》る世《よ》の、人《ひと》の心《こころ》は真《しん》の暗《やみ》、悪魔《あくま》の住家《すみか》と成果《なりは》てゝ、誠《まこと》の言葉《ことば》は聞入《きい》れず、何時《いつ》も恐喝《おどす》と思《おも》ひつめ、悪胴据《わるどうす》へて動《うご》かない、訳《わけ》の分《わか》らぬ人草《ひとぐさ》は、地球《ちきう》の上《うへ》に充満《じうまん》し、益々《ますます》この世《よ》は汚《けが》れ行《ゆ》く。

てんの神勅《みのり》を畏《かし》こみて、泥海世界《どろうみせかい》を清《きよ》めんと、三千《ぜん》年《ねん》の其《そ》の間《あひだ》、堪《こ》らへ玉《たま》ひし御《ご》苦難《くなん》は、種々雑多《いろいろざった》に身《み》をやつし、神政成就《しんせいじやうじゆ》の其為《そのため》に、守《まも》り給《たま》ひし霊徳《れいとく》が、天運《じせつ》循環《まゐ》りて歴然《ありあり》と、花咲《はなさ》き初《そ》めぬ煎豆《いりまめ》に。

あ細亜《じあ》、阿弗利加《あふりか》、ヨウロッパ、南北亜米利加《なんぼくあめりか》、太洋洲《たいやうしゆう》、一《ひと》つに丸《まる》めて日本《ひのもと》の、天津日嗣《あまつひつぎ》の神徳《しんとく》で、万古末代《まんごまつだい》続《つづ》かせる、神《かみ》の出口《でぐち》の道開《みちびら》き、龍宮《りうぐう》やかたに表現《あらは》れて、三千《ぜん》世界《せかい》の主《ぬし》と成《な》り、普天卒土《ふてんそつど》を統一《とういつ》し、元《もと》の神世《かみよ》と改《あらた》めて、神《かみ》も仏《ほとけ》も人民《じんみん》も、勇《いさ》んで暮《くら》す松《まつ》の世《よ》の、七福《ふく》神《じん》の楽遊《らくあそ》び。

さん千世界《ぜんせかい》の梅《うめ》の花《はな》、一度《いちど》に開《ひら》く今《いま》や時《とき》、鬼門《きもん》の金神《こんじん》現《あら》はれて、鬼《おに》も大蛇《をろち》も帰順《きじゆん》して、松《まつ》の神代《かみよ》と成《な》る上《うへ》は、二度目《にどめ》の世界《せかい》は天国《てんごく》ぞ。曲《まが》も醜女《しこめ》も消《き》え失《う》せて、上《うへ》から下《した》まで神心《かみごころ》、勇《いさ》みて暮《くら》す楽《たの》しさよ。

き

もんの神《かみ》は元《もと》の神《かみ》、国常立《くにとこたち》の大神《おほかみ》よ、斯世《このよ》を造《つく》り固《かた》め成《な》し、世《よ》の根《ね》の本《もと》に隠身《すみきり》て、善悪正邪《ぜんあくせいじゃ》の審判《あらため》を、最《い》と厳重《をごそか》に立《た》て玉《たま》ひ、この世《よ》一切《いっさい》守《まも》ります、尊《たふ》とき神《かみ》にましませり。鬼門《きもん》の神《かみ》は男神《をとこがみ》、経《たて》の守護《しゅごう》と定《さだ》まりて、緯《よこ》の守護《しゅごう》が裏鬼門《うらきもん》、女《め》神《がみ》に坐《ま》して坤《ひつじさる》、変性女子《へんしやうにょし》の神霊《しんれい》ぞ、世界《せかい》の悪魔《あくま》や病《やま》ひ神《かみ》、悪《あ》しき心《こころ》の鬼《おに》どもを、払《はら》ひ清《きよ》めて経緯《たてよこ》の、夫婦《ふうふ》の神《かみ》は人民《ひとたみ》を、導《みち》びき給《たま》ふぞ尊《たふ》とけれ。

ゆ

めになり共《とも》セメテは一度《いちど》、綾部高天《あやべたかま》の大本《おほもと》の、龍宮館《りうぐうやかた》へ往《い》て見《み》たい。ト言《い》ふて霊魂《みたま》は泥《どろ》まぶれ。何《ど》うしたら垢《あか》が落《お》ちるやら、近所《ちかく》に居《ゐ》ながら気《き》が揉《も》める、教祖《きやうそ》を一度《いちど》拝《はい》したさ。

めくら聾《つんぼ》よ世界《せかい》の九分《ぶ》は、昔《むかし》の神代《かみよ》が巡《めぐ》り来《き》て、変性男子《へんしやうなんし》が現《あら》はれて、世界《せかい》の事《こと》を知《し》らせども、実地《じつち》見《み》せても気《き》が附《つ》かぬ、一度《いちど》驚愕《びつくり》する事《こと》が、出来《でき》ては成《な》らぬと朝夕《あさゆふ》に、声《こゑ》を限《かぎ》りに叫《さけ》べ共《ども》、何処《いづこ》を風《かぜ》が吹《ふ》くらんと、言《い》はぬ斗《ばか》りに鼻《はな》の先《さき》、フフンと笑《わら》って空向《そらむ》ひて、自《をの》が乗《の》り行《ゆ》く火《ひ》の車《くるま》、実《じつ》に憐《あは》れな人《ひと》ばかり。

み仙《せん》の神山《みやま》（＝丹波の弥仙山）に立籠《たてこも》り、この世《よ》の泥《どろ》を清《きよ》めんと、三十四年《ねん》（＝明治）は菊《きく》の月《つき》（＝9月）、八日《やうか》に館《やかた》を立出《たちいで》て、神徳《みいづ》も高《たか》きこの山《やま》に、祈《いの》り玉《たま》ひし我教主《わがきやうしゅ》。至誠《しせい》は天地《てんち》に通《つう》じけん、十五の月《つき》の有明《ありあけ》に、尊《たふ》とや神霊《しんれい》現《あら》はれて、世《よ》の行先《ゆくさき》の事《こと》どもを、いと懇《ねんご》ろに説《と》き給《たま》ひ、教御祖《をしへみおや》の御心《みこころ》は、春野《はるの》の雪《ゆき》と解《と》け初《そ》めぬ。され共《ども》高《たか》き神《かみ》の山《やま》、木立《こだち》は繁《しげ》く渓深《たにふか》く、雲霧《くもきり》四方《よも》を閉籠《とぢこ》めて、月日《つきひ》も為《ため》に光《ひか》り浅《あ》せ、常夜《とこよ》の暗《やみ》の如《ごと》くなり。

しん徳高《とくたか》き神《かみ》の山《やま》、開《ひら》けて茲《ここ》に千四百、四十余年《よねん》と成《な》りぬれど、女人禁制《にょにんきんせい》の神《かみ》の山《やま》、今《いま》に汚《けが》れし事《こと》も無《な》く、神祇《かみ》の集《つど》ひの神園《には》として、清《きよ》き霊地《れいち》と鳴響《なりひび》く、浪音《なみおと》たかき八塩路《やしほぢ》の、女嶋《めしま》男嶋《おしま》と諸共《もろとも》に、神代《かみよ》の姿《すがた》変《か》へぬなり。神代《かみよ》の儘《まま》の神《かみ》の国《くに》、瑞穂《みづほ》の国《くに》を守《まも》らんと、冠嶋《おしま》沓嶋《めしま》の神々《かみがみ》は、弥仙《みせん》の神山《みやま》に神集《かみつど》ひ、清《きよ》けき和知《わち》の河水《かはみづ》に、世界《せかい》を清《きよ》め人々《ひとびと》を、安《やす》きに救《すく》ひ助《たす》けんと、天《あま》の岩戸《いはと》を押開《おしひ》らき、村雲《むらくも》四方《よも》に搔別《かきわ》けて、教御祖《をしへみおや》の手《て》を通《とほ》し、口《くち》を通《とほ》して詳細《こまやか》に、諭《さと》させ玉《たま》ふぞ尊《たふ》とけれ。

ゑい耀栄華《ようえいぐわ》に暮《くら》して来《き》たが、報《むく》ひは忽《たちま》ち丸裸体《まるはだか》、楽《らく》した後《あと》の糠苦労《ぬかくろう》、難儀《なんぎ》ばかりの珠敷《じゅづ》つなぎ、誠《まこと》の為《ため》の苦労《くらう》なら、神《かみ》の助《たすけ》で何事《なにごと》も、末《すゑ》に萎《しぼ》れぬ花《はな》が咲《さ》き、万《ばん》古末代《こまつだい》名《な》を残《のこ》し、斯世《このよ》の神《かみ》と仰《あほ》がれん、勤《つと》めよつとめ人々《ひとびと》よ、誠《まこと》の道《みち》に乗《の》り替《かへ》て、松《まつ》の心《こころ》で励《はげ》む可《べ》し。

ひろい世界《せかい》に只一柱《ただひとはしら》、是《これ》を誠《まこと》の神《かみ》（＝主神）といふ、斯世《このよ》つくりて万類《ばんるい》を、育《そだ》てむ為《ため》に日月《じつげつ》を、守《まも》りの神《かみ》と神定《かんさだ》め、神《かみ》の御子《みこ》なる民草《たみくさ》を、養《やしな》ひ賜《たま》ふ難有《ありがた》さ。

ももち万《よろづ》の神々《かみがみ》が、鬼門《きもん》の神《かみ》に従《したが》ひて、三千世界《ぜんせかい》を夫れ〳〵《それぞれ》に、持場々々《もちばもちば》を守《まも》ります、山《やま》には山《やま》の神坐《かみゐ》まし、河《かは》には河《かは》の神居《かみゐ》まし、草木《くさき》は草木《くさき》の神居《かみゐ》まし、海《うみ》には海《うみ》の神《かみ》ゐます。大地《おほじ》は禁闕金《きんかつかね》（金勝闕金・金勝要神・金勝金神）の神《かみ》、二度《にど》目《め》の世界《せかい》の守護神《まもりがみ》、陸《あげ》と海《うみ》との龍宮《りうぐう》の、乙姫《おとひめ》どのはこの砌《みぎ》り、綾《あや》の高天《たかま》に現《あら》はれて、日《ひ》の出《で》の神《かみ》とひっそうて、斯世《このよ》の守護《しゅご》と代《かは》りたり。天地《てんち》還《かへ》りて上《う》へ下《し》タに、成《な》るとの教《をしへ》は此事《このこと》ぞ。実《げ》にも尊《たふと》き神代《かみよ》かな。

せまい心《こころ》で鼻高《はなたか》さんが、高天原《たかあまはら》へ出《で》て参《まゐ》り、出口《でぐち》の守《かみ》の筆先《ふでさき》を、聞《き》いたら嘸《さぞ》や困《こま》るべし。心《こころ》に合《あは》ぬ事斗《ことばか》り、三日《みつか》や十日《とうか》や百日《ひゃくにち》に、神《かみ》の経綸《しぐみ》は解《わか》りやせぬ。誰《だれ》しも覚《おぼ》え在《あ》る故《ゆゑ》に、一寸様子《ちょっとやうす》を書《か》くなれば、浅智慧学者《あさぢゑがくしゃ》の胸《むね》の内《うち》、一から百《ひゃく》まで知《し》れ渡《わた》る、変性男子《へんしゃうなんし》の御身魂《おんみたま》、出口《でぐち》の守《かみ》の書《か》かれたる、世界《せかい》の宝《たから》の神教《みをしへ》が、心《こころ》に当《あた》りて耳痛《みみいた》く、聞《きけ》ば聞《き》く程腹《ほどはら》が立《た》ち、身体《からだ》がビリ〱震《ふる》ひ出《だ》し、気分悪《きぶんあ》しくてモヂ〱と、終《しまい》にゃ遁《にげ》げて去《い》にとなる。

眼《まなこ》と口《くち》の間《あひ》に在《あ》る、鼻《はな》が知《し》らずに高《たか》く成《な》り、夫《そ》れが邪魔《じゃま》して脚下《あしもと》が、見《み》えない故《ゆゑ》に井壺《どぶつぼ》へ、落《お》ちて難渋《なんじふ》する迄《まで》は、こゝの教《をしへ》は聞《き》かれない。少《すこ》しの学《がく》が邪魔《じゃま》になり、理屈斗《りくつばか》りに固《かた》まりて、何時《いつ》も疑念《ぎねん》の晴間《はれま》なく、心《こころ》に鳥越苦労《とりこしくらう》而已《のみ》、生《うま》れ赤子《あかご》に成《な》るまでに、高《たか》い鼻《はな》めが邪魔《じゃま》をして、誠《まこと》の教《をしへ》の垣《かき》をする、なさけないのは人心《ひとごころ》。

すでに悪魔《あくま》に取《と》りひしがれて、危《あや》ふい処《ところ》を差添《さしそへ》の、誠《まこと》こゝろに染《そ》められて、捨《すて》た思案《しあん》の後戻《あともど》り、洋服脱《やうふくぬ》いで沓捨《くつす》てゝ、皮《かは》のカバンも投捨《なげす》てゝ、昔《むかし》の神代《かみよ》の人《ひと》となり、熟々思《つらつらおも》ひ回《めぐ》らせば、出口《でぐち》の守《かみ》の御知《おし》らせの、通《とほ》りに汚《けが》れた世界《せかい》じゃと、固《かた》く心《こころ》を取《と》り直《なほ》し、只一筋《ただひとすぢ》の神《かみ》の道《みち》、心《こころ》も勇《いさ》み気《き》も開《ひら》き、花咲《はなさ》く春《はる》に遭《あ》ふ思《おも》ひ、斯《こ》んな結構《けっこう》が又《また》と世《よ》に、三千《ぜん》世界《せかい》に在《あ》らうかと、初《はじ》めて覚《さと》り大本《おほもと》に、大《おほ》きな尻《しり》を末永《すゑなが》く、綾《あや》の髙天《たかま》で猫《ねこ》と成《な》る、オットどっこい神様《かみさま》の、激《はげ》しき威徳《ゐとく》に照《て》らされて、心《こころ》の底《そこ》の塵芥《ごもくた》を、白状《はくじやう》したが情《なさ》け無《な》い、是《これ》が出口《でぐち》の王仁三郎《おにさぶらう》。

（明治36年9月10日　小松林命作、『神霊界』大正6年11月1日号掲載）

以上『瑞能神歌』終り

大正九年十二月廿八日印刷
大正十年一月二日發行

定價金四拾五錢
郵税金貳錢

編輯兼發行者　皇道大本　大日本修齋會出版局
右代表者　吉田祐定　京都府綾部町本宮三十二番地
印刷者　酒井巖　東京市芝區南佐久間町一ノ三番地　電話新二八一八番
印刷所　酒井印刷所　東京市芝區南佐久間町一ノ三番地　電話新一二〇四番

發行所　京都府綾部町　振替大阪二八七一二番　皇道大本　大日本修齋會

第二編　古事記・言霊解

第一章　黄泉比良坂（一）

伊邪那岐命《いざなぎのみこと》は即《すなわ》ち天系《てんけい》、霊系《れいけい》に属《ぞく》する神《かみ》でありまして、総《すべ》ての万物《ばんぶつ》を安育《あんいく》するために地球《ちきゅう》を修理固成《しゅうりこせい》されました、国常立尊《くにとこたちのみこと》の御後身《ごこうしん》たる御子《みこ》の神様《かみさま》でありますが、『古事記《こじき》』にある如《ごと》く、**迦具土神《かぐつちのかみ》**が生《あ》れまして、即《すなわ》ち今日《こんにち》は、交通機関《こうつうきかん》でも、戦争《せんそう》でも、生産機関《せいさんきかん》でも火力《かりょく》ばかりの世《よ》で、火《ひ》の神様《かみさま》の荒《あら》ぶる世《よ》となった。この火《ひ》の神《かみ》を生《う》んで、地球《ちきゅう》の表現神《ひょうげんしん》たる伊邪那美命《いざなみのみこと》が神去《かむさ》りました。それでこの世《よ》の中《なか》はほとんど生命《せいめい》がないのと同《おな》じ状態《じょうたい》です。

そこで伊邪那岐命《いざなぎのみこと》は、我《わ》が愛《あい》する地球《ちきゅう》が滅亡《めつぼう》せんとしておるのは、迦具土神《かぐつちのかみ》が生《うま》れたからであるが、火力《かりょく》を以《もっ》てする文明《ぶんめい》は、何《なに》ほど文明《ぶんめい》が進《すす》んでも、世《よ》の中《なか》がこれでは何《なん》にもならぬ。地球《ちきゅう》には換《かえ》られぬと宣《の》らせ給《たま》わった。これが「**子《こ》の一《ひと》つ木《け》に易《か》へつるかも**」ということです。

○

次《つぎ》に「**御枕《みまくら》べに匍匐《はらば》ひ御足《みあと》べにはらばひて**」ということは、病人《びょうにん》にたとえると、病人《びょうにん》が腹這《はらば》いになって死《し》んだのを悔《くや》むごとく、病人《びょうにん》と同《おな》じく横《よこ》になって寝息《ねいき》を考《かんが》えたり、手《て》で撫《な》でてみたり、また手《て》の脈《みゃく》をとって見《み》たり、足《あし》の脈《みゃく》をとって見《み》たり、どこか上《うえ》の方《ほう》に生《い》きた分子《ぶんし》がないか、頭《あたま》に当《あた》る所《ところ》に生気《せいき》はないか、日本魂《やまとだましい》が未《ま》だ残《のこ》ってはいないかと調《しら》べ見給《みたま》いしところ、殆《ほとん》ど死人同様《しにんどうよう》で、上流社会《じょうりゅうしゃかい》にも、下等《かとう》社会《しゃかい》にも脈《みゃく》はなくて、どこにも生命《せいめい》はなくなっている。全《まった》く今日《こんにち》の世《よ》の中《なか》はそれの如《ごと》くに暖《あたた》かみはなく冷酷《れいこく》なもので、しかも道義心《どうぎしん》公徳心《こうとくしん》が滅亡《めつぼう》してしまっておる。

それで泣《な》き悲《かな》しみ給《たも》う時《とき》に、その涙《なみだ》の中《なか》に生《な》りませる神《かみ》の名《な》を泣沢女神《なきさはめのかみ》というて、これは大慈大悲《だいじだいひ》の大神様《おほかみさま》が、地上一切《ちじょういっさい》の生物《せいぶつ》を憐《あわれ》み玉《たま》うところの同情《どうじょう》の涙《なみだ》ということです。今日《こんにち》でも「支那《しな》」のある地方《ちほう》には泣女《なきおんな》というのがあって、人《ひと》の死《し》んだ時《とき》に雇《やと》われて泣《な》きにゆく儀式習慣《ぎしきしゅうかん》が残《のこ》っておるのも、これに起源《きげん》している。

○

神去《かみさ》りました伊邪那美命《いざなみのみこと》は、之《これ》を死人《しにん》にたとえて出雲《いずも》の国《くに》と伯耆《ほうき》の国《くに》の境《さかい》に葬《ほう》むられたと書《か》いてありますが、出雲《いずも》というのは何処《いずく》もということで、また雲出《くもいず》る国《くに》ということです。

今日《こんにち》のごとく乱《みだ》れきって、上《うえ》も下《した》も四方八方《しほうはっぽう》、怪《あや》しい雲《くも》が包《つつ》んでいるという事《こと》。

伯耆《ほうき》の国《くに》というのは、掃《はは》きということで、雲霧《うんむ》を掃《は》き払《はら》うということ、科戸《しなど》の風《かぜ》で吹払《ふきはら》うと云《い》うのもそうです。すなわち国《くに》を浄《きよ》める精神《せいしん》と、曇《くも》らす精神《せいしん》との堺《さかい》に立《た》たれた。いわゆる善悪正邪《ぜんあくせいじゃ》の分水嶺《ぶんすいれい》に立《た》ったものです。実《じつ》に今《いま》の世界《せかい》は、光輝《こうき》ある神世《かみよ》の美《うるわ》しき楽《たの》しき黄金世界《おうごんせかい》になるか、絶滅《ぜつめつ》するか、根《ね》の国底《くにそこ》の国《くに》、地獄《じごく》の世《よ》を現出《げんしゅつ》するかの堺《さかい》に立《た》っている。

○

「比婆《ひば》の山《やま》に葬《かく》し」ということは、ヒ°は霊系《れいけい》に属《ぞく》し、赤《あか》い方《ほう》で、太陽《たいよう》の光線《こうせん》という意義《いぎ》で、バ°というのは、ハ°とハ°を重《かさ》ねたもので、これは悪《わる》いことを指《さ》したものです。すなわち霊主体従《れいしゅたいじゅう》と体主霊従《たいしゅれいじゅう》との中間《ちゅうかん》に立《た》ちて、神《かみ》が時機《じき》を待《ま》たせられたということです。

　かくして伊邪那美命《いざなみのみこと》すなわち地球《ちきゅう》の国魂《くにたま》は、半死《はんし》半生《はんしょう》の状態《じょうたい》であるが、しかし天系《てんけい》に属《ぞく》する伊邪那岐命《いざなぎのみこと》は純愛《じゅんあい》の御精神《ごせいしん》から、この地球《ちきゅう》の惨状《さんじょう》を見《み》るに忍《しの》びずして、迦具土神《かぐつちのかみ》すなわち火《ひ》の文明《ぶんめい》が進《すす》んだため、斯《こ》うなったというので、十拳剣《とつかのつるぎ》を以《もっ》て迦具土神《かぐつちのかみ》の頸《くび》を斬《き》り給《たも》うた。十拳《とつか》の剣《つるぎ》を抜《ぬ》くということは、戦争《せんそう》をもって物質《ぶっしつ》文明《ぶんめい》の悪潮流《あくちょうりゅう》を一掃《いっそう》さるることで、いわゆる首《くび》を切《き》り玉《たも》うた。

　この首《くび》ということは、近代《きんだい》でいえば独逸《どいつ》のカイゼルとか、某国《ぼうこく》の大統領《だいとうりょう》とかいう総《すべ》ての首領《しゅりょう》を指《さ》したのである。即《すなわ》ち軍国主義《ぐんこくしゅぎ》の親玉《おやだま》の異図《いと》を破滅《はめつ》せしむるために、大戦争《だいせんそう》を以《もっ》て戦争《せんそう》の惨害《さんがい》を悟《さと》らしむる神策《しんさく》であります。

○

十拳剣《とつかのつるぎ》すなわち神界《しんかい》よりの懲戒的戦争《ちょうかいてきせんそう》なる神剣《しんけん》の発動《はつどう》を以《もっ》て、自然《しぜん》に軍国主義《ぐんこくしゅぎ》の露《ろ》国《こく》や独逸《どいつ》を倒《たお》し、カイゼルを失脚《しっきゃく》させ、そのとばしりが湯津石村《ゆついはむら》にたばしりついた。この湯津石村《ゆついはむら》につくということは、ユ。とは夜《よる》がつづまったもので、ツ。は続《つづ》くのつづまったもので、要《よう》するに夜続《よるつづ》くということになります。彼方《あちら》からも此方《こちら》からも、草《くさ》の片葉《かきは》が言問《こと と》いをいたしまして、種々《しゅじゅ》の暗《くら》い思想《しそう》が勃発《ぼっぱつ》して、各自《かくじ》に勝手《かって》な主義《しゅぎ》なり意見《いけん》なりを吐《は》き散《ち》らしまして、過激主義《かげきしゅぎ》だとか、共産主義《きょうさんしゅぎ》だとか、自然《しぜん》主義《しゅぎ》、社会主義《しゃかいしゅぎ》がよいとか、専制主義《せんせいしゅぎ》がよいとか、いろいろなことをいう意味《いみ》になります。

又《また》イ。ハ。ということは、堅《かた》い動《うご》かぬ位《くらい》ということで、ム。ラ。は群《むら》がるという意義《いぎ》で、石《いは》とは尊貴《そんき》の意《い》、村《むら》とは即《すなわ》ち下《した》の方《ほう》の人間《にんげん》の群《むれ》ということです。所謂《いわゆる》タ。バ。シ。リ。ツ。ク。というのは、鳴《な》り続《つづ》いて上《うえ》にも下《した》にも種々雑多《しゅじゅざった》の思想《しそう》や主義《しゅぎ》が喧伝《けんでん》されていることです。即《すなわ》ち「**たばしりついて生《な》りませる神《かみ》**」というのは、生《うま》れ出《いづ》ることではなくして、鳴《な》り鳴《な》りて喧《やか》ましいということで、その神《かみ》の御《み》名《な》を**甕速日神《みかはやびのかみ》**という。ミは体《たい》、力は輝《かがや》くということで、体主霊従《たいしゅれいじゅう》の神《かみ》であります。**樋速日神《ひはやびのかみ》**は霊主体従《れいしゅたいじゅう》の神《かみ》であって、両者《りょうしゃ》より種々《しゅじゅ》なる思想《しそう》の戦《たたか》いが起《おこ》るということで、すなわち主義《しゅぎ》の戦《たたか》いであります。

○

次《つぎ》に**建御雷《たけみかづち》之《の》男神《をのかみ》**は、直接行動《ちょくせつこうどう》ということで、霊主体従国《れいしゅたいじゅうこく》は言向平和神国《ことむけやわすかみくに》であるから、滅多《めった》にありませぬが、体主霊従国《たいしゅれいじゅうこく》などは皆々《みなみな》建御雷《たけみかづち》之《の》男神《をのかみ》であります。すなわち露国《ろこく》のように、支那《しな》のように皇帝《こうてい》を退位《たいい》せしめたり、すべて乱暴《らんぼう》をするとか、焼討《やきうち》をするとか、暴動《ぼうどう》を起《おこ》すとか、罷業《ひぎょう》、怠業《たいぎょう》するとかいう如《よ》うなことです。

建御雷《たけみかづち》之《の》男神《をのかみ》は天神《てんじん》の御使《おつかい》でありますが、本文《ほんぶん》の言霊上《ことたまじょう》から考《かんが》うれば、ここはその意味《いみ》にはとれぬ、争乱《そうらん》の意味《いみ》になるのです。またの名《な》は**建布都神**《たけふつのかみ》、または**豊布都神**《とよふつかみ》というのは善《ぜん》と悪《あく》の方面《ほうめん》を指《さ》したもので、すべて善悪美醜相交《ぜんあくびしゅうあいまじ》わるということになります。即《すなわ》ちよき時《とき》には苦《くる》しみが芽出《めだ》し、苦《くる》しみの時《とき》には楽《たの》しみが芽出《めだ》しているというようなものです。世《よ》の中《なか》が混乱《こんらん》すればするほど、一方《いっぽう》に之《これ》を立直《たてなお》さんとする善《ぜん》の身魂《みたま》が湧《わ》いてくるという意味《いみ》です。

○

十拳剣《とつかのつるぎ》を握《にぎ》っておらるる鍔元《つばもと》に集《あつ》まる血《ち》というのは、各自《かくじ》に過激《かげき》な思想《しそう》を抱《いだ》いているということで、血《ち》を湧《わ》かすことです。即《すなわ》ち手《て》のまたから漏《も》れ出《いづ》ることになります。この手《て》のまたから漏《も》れ出《いづ》るということは、厳重《げんじゅう》な警戒《けいかい》を破《やぶ》って現《あら》わるることです。**闇於加美神**《くらおかみのかみ》ということは、世界中《せかいじゅう》の上《うえ》の方《ほう》にも、非常《ひじょう》な過激《かげき》な思想《しそう》が現《あら》われるということです。

○

次《つぎ》に**闇御津羽神**《くらみつはのかみ》のみつというのは、水《みず》でありまして、下《した》の方《ほう》すなわち民《たみ》のことで、これも無茶苦茶《むちゃくちゃ》な悪思想《あくしそう》になって、世《よ》の中《なか》がますます闇雲《やみくも》になるということです。

この昔《むかし》のことを今日《こんにち》にたとえて見《み》ますと、独逸《どいつ》のカイゼルが失脚《しっきゃく》したのも、露国《ろこく》のザーが亡《ほろ》んだのも、支那《しな》の皇帝《こうてい》がああなったのも、皆《みな》天《てん》の大神《おほかみ》が十拳剣《とつかのつるぎ》をもって斬《き》られた。かくのごとく神《かみ》は無形《むけい》の神剣《しんけん》を以《もっ》て斬《き》られるので、それで人間《にんげん》が戦《たたか》うことになるのです。この殺《ころ》された**迦具土神**《かぐつちのかみ》のことを現代《げんだい》にたとえますれば、爆弾《ばくだん》とか大砲《たいほう》とか、火器《かき》ばかりで戦《たたか》うのでありまして、弓《ゆみ》とか矢《や》で戦《たたか》うのではありませぬ。

軍艦《ぐんかん》を動《うご》かすのも火《ひ》の力《ちから》であります。それで大神《おほかみ》に依《より》て火《ひ》の神《かみ》が殺《ころ》されたということは、惨虐《ざんぎやく》なる戦争《せんそう》が止《や》んだということになるのです。今回《こんかい》の五年《ごねん》に亘《わた》る世界戦争《せかいせんそう》の結果《けつか》は、迦具土神《かぐつちのかみ》の滅亡《めつぼう》を意味《いみ》しているのです。

（『霊界物語』第8巻　第6篇「黄泉比良坂」第39章「言霊解の一」大正9年11月1日
於五六七殿講演）

○

○夜《よる》の国《くに》知《しろ》召《しめ》します素《す》盞《さ》嗚《のを》の
神《かみ》は世《よ》人《びと》の助《たす》け神《かみ》なり　王仁

第二章　黄泉良比坂（二）

十握剣《とつかのつるぎ》により殺《ころ》された火《ひ》の神《かみ》の頭《あたま》に成《な》りませる神《かみ》はよい神《かみ》ではない。

★**即《すなわ》ち正鹿山津見神《まさかやまつみのかみ》**は強《つよ》く尊《とうと》い位置《いち》にある悪《わる》い神《かみ》という意味《いみ》です。ヤということは、言霊上《げんれいじょう》、ア行《しま》は天《てん》の声《こえ》、ヤ行《しま》は人《ひと》の声《こえ》、ワ行《しま》は地《ち》の声《こえ》、即《すなわ》ちヤは人《ひと》の声《こえ》、世界一《せかいいつ》般人種《ぱんじんしゅ》の衆口愚論《しゅうこうぐろん》で、マツミは魔積《まつ》みでありますから、ヤマツミということは言《げん》論界《ろんかい》に悪魔《あくま》が住《す》むという意味《いみ》で、これが正鹿山津見神《まさかやまつみのかみ》の起《おこ》ることになります。

頭《あたま》に成《な》りませるとは、すなわち上《うえ》の方《ほう》はいらぬというて、今日《こんにち》のデモクラシーのごとく、人類《じんるい》は平等《びょうどう》に天《てん》の恵《めぐみ》を享《う》くるという説《せつ》で、階級撤廃《かいきゅうてっぱい》などという思想《しそう》が起《おこ》るということです。

次《つぎ》に「**御胸《みむね》に成《な》りませる神《かみ》の御名《みな》は★淤縢山津見神《おどやまつみのかみ》**」の胸《むね》というのは、人間《にんげん》の身《しん》体《たい》にたとうれば、心臓《しんぞう》や肺臓《はいぞう》や乳《ちち》の辺《あたり》で、政治家《せいじか》でいえば、大臣《だいじん》とか、親任官《しんにんかん》とか、勅任官《ちょくにんかん》などが胸《むね》であります。即《すなわ》ち是《これ》らの人々《ひとびと》の思想《しそう》が書《か》いてあるのであります。下《した》から種々《しゅじゅ》な思想上《しそうじょう》の戦争《せんそう》が起《おこ》って、それに胸《むね》を痛《いた》めて、おどおどしているから軍《ぐん》隊《たい》や、警察《けいさつ》の力《ちから》で圧迫脅威《あっぱくきょうい》するという意味《いみ》になります。

次《つぎ》に「**御腹《みはら》に成《な》りませる神《かみ》の御名《みな》は奥山津見神《おくやまつみのかみ》**」というのは、国民《こくみん》の中堅《ちゅうけん》すなわち中流社会《ちゅうりゅうしゃかい》ということで、人体《じんたい》にたとうれば臍《へそ》に当《あた》る。

オは心《こころ》、クは組《く》むとか、苦《くる》しむとかいうことで、中流階級《ちゅうりゅうかいきゅう》は中央《ちゅうおう》に立《た》って、どうしたらよかろうかと云《い》うて、苦《くる》しんでおる。すなわち保守主義《ほしゅしゅぎ》でも行《ゆ》かず、新《あたら》しい主義《しゆぎ》でも行《ゆ》かず、その中《なか》を採《と》って、うまくやりたいといふ言霊上《げんれいじよう》の意味《いみ》になる。

次《つぎ》に「**御陰《みほと》に成《な》りませる神《かみ》の御名《みな》は闇山津見神《くらやまつみのかみ》**」というのは、ほとは農業《のうぎよう》に従事《じゆうじ》する民《たみ》で、人体《じんたい》にたとうれば陰部《いんぶ》に当《あた》りまして、子《こ》を産《う》み出《だ》す所《ところ》です。即《すなわ》ち農家《のうか》ということになります。この百姓《ひやくしよう》は現在《げんざい》如何《いか》なる思想《しそう》があって、その意味《いみ》が何《なん》であるかわからず、指導者《しどうしや》によって如何《どう》でもなることを意味《いみ》しておる。全《まつた》く時《とき》の勢《いきおい》によって何方《どつち》にもつく無定見《むていけん》な思想《しそう》が、闇山津見神《くらやまつみかみ》ということになります。

次《つぎ》に「**左《ひだり》の御手《みて》に成《な》りませる神《かみ》の御名《みな》は志芸山津見神《しぎやまつみのかみ》**」の、この左《ひだり》の手《て》ということは上《うえ》の方《ほう》の手《て》ということで、すなわち政治家《せいじか》で、右《みぎ》の手《て》は実業《じつぎよう》のことになります。総《すべ》て政治家《せいじか》は神《かみ》の左手《ひだりて》の役《やく》、実業家《じつぎようか》は右《みぎ》の手《て》の役《やく》で、右《みぎ》の手《て》で仕事《しごと》をして、左《ひだり》の手《て》で治《おさ》めることになる。

志芸山津見神《しぎやまつみのかみ》のシ。は水《みず》で、ギ。は神《かみ》と国《くに》と重《かさ》なりたる意味《いみ》です。そうすると政治家《せいじか》は精神文明《せいしんぶんめい》に気《き》がつかずに、精神教育《せいしんきょういく》よりも、物質《ぶっしつ》の方《ほう》に重《おも》きを置《お》くという意味《いみ》になります。今日《こんにち》は到《いた》る所《ところ》に排日思想《はいにちしそう》が起《おこ》っておりますが、この思想《しそう》の問題《もんだい》は思想《しそう》で抑《おさ》えつけなければならぬのに、貿易《ぼうえき》の上《うえ》にも圧迫《あっぱく》を受《う》け、軍備《ぐんび》も彼方《むこう》はよく整《ととの》えておるとなりますと、この方《ほう》にも日本《にほん》なれば八々艦隊《はちはちかんたい》を造《つく》ったり、陸軍《りくぐん》を増《ま》したりして、国《くに》を護《まも》ろうとしている考《かんが》えの盛《さか》んな時《とき》のことを、志芸山津見神《しぎやまつみのかみ》というのです。

次《つぎ》に**「右《みぎり》の御手《みて》に成《な》りませる神《かみ》の御名《みな》は羽山津見神《はやまつみのかみ》」**というのは、下々《しもじも》の百姓《ひゃくしょう》や労働者《ろうどうしゃ》、実業家《じつぎょうか》を指《さ》したものです。すなわち戦争《せんそう》が起《おこ》れば人気《にんき》が悪《わる》くなるかも知《し》れぬが、米《こめ》が高《たか》くなったり、物価《ぶっか》が騰《あが》ったりするから、米《こめ》を貯《たくわ》えて置《お》いて儲《もう》けてやろうとか、また沢山品物《たくさんしなもの》を仕入《しい》れて置《お》いて一儲《ひともう》けしようとか、如何《どう》したら金《かね》が儲《もう》かるかと云《い》うことばかりを考《かんが》えておる。実《じつ》に下《した》の人民《じんみん》の真心《まごころ》が、乱《みだ》れた利己主義《われよし》ということになります。

ハは開《ひら》くということでありますがハヤマツミと続《つづ》きますと、何《なに》か変動《へんどう》が起《おこ》れば儲《もう》けたいと云《い》って考《かんが》えこむ意味《いみ》で、即《すなわ》ち大火事《おおかじ》があれば材木《ざいもく》が騰《あが》るから、今《いま》の中《うち》に之《これ》を仕入《しい》れてやろうとか、饑饉《ききん》が来《き》て百穀《ひゃくこく》実《みの》らず、不作《ふさく》であったら今《いま》の間《うち》に米《こめ》を沢山買込《たくさんかいこ》んでおいて一儲《ひともう》けしようとか、実《じつ》に不都合《ふつごう》な利己主義《われよし》にかぶれて、何事《なにごと》か変動《へんどう》を待《ま》っている魂《たましい》を、羽山津見神《はやまつみのかみ》というのであります。

次《つぎ》に「**左《ひだり》の御足《みあし》に成《な》りませる神《かみ》の御名《みな》は原山津見神《はらやまつみのかみ》、右《みぎり》の御足《みあし》に成《な》りませる神《かみ》の御名《みな》は戸山津見神《とやまつみのかみ**》」というのは、この足《あし》は海外《かいがい》へ発展《はってん》する考《かんが》えを持《も》つ人《ひと》のことで、海外《かいがい》へ行《ゆ》くなら外国《がいこく》の思想《しそう》を研究《けんきゅう》して来《き》てやろう、外国《がいこく》は真《しん》の文明国《ぶんめいこく》だ、わが国《くに》は未開国《みかいこく》だ。向方《むこう》の国《くに》と親善《しんぜん》をして談笑《だんしょう》の裡《うち》に、国際間《こくさいかん》の紛擾《ふんじょう》を都合《つごう》よく解決《かいけつ》をつけたいという、即《すなわ》ち西洋文明《せいようぶんめい》に憧憬《あこがれ》ている、総《すべ》ての学者《がくしゃ》の説《せつ》が、左《ひだり》の足《あし》の**原山津見神**《はらやまつみのかみ》です。

トヤというのは外《そと》に開《ひら》くということで、この**戸山津見神**《とやまつみのかみ》は、移民《いみん》とか、出稼《でかせぎ》とかいうことで、外国《がいこく》に移民《いみん》を送《おく》るとか、外国《がいこく》は外国《がいこく》で移民排斥《いみんはいせき》とか、種々《しゅじゅ》の大問《だいもん》題《だい》が勃発《ぼっぱつ》することで、丁度今日《ちょうどこんにち》の世《よ》の中《なか》によく似《に》ているのです。この移民《いみん》ということは、神代《かみよ》では何《ど》ういう事《こと》を示《しめ》されたものか判《わか》りませぬが、斯《こ》ういう風《ふう》に言霊《げんれい》的予言《てきよげん》が示《しめ》されておるのです。すなわち吾《わ》が同胞《どうほう》が遠国《えんごく》の空《そら》で、排日《はいにち》のために悔《くや》し残念《ざんねん》を堪《こら》えて、言《い》うに言《い》われぬ苦労《くろう》をしているのに国民《こくみん》が冷淡《れいたん》であるとか、政《せい》府《ふ》は何《なに》をしているかというて、反対《はんたい》やら、不平《ふへい》やらを持《も》ち出《だ》す、その状態《じょうたい》を戸山《とやま》津《つ》見神《みのかみ》というのです。

○

この御言葉《みことば》は、地球上《ちきゅうじょう》の霊魂《れいこん》なる大国魂《おほくにたま》の守護《しゅご》が悪《わる》いから斯《こ》うなったのであり、火《ひ》の文明《ぶんめい》すなわち物質文明《ぶっしつぶんめい》の惨毒《さんどく》のために、斯《か》くのごとく世界《せかい》がほとんど滅亡《めつぼう》に瀕《ひん》したのです。

伊邪那岐命《いざなぎのみこと》は霊《れい》で、**伊邪那美命《いざなみのみこと》は体《たい》**であります。この世《よ》の中《なか》は霊《れい》ばかりでもいけない、即《すなわ》ち霊肉一致《れいにくいっち》でなければならぬ。我《わ》が日本《にほん》は霊主体従《れいしゅたいじゅう》の教《おしえ》を以《もっ》て、世界《せかい》の国魂《くにたま》を生《い》かし、世界万民《せかいばんみん》を安育《あんいく》させて行《ゆ》かねばならぬ国《くに》であります。世界《せかい》を道《どう》義的《ぎてき》に精神文明《せいしんぶんめい》の徳沢《とくたく》を以《もっ》て、全地球一切《ぜんちきゅういっさい》を愛撫《あいぶ》するという至仁至愛《みろく》の大御心《おおみこころ》から、日《ひ》の大神《おほかみ》が地球《ちきゅう》を完成《かんせい》したもうために、伊邪那美命《いざなみのみこと》に会見《かいけん》を申込《もうしこ》み、はるばると御降《おくだ》りになったことであります。

○

「其《そ》の妹《いも》 伊邪那美命《いざなみのみこと》を相見《あひみ》まく欲《おもほ》して、黄泉国《よもつのくに》に追往《おひい》でましき」という、この黄《よも》泉国《つのくに》は死後《しご》のことをいうたのでなくして、今日《こんにち》の全世界《ぜんせかい》の状態《じょうたい》が黄泉国《よもつのくに》であります。そこで天《てん》から、本当《ほんとう》の神様《かみさま》が下《くだ》って来《き》て、岩戸《いわと》の騰戸《あげど》をば少《すこ》し開《ひら》いて見《み》られたのです。そうすると世界各国《せかいかくこく》、戸《と》が閉《しま》っている。この戸《と》ということは閥《ばつ》の事《こと》で、門閥《もんばつ》だとか、政党閥《せいとうばつ》だとか、資本閥《しほんばつ》だとか、学閥《がくばつ》だとか、宗教閥《しゅうきょうばつ》などいうものが戸《と》であります。

その戸《と》を開《あ》けて、伊邪那岐命《いざなぎのみこと》が曰《いわ》れますには、**「愛《うつく》しき我《あ》が」**ということは、要《よう》するに地球《ちきゅう》の国魂《くにたま》も世界一般《せかいいっぱん》の人民《じんみん》も、森羅万象一切《しんらばんしょういっさい》のものを皆愛《みなあい》したまいての御言葉《おことば》です。すなわち霊系《れいけい》と体系《たいけい》と相俟《あいま》って、美《うるわ》しい世界《せかい》を作《つく》らんとしたが、火《ひ》の神《かみ》いわゆる火力文明《かりょくぶんめい》のために、世界《せかい》は黄泉国《よもつのくに》と化《な》ったのである。それで今一度《いまいちど》元《もと》に還《かえ》れといわれたのであります。この太元《もと》に還《かえ》れということは、神《かみ》の教《おしえ》に従《したが》って神《かみ》が改心《かいしん》し、国魂《くにたま》が改心《かいしん》し、人民《じんみん》が改心《かいしん》して、上下一致《しょうかいっち》し、以《もっ》て完全《かんぜん》なる国《くに》を作《つく》らんとの意味《いみ》です。すなわち地球上《ちきゅうじょう》の悪《あく》の守護神《しゅごじん》に、改心《かいしん》してくれということになります。

○

そこで伊邪那美命《いざなみのみこと》は答《こた》えて曰《いわ》るるには、「**悔《くや》しきかも速《と》く来《き》まさずして、吾《あ》は黄《よも》泉戸喫《つへぐひ》しつ**」とあります。これは残念《ざんねん》なことを致《いた》しました。吾《われ》は黄泉戸喫《よもつへぐい》した。モウ少《すこ》し早《はや》く御注意下《ごちゅういくだ》さらば、ここまで地球上《ちきゅうじょう》の一切《いっさい》は腐敗《ふはい》せなかったで在《あ》ろうに、今日《こんにち》となっては実《じつ》に曇《くも》り切《き》り、濁《にご》り切《き》り、腐《くさ》り切《き》りた世《よ》の中《なか》で手《て》のつけようもない。

往《ゆ》きも戻《もど》りも、上《あ》げも下《おろ》しも、二進《にっち》も三進《さっち》もゆかぬ状態《じょうたい》であるという意味《いみ》です。

即《すなわ》ち神《かみ》も、吾《われ》も、人《ひと》も、共《とも》に皆汚《みなけが》されていることでありますから、天《てん》から誠《まこと》の神《かみ》が御出下《おいでくだ》さいまして、地球《ちきゅう》が破滅《はめつ》せんとするのを直《なほ》してやろう、完全《かんぜん》なる天国《てんごく》を建《けん》設《せつ》してやろう、と曰《いわ》れますのは、誠《まこと》に恐《おそ》れ多《おお》い、尊《とうと》い、忝《かたじけ》ない神《かみ》の御言葉《おことば》でありますから、私《わたくし》は国魂《くにたま》すなわち世界一般《せかいいっぱん》の神人《しんじん》が改心《かいしん》すれば、と曰《い》うことを「還《かへ》りなむ」と申《もう》すのです。しかし一寸黄泉神《ちょっとよもつがみ》と相談《そうだん》して見《み》ますから、それまで御待《おま》ちを願《ねが》いますと答《こた》えられたのであります。この「黄泉神《よもつがみ》」というのは、現代《げんだい》の暗黒世界《あんこくせかい》を支配《しはい》している各体主霊従国《かくたいしゅれいじゅうこく》の主権者《しゅけんしゃ》や、大統領《だいとうりょう》ということでありまして、相論《あげつら》うということは、一応《いちおう》この事《こと》を相談《そうだん》して見《み》ましょう、多勢《おおぜい》に理《り》を説《と》いて聞《き》かせて、その意見《いけん》を聴《き》いて見《み》ましょうという事《こと》です。

次《つぎ》に「**甚久《いとひさ》しく待《ま》ちかねたまひき**」というのは、この議論《ぎろん》が一寸《ちょつと》や、そっとの間《あいだ》に纏《まと》まらずに、やれ物質主義《ぶつしつしゅぎ》がよいとか、金銀為本《きんぎんいほん》がよいとか、天産自給《てんさんじきゅう》だとか、いろいろの議論《ぎろん》があって、二年《にねん》や三年《さんねん》で尽《つ》き果《は》てぬのです。神様《かみさま》は今《いま》じゃ早《はや》じゃというて、早《はや》く改心《かいしん》せよと、明治二十五年《めいじにじゅうごねん》から言《い》い続《つづ》けに言《い》われて御急《おいそ》ぎになっているが、「**黄泉神《よもつがみ》**」の議論《ぎろん》は中々纏《なかなかまと》まらぬ、というような意味《いみ》であります。

（『霊界物語』第8巻　第6篇「黄泉比良坂」第39章「言霊解の二」大正9年11月1日
於五六七殿講演、『古事記言霊解』）

★**正鹿山津見司《まさかやまづみのかみ》**、**淤縢山津見神《おどやまつみのかみ》**　伊邪那岐大神《いざなぎのおほかみ》の御子《みこ》。日《ひ》の出《で》の神《かみ》は、火《ひ》の文明《ぶんめい》を生《う》み給《たま》いし伊邪那美大神《いざなみのおほかみ》が八種《やくさ》の雷神《らいじん》を追《お》って竜宮《りゅうぐう》へ行《ゆ》かれたことを知《し》り、神人《しんじん》万有救済《ばんゆうきゅうさい》のため海《うみ》に飛《と》び込《こ》み海底《かいてい》に至《いた》る。

そこには、大綿津海神《おおわたつみのかみ》が住《す》まわれる竜宮城《りゅうぐうじょう》があり、悪逆無道《あくぎゃくぶどう》を演《えん》じていた聖地《せいち》の天使長《てんしちょう》（＝宗教の指導者）桃上彦《ももがみひこ》、そして国《くに》の総理《そうり》・醜国別《しこくにわけ》（＝大原敬介。原敬の本守護神）が門番《もんばん》を勤《つと》めている。その門前《もんぜん》で醜国別《しこくにわけ》に出《で》くわした日《ひ》の出神《でのかみ》は、

「オー、貴下《きか》は大自在天《だいじざいてん》・大国彦《おおくにひこ》の宰相《さいしょう》をつとめし醜国別《しこくにわけ》にあらざるか。貴下《きか》は、聖地《せいち》エルサレムの宮《みや》（＝大正10年2月12日、第一次皇道大本弾圧事件。主神を奉斎する綾部本宮山の神殿）を毀《こぼ》ちたるにより帰《き》幽《ゆう》（＝大正10年11月4日、東京丸の内駅構内）され根底《ねそこ》の国《くに》に到《いた》れると聞《き》く。しかるにいま竜宮《りゅうぐう》の金門《かなど》を守《まも》るとは如何《いか》なる理由《りゆう》ありや」と問《と》いかける。

醜国別「御推量《ごすいりょう》に違《たが》わず、吾《われ》は大自在天《だいじざいてん》の命《めい》を奉《ほう》じ、聖地《せいち》の宮《みや》を毀《こぼ》ちたるにより命《いのち》を奪《うば》われし大罪人《だいざいにん》なり。天地《てんち》の理法《りほう》に照《て》らされ、根底《ねそこ》の国《くに》に墜落《ついらく》せんとする時《とき》、国治立命《くにはるたちのみこと》（国祖・艮の金神）の侍者《じしゃ》に救《すく》われたり。吾《われ》はその大恩《たいおん》に酬《むく》ゆるため、昼夜《ちゅうや》の区別《くべつ》なく乙米姫《おとよねひめ》の金門《かなど》の守護《まもり》となりて昼夜勤務《ちゅうやきんむ》を励《はげ》む者《もの》なり。あゝ神《しん》恩無量《おんむりょう》、禽獣虫魚《きんじゅうちゅうぎょ》の末《すえ》にいたるまで、摂取不捨《せっしゅふしゃ》、大慈大悲《だいじだいひ》の神《かみ》の御心《みこころ》、何時《いつ》の

世《よ》にか酬《むく》い奉《たてまつ》らん」と述べたり。（『霊界物語』第8巻　第12章「身代り」参照）

○

竜宮《りゅうぐう》では伊邪那美大神《いざなみのおほかみ》（火《ひ》の文明《ぶんめい》）に八種《やくさ》の雷神《いかづちがみ》が喰《く》らいつき、欲望《よくぼう》の醜《みにく》い阿鼻《あび》叫喚大乱闘《きょうかんだいらんとう》をやっている。そこで日《ひ》の出神《でのかみ》は祝詞《のりと》、神文《しんもん》を奏上《ほうじょう》すると雷神《いかづちがみ》は言霊《ことたま》に恐《おそ》れ逃《に》げ去《さ》る。乙米姫《おとよねひめ》が入《い》れ代《かわ》ると、雷神《いかづちがみ》は乙米姫《おとよねひめ》（＝海の宝、海底資源）に喰《く》らいつき再《ふたた》び大修羅《だいしゅら》が演《えん》じられる。

伊邪那美大神《いざなみのおほかみ》はじめ、門番《もんばん》の桃上彦《ももがみひこ》、醜国別《しこくにわけ》等《ら》は日《ひ》の出神《でのかみ》に竜宮《りゅうぐう》から陸上《りくじょう》に救《すく》われる。日《ひ》の出神《でのかみ》は桃上彦《ももがみひこ》に正鹿山津見司《まさかやまづみのかみ》、醜国別《しこくにわけ》に吮藤山津見司《おどやまつみのかみ》と名《な》を与《あた》え、高弟《こうてい》となし、三五教《あなないきょう》の宣伝使《せんでんし》となって活躍《かつやく》される。吮藤山津見司《おどやまつみのかみ》は、その後黄泉比良坂《こよもつひらさか》の戦《たたか》いの偉業《いぎょう》で伊邪那岐大神《いざなぎのおほかみ》から大禍津日神《おほまがつひのかみ》（＝正神）という尊《とうと》い神名《しんめい》を与《あた》えられ神界《しんかい》のために活躍《かつやく》される。（詳しくは『善言美詞・祝詞解説』「神言」参照）

第三章　黄泉良比坂（三）

『旦後《またのち》には其《か》の八種《やくさ》の雷神《いかづちがみ》に、千五百《ちいほ》の黄泉軍《よもついくさ》を副《そ》へて追《お》はしめき』

之《これ》を大本《おほもと》に譬《たと》えて見《み》ると、八種《やくさ》の雷《いかずち》（大雷《おほいかづち》、火雷《ほのいかづち》、黒雷《くろいかづち》、拆雷《さくいかづち》、若雷《わかいかづち》、土雷《つちいかづち》、鳴雷《なるいかづち》、伏雷《ふしいかづち》）に加《くわ》うるに、社会主義者《しゃかいしゅぎしゃ》などの、数限《かずかぎ》りなき露骨《ろこつ》なる運動《うんどう》を起《おこ》して、力《ちから》かぎり攻撃《こうげき》の矢《や》を向《む》け来《きた》ることであります。之《これ》を世界《せかい》に対照《たいしょう》する時《とき》は、前述《ぜんじゅつ》の八種《やくさ》の悪魔《あくま》の潜在《せんざい》する上《うえ》に、千五百軍《ちいほいくさ》すなわち或《あ》る国《くに》から、日本《にほん》の霊主体従《れいしゅたいじゅう》なる神国《しんこく》を攻《せ》めて来《く》ると云《い》うことになるのであります。黄泉軍《よもついくさ》と云《い》うことは、占領《せんりょう》とか、侵略《しんりゃく》とか、利権獲得《りけんかくとく》とか、良《よ》からぬ目的《もくてき》のために戦《たたか》いを開《ひら》く国《くに》の賊軍《ぞくぐん》隊《たい》の謂《い》いであります。

『爾《かれ》御佩《みはか》せる十拳剣《とつかのつるぎ》を抜《ぬ》きて、後手《しりへで》に揮《ふ》きつつ逃《に》げ来《き》ませるを』

霊主体従《れいしゅたいじゅう》の神軍《しんぐん》は戦備《せんび》を整《ととの》えながら、即《すなわ》ち十拳剣《とつかのつるぎ》を抜《ぬ》きながら、充分《じゅうぶん》に隠忍《いんにん》し敢《あ》えて戦《たたか》わず、なるべく世界人類平和《せかいじんるいへいわ》のため、治国安民《ちこくあんみん》のために言向平和《ことむけやわ》さんとする意味《いみ》を指《さ》して、**『後手《しりへで》に揮《ふ》きつつ逃《に》げ来《き》ませる』**というのであります。

『其《そ》の坂本《さかもと》なる桃《もも》の子《み》を三個《みつ》取りて待撃《まちう》ちたまひしかば、悉《ことごと》く逃《に》げ返《かへ》りき』

ヒラサカのヒの言霊《ことたま》は明徹也《めいてつなり》、尊厳也《そんげんなり》、顕幽皆貫徹《けんゆうみなかんてつ》する也《なり》、照智也《しょうちなり》、光明遍照《こうみょうへんしょう》十方世界也《じっぽうせかいなり》、日《ひ》の朝也《あさなり》、大慈大悲《だいじだいひ》　五六七《みろく》の神徳也《しんとくなり》。ラの言霊《ことたま》は、高皇産霊神也《たかみむすびのかみなり》、霊系《れいけい》の大本也《おほもとなり》、無量寿《むりょうじゅ》の大基也《だいきなり》、本末一貫也《ほんまついっかんなり》。サの言霊《ことたま》は⦿《す》に事《こと》ある也《なり》、栄《さか》ゆ也《なり》、水《みず》の音也《おとなり》、水《みず》の精也《せいなり》。カの言霊《ことたま》は、蒙《かぶ》せ覆《おお》う也《なり》、光《ひか》り輝《かがや》く也《なり》、懸《か》け出《だ》し助《たす》くる也《なり》。以上《いじょう》ヒラサカ四言霊《しげんれい》の活用《かつよう》を約《つづ》むる時《とき》は、尊厳無比《そんげんむひ》にして六合《りくごう》を照《てら》し、世界《せかい》を統《とう》一《いっ》し以《もっ》て仁慈《じんじ》を施《ほどこ》し、霊系《れいけい》の大本神《たいほんしん》たる日《ひ》の大神《おほかみ》の本末一貫《ほんまついっかん》の徳《とく》と、万世一系《ばんせいいっけい》の皇《こう》徳《とく》を備《そな》え、⦿《す》に変《へん》ある時《とき》は、水《みず》の精《せい》なる月光《げっこう》世《よ》に出《い》で、皇国《こうこく》の栄《さか》えを守《まも》り、隠忍《いんにん》したる公憤《こうふん》を発《はっ》して、駆《か》け出《だ》し向《むか》い戦《たたか》い、神威皇徳《しんいこうとく》を世界《せかい》に輝《かがや》かすちょう、神軍《しんぐん》の謂《い》いであります。

また坂本《さかもと》は神国《しんこく》の栄《さか》えゆく大元《おほもと》ということであります。大本《おほもと》というも坂本《さかもと》の意《い》義《ぎ》である。桃《もも》は百《もも》の意義《いぎ》で、諸々《もろもろ》の武士《ぶし》ということであります。霊主体従日本魂《れいしゅたいじゅうやまとだましい》の種子《たね》が乃《すなわ》ち桃《もも》の実《み》であります。『三《み》箇《つ》取《と》りて待《ま》ち討《う》ちたまひし』とは日本男子《にっぽんだんし》の桃《もも》太《た》郎《ろう》が、智《ち》仁《じん》勇《ゆう》に譬《たと》えたる、猿《さる》犬《いぬ》雉《きじ》を以《もっ》て、戦《たたか》うと云《い》うことであります。猿《さる》は智《ち》に配《はい》し、雉《きじ》は仁《じん》に配《はい》し、犬《いぬ》は勇《ゆう》に配《はい》するのであります。また三《み》ツということは、「変性女子《へんじょうにょし》なる三女神《さんじょしん》の瑞霊《みづ》の御魂《みたま》」であります。そこで「三《み》ツの御魂《みたま》」すなわち十拳剣《とつかのつるぎ》の精《せい》なる神《かみ》の教《おしえ》に依《よっ》て、悠然《ゆうぜん》として待《ま》ち討《う》ちたもうた時《とき》に、黄泉軍《よもついくさ》は悉《ことごと》く敗軍遁走《はいぐんとんそう》して了《しま》ったという意義《いぎ》であります。

『爾《ここ》に伊邪那岐命《いざなぎのみこと》、桃子《もものみ》に告《の》り曰《たま》はく。汝吾《いましあ》を助《たす》けし如《ごと》、葦原《あしはら》の中《なか》つ国《くに》に、所有《あらゆる》うつしき青人草《あをひとぐさ》のうき苦瀬《うきせ》に落《お》ちて苦患《くるしま》む時《とき》に、助《たす》けてよと告《の》りたまひて、意《お》富《ほ》加《か》牟《む》豆《づ》美命《みのみこと》といふ名《な》を賜《たま》ひき』

茲《ここ》において日《ひ》の大神様《おおかみさま》から、聖《せい》なる至誠《しせい》の団体《だんたい》や、「三《み》つの御魂《みたま》」に向《むか》って、よく忠誠《ちゅうせい》を尽《つく》し、国難《こくなん》を救《すく》うてくれたと、御賞《おほ》めになり、なお重《かさ》ねて世界人民《せかいじんみん》が戦争《せんそう》の為《ため》に、塗炭《とたん》の苦《くる》しみを受《う》けるようなことが、今後《こんご》において万一《まんいつ》にも出来《しゅったい》したら、今度《こんど》のように至誠報国《しせいほうこく》の大活躍《だいかつやく》をして、天下《てんか》の万民《ばんみん》を救《すく》うて遣《や》ってくれよ。汝《いまし》にはその代《かわ》りに、意富加牟豆美命《おほかむづみのみこと》と名《な》を賜《たま》うと仰《おお》せになったのであります。このオホカムツミの言霊《ことたま》を奉釈《ほうしゃく》すると次《つぎ》の如《ごと》くであります。

オの言霊《ことたま》は、霊治大道《れいじたいどう》の意《い》である。ホの言霊《ことたま》は、透逸卓出《とういつたくしゅつ》の意《い》である。カの言《こと》霊《たま》は、神霊活気凛々《しんれいかつきりんりん》の意《い》である。ムの言霊《ことたま》は、組織親睦国家《そしきしんぼくこっか》の意《い》である。ツの言霊《ことたま》は、永遠無窮《えいえんむきゅう》に連続《れんぞく》の意《い》である。ミの言霊《ことたま》は、瑞《みづ》の身魂善美《みたまぜんび》の意《い》である。之《これ》を一言《いちげん》に約《つづ》むる時《とき》は、霊《お》徳発揚神《ほ》威活躍平《か》和統一高《む》照祥光瑞《づ》霊神剣発《み》動の神《かみ》ということであります。即《すなわ》ち「惟神《かむながら》の大道《たいだう》」を天下《てんか》に宣伝《せんでん》する至誠至忠《しせいしちゅう》の聖団《せいだん》にして、忠良《ちゅうりょう》なる柱石神《ちゅうせきしん》なりとの御賞詞《ごしょうし》であります。ア、現代《げんだい》の世態《せたい》に対《たい》し、神《かみ》の大命《たいめい》を奉《ほう》じて日《に》本神国《ほんしんこく》のために身心《しんしん》を捧《ささ》げ、麻柱《あなない》の大道《たいどう》を実行《じっこう》する大神津見命《おほかむづみのみこと》は、今何処《いまいずこ》に活躍《かつやく》するぞ。天下《てんか》の濁流《だくりゅう》を清《きよ》め、妖雲《よううん》を一掃《いっそう》し、災禍《さいか》を滅《ほろ》ぼし、世界万有《せかいばんゆう》を安息《あんそく》せしむる神人《しんじん》は、今《いま》や何処《いずこ》に出現《しゅつげん》せんとする乎《か》。実《じつ》に現代《げんだい》は黄泉比良坂《よもつひらさか》の、善悪正邪治《ぜんあくせいじゃち》乱興廃《らんこうはい》の別《わか》るる大峠《おおとうげ》の上《あが》り口《ぐち》であります。

（『霊界物語』第八巻　第六篇「黄泉比良坂」第三十九章「言霊解の四」）

（大正九年十一月一日　於五六七殿講演）

○

『最後《いやはて》に其妹《そのいも》伊邪那美命《いざなみのみこと》、身自《みみづか》ら追来《おひき》ましき』

今《いま》までは、千五百《ちいほ》の黄泉軍《よもつぐん》を以《もっ》て攻撃《こうげき》に向《むか》って来《き》たのが、最後《さいご》には世界全体《せかいぜんたい》が一《いっ》致《ち》して、日《ひ》の神《かみ》の御国《みくに》へ攻《せ》め寄《よ》せて来《き》たということは、『伊邪那美命《いざなみのみこと》身《み》自《みづか》ら追《お》ひ来《き》ましき』という意義《いぎ》であります。是《これ》が「最後《さいご》の世界《せかい》の大峠《おおとうげ》」であります。すなわち神軍《しんぐん》と魔軍《まぐん》との勝敗《しょうはい》を決《けっ》する、天下興亡《てんかこうぼう》の一大分水嶺《いちだいぶんすいれい》であります。

『爾《すなは》ち千引岩《ちびきいは》を、其《そ》の黄泉比良坂《よもつひらさか》に引塞《ひきさ》へて、……一日《ひとひ》に千頭《ちがしら》絞《くび》り殺《ころ》さむと申《まを》したまひき』

千引岩《ちびきいわ》とは、非常《ひじょう》に重量《じゅうりょう》のある千万人《せんまんにん》の力《ちから》を以《もっ》てせざれば、微躯《びく》とも動《うご》かぬ岩《いわ》という意義《いぎ》であります。千引岩《ちびきいわ》は血《ち》日《び》国《き》金剛《い》数多《わ》という意義《いぎ》で、君国《くんこく》を思《おも》う赤誠《せきせい》の血《ち》の流《なが》れたる大金剛力《だいこんごうりき》の勇士《ゆうし》の群隊《ぐんたい》ということであって、国家《こっか》の干城《かんじょう》たる忠勇《ちゅうゆう》無《む》比《ひ》の軍人《ぐんじん》のことであります。また国家鎮護《こっかちんご》の神霊《しんれい》の御威徳《ごいとく》も、国防軍《こくぼうぐん》も皆《みな》千引岩《ちびきいわ》であって、侵入《しんにゅう》し来《きた》る魔軍《まぐん》を撃退《げきたい》し、又《また》は防止《ぼうし》する兵力《へいりょく》の意義《いぎ》であります。

『中《なか》に置《お》きて、……事戸《ことど》を渡《わた》す』ということは、霊主体従《れいしゅたいじゅう》の国家国民《こっかこくみん》と、体主霊従《たいしゅれいじゅう》の国家国民《こっかこくみん》とは、とうてい融合親睦《ゆうごうしんぼく》の望《のぞ》みは立《た》たぬ。どうしても天賦的《てんぷてき》に、国魂《くにたま》が異《こと》なっておるから、神国《しんこく》の行《や》り方《かた》、異国《いこく》（黄泉国《よもつくに》）はその国魂相応《くにたまそうおう》の行《や》り方《かた》で、霊主体従国《れいしゅたいじゅうこく》と体主霊従国《たいしゅれいじゅうこく》とを立別《たてわ》けるという神勅《しんちょく》が、**『事戸《ことど》を渡《わた》す』**ということであります。

善一筋《ぜんひとすじ》の政治《せいじ》や神軍《しんぐん》の兵法《へいほう》は、体主霊従国《たいしゅれいじゅうこく》の軍法《ぐんぽう》とは根本的《こんぽんてき》に相違《そうい》しているから、一切《いっさい》を茲《ここ》に立別《たてわけ》て、霊主体従国《れいしゅたいじゅうこく》は霊主体従国《れいしゅたいじゅうこく》の世《よ》の持《も》ち方《かた》、体主霊従《たいしゅれいじゅう》は体主霊従《たいしゅれいじゅう》の世《よ》の治《おさ》め方《かた》と、区別《くべつ》を付《つ》けられたことであります。要《よう》するに神国《しんこく》の土地《とち》へは、黄泉軍《よもつぐん》の不良分子《ふりょうぶんし》は立入《たちい》るべからずとの御神勅《ごしんちょく》であります。

★**人皇第十代《じんこうだいじゅうだい》 崇神天皇《すじんてんのう》**が、皇運発展《こううんはってん》の時機《じき》を待《ま》たせ玉《たま》う御神慮《ごしんりょ》より、光《ひかり》を和《やわら》げ塵《ちり》に同《まじ》わりて、海外《かいがい》の文物《ぶんぶつ》を我《わ》が国《くに》に輸入《ゆにゅう》せしめ玉《たま》いし如《ごと》く、何時《いつ》までも和光同塵《わこうどうじん》の制度《せいど》を、墨守《ぼくしゅ》することが出来《でき》ないので、断然《だんぜん》として、事戸《ことど》を渡《わた》さねばならぬ現代《げんだい》に立到《たちいた》った如《ごと》き有様《ありさま》であります。事《こと》は言辞論説《げんじろんせつ》の意味《いみ》で、戸《と》は閉塞《へいそく》するの用《よう》であります。

要《よう》するに日本《にっぽん》は皇祖大神《こうそおほかみ》の御聖訓《ごせいくん》を以《もっ》て、治国安民《ちこくあんみん》の要道《ようどう》と決定《けってい》され、一切体主《いっさいたいしゅ》霊従国《れいじゅうこく》の不相応《ふそうおう》なる言論《げんろん》を輸入《ゆにゅう》されないと云《い》う意義《いぎ》が、乃《すなわ》ち『**事戸《ことど》を渡《わた》し給《たま》ふ**』という事《こと》であり、之《これ》を夫婦《ふうふ》の間《あいだ》に譬《たと》えますと、離縁状《りえんじょう》を渡《わた》して、一切《いっさい》の関係《かんけい》を断《た》つという事《こと》であります。何時《いつ》までも和光同塵的方針《わこうどうじんてきほうしん》を採《と》るのは、吾々《われわれ》の今日《こんにち》の処世《しょせい》上《じょう》に於《おい》ても一考《いっこう》せなくてはならぬ。悪思想《あくしそう》や貧乏神《びんぼうがみ》には、一日《いちにち》も早《はや》く絶縁《ぜつえん》するが、家《いえ》のためにも一身上《いっしんじょう》のためにも得策《とくさく》であります。今日《こんにち》のわが国家《こっか》も、一日《いちにち》も早《はや》く目《め》覚《さ》めて、我《わ》が国土《こくど》に不相応《ふそうおう》なる思想《しそう》や、論説《ろんせつ》や、哲学宗教《てつがくしゅうきょう》などと絶縁《ぜつえん》して、いわゆる事戸《ことど》を立《た》て渡《わた》したいものであります。……以下略

（『霊界物語』　第八巻　第六篇「黄泉比良坂」　第三十九章「言霊解の四」略記）

（大正九年十一月一日午前　於五六七殿講演）

★人皇第《じんこうだい》十代《だい》崇《す》神天皇《じんてんのう》（BC97～BC30）開化天皇《かいかてんのう》の第《だい》二子《し》、19歳《さい》で皇太子《ひつぎのみこ》となり、雄略《おほしきこと》を好《この》む。海外《かいがい》との交流《こうりゅう》、文物《ぶんぶつ》の輸入《ゆにゅう》を図《はか》る。天照大神《あまてらすおほみかみ》・倭大国魂《やまとのおほくにたま》との同《どう》殿同床《でんどうしょう》の制《せい》を廃止《はいし》して戸外《こがい》に祭祀《さいし》、現在《げんざい》の神社《じんじゃ》の形《かたち》が出来上《できあ》がる。

夏冬天候不順《なつふゆてんこうふじゅん》で大飢饉《だいききん》、国内乱《こくないみだ》れ疫病蔓延《えきびょうまんえん》し民《たみ》の大半死《たいはんし》す。百姓《おおみたから》さ迷《まよ》い、民《たみ》また海外《かいがい》からの渡来人等《とらいじんなど》背《そむ》く者有《ものあ》り。天皇天位《てんのうあまつくらい》を受《う》けて宗廟《そうびょう》を保《たも》つことを得《う》るも、明《ひかり》も蔽《さわ》るところあり、徳《とく》をもって安《やす》く治《おさ》めること能《あた》わず。

民《たみ》を導《みちび》くには教化《きょうか》の必要《ひつよう》ありとて、天津神《あまつかみ》・国津神《くにつかみ》を祭祀《さいし》、畿内《きない》（＝国内）は事《こと》無《な》く唯《ただ》、海外《かいがい》の遠《とお》き荒人等《あらひとら》王化《おうか》に従《したが》わざる者《もの》、背《そむ》けし者《もの》、騒動《そうどう》を起《お》こす者《もの》、不服《まつろわぬ》者《もの》を悉《ことごと》く、優秀《ゆうしゅう》なる側近《そっきん》から四道将軍《しどうしょうぐん》を選《えら》びて北陸《ほくりく》、東海《とうかい》、西《にし》の道《みち》、丹波《たんば》に派遣《はけん》し、討《う》つことを命《めい》じる。それより戎夷《ひな》の状《さま》、国《くに》の内安寧《うちやすらか》なり。

人民《じんみん》の前後《ぜんご》（将来《しょうらい》）を考《かんが》え、更《さら》に調役《みつぎえだち》を科《か》す。これを「男之弓弭調《ゆはずのみつぎ》」・「女之手末《おみなのたなすえの》調《みつぎ》」と申《もう》し、日本《にほん》の軍備《ぐんび》、税《ぜい》の始《はじ》めなり。これを以《もっ》て天神地祇《てんしんちぎ》（＝天津神と国津神。すべての神々）、共《とも》に和享《にご》みて、天下大《てんかおお》いに平《たいら》なり。故《ゆえ》にこれを称《たた》えまつりて「御肇国天皇《はつくにしらすすめらぎ》」（＝日本の国を最初に造り統治された天皇の意）と申《もう》す。また大量輸送《たいりょうゆそう》の船《ふね》を造《つく》り、池溝《うなて》（＝田の用水をひく溝）を数多《あまた》開《ほ》り民《たみ》の業《なりわい》を広《ひろ》める。任那国《みまなのくに》などに朝貢《みつぎ》を遣《つか》わし外交《がいこう》に勤《つと》める。……時《とき》に120歳《さい》、山辺道《やまべのみち》の上陵《みささぎ》に葬《かく》しまつる。

（『日本書紀巻・第五巻』略記）

★神武天皇《じんむてんのう》の次《つぎ》、第《だい》2代《だい》・綏靖天皇《すいせいてんのう》から第《だい》9代《だい》・開化天皇《かいかてんのう》までを欠史《けっし》8代《だい》の天皇《てんのう》と称《しょう》し、歴史上《れきしじょう》あまり重要視《じゅうようし》されていない。これに対《たい》して出口聖師《でぐちせいし》は、それまでの日《に》本歴史《ほんれきし》は「誰《だれ》も知《し》らないうちに不知火《しらぬい》の海《うみ》に棄《す》ておかれた」もので、そこにこそ本《ほん》当《とう》の日本《にほん》が隠《かく》されていると指摘《してき》される。

崇神天皇《すじんてんのう》の時代《じだい》、天災《てんさい》、疫病《えきびょう》、祭祀《さいし》、渡来人《とらいじん》との交流《こうりゅう》、海外文物《かいがいぶんぶつ》の輸入《ゆにゅう》、軍備《ぐんび》、租税《そぜい》。農業《のうぎょう》、事業《じぎょう》、文化《ぶんか》の促進《そくしん》など諸事情《しょじじょう》が現代社会《げんだいしゃかい》と類似《るいじ》している。

出口直《でぐちなお》・開祖《かいそ》は強《つよ》い者勝《ものがち》の世《よ》を立替立直《たてかえたてなお》し、弥勒《みろく》の神《かみ》の降臨《こうりん》を待望《たいぼう》する。

出口聖師《でぐちせいし》は、今《いま》までの政治《せいじ》　経済《けいざい》　教育《きょういく》　宗教《しゅうきょう》、三千世界《さんぜんせかい》を改《あらた》め、事戸《ことど》を渡《わた》して立《たて》替立直《かえたてなお》しをすると云《い》う。

黄泉比良坂《よもつひらさか》とは神《かみ》と悪魔《あくま》の戦《たたか》いで、霊主体従《れいしゅたいじゅう》、無抵抗主義《むていこうしゅぎ》の神軍《しんぐん》は善言美詞《ぜんげんびし》の言《こと》霊《たま》を武器《ぶき》に戦《たたか》い、体主霊従《われよし》・力主霊体《つよいものがち》の悪魔軍《あくまぐん》は理知《りち》・理性《りせい》により軍備《ぐんび》を整《ととの》え、強化《きょうか》し力《ちから》をもって戦《たたか》うことを意味《いみ》する。

またヨハネは「水《みず》の洗礼《せんれい》」で、水《みず》は物質《ぶっしつ》であり、物質文明《ぶっしつぶんめい》の極点《きょくてん》に達《たつ》した邪悪《じゃあく》世界《せかい》を焼尽《しょうじん》し改造《かいぞう》するのが天職《てんしょく》で、キリストは「火《ひ》の洗礼《せんれい》」、火《ひ》は霊《れい》、霊主体従《れいしゅたいじゅう》によって立替《たてか》える洗礼《せんれい》を意味《いみ》する。

◆破壊より建設へ

出口聖師《でぐちせいし》は現代《げんだい》の世相《せそう》に対《たい》して次《つぎ》の如《ごと》く語《かた》った。

「山《やま》より落《お》ちる岩石《がんせき》は下《おち》るに従《したが》って速度《そくど》を加《くわ》え重量《じゅうりょう》を増《ま》すものでる。仮《かり》にこれを途中《とちゅう》に止《と》めんとする時《とき》は却《かえ》って怪我過《けがあやま》ちあり、落下《らっか》し終《おわ》るまではじっとして見《み》て居《い》るより仕方《しかた》がない。その間《あいだ》に吾人等《ごじんなど》はよろしくケーブルカーでも用意《ようい》して、落《らっ》下《か》し終《お》ったらそれから山上《さんじょう》へ容易《ようい》に運《はこ》び上《あ》げねばならぬ。併《しか》し神《かみ》も人間《にんげん》が働《はたら》かねば仕事《しごと》は出来《でき》ぬ。種々用意《しゅじゅようい》は出来上《できあが》っても人材《じんざい》のないのが一番《ばん》困《こま》る事《こと》である。人《ひと》は不《ふ》断《だん》に魂《たましい》を磨《みが》いてやがて来《く》るべき時期《じき》に備《そな》えるべきである」

現代《げんだい》は誰《だれ》が何《なん》と云《い》っても行《ゆ》くところまで行《ゆ》かねばすまぬ勢《いきお》いである。驚《おどろ》くべき急速力《きゅうそくりょく》をもって新社会《しんしゃかい》の出現《しゅつげん》の前《まえ》に旧社会《きゅうしゃかい》は崩壊《ほうかい》しつゝあるのである。

しかし、旧社会《きゅうしゃかい》が崩壊《ほうかい》さえしたならば直《ただ》ちに幸福《こうふく》と平和《へいわ》の理想社会《りそうしゃかい》が出現《しゅつげん》するものと早合点《はやがてん》してはならぬ。旧社会《きゅうしゃかい》の崩壊《ほうかい》はたゞ時《とき》の問題《もんだい》である。我々《われわれ》は破壊《はかい》よりもむしろ建設《けんせつ》に向《むか》って邁進《まいしん》すべきである。精神的《せいしんてき》にも物質的《ぶっしつてき》にもあらゆる力《ちから》をもって建設運動《けんせつうんどう》を急《いそ》がねばならぬ。建設運動《けんせつうんどう》が急速《きゅうそく》に広《ひろ》がれば広《ひろ》がるほど世界《せかい》の平和《へいわ》と幸《こう》福《ふく》は確保《かくほ》されるのである。

我等《われら》の「人類愛善運動《じんるいあいぜんうんどう》」は「建設運動《けんせつうんどう》」であって、宗教《しゅうきょう》、人種等《じんしゅなど》総《あら》ゆる障壁《しょうへき》を超越《ちょうえつ》して人類愛善《じんるいあいぜん》の大義《たいぎ》に目覚《めざ》め、永遠《えいえん》に幸福《こうふく》と歓喜《かんき》に充《あ》てる光明世界実現《こうみょうせかいじつげん》のために、最善《さいぜん》の力《ちから》を尽《つく》さんことを期《き》するものである。

日本人《にほんじん》は古来《こらい》、宏遠雄大《こうえんゆうだい》な正々堂々《せいせいどうどう》たる抱負《ほうふ》を持《も》っていたのである。七百年《ねん》の武《ぶ》家政治《けせいじ》を倒《たお》して「王政復古《おうせいふっこ》」を成就《じょうじゅ》した「明治維新《めいじいしん》の大精神大理想《だいせいしんだいりそう》は開国進取《かいこくしんしゅ》にあった」ので、物質文明《ぶっしつぶんめい》に惑溺《わくでき》（＝一つのことに心がうばわれて正しい判断力を失うこと。迷って本心を失うこと）し、万事消《ばんじしょう》極的《きょくてき》なその日暮《ひぐら》しの生活《せいかつ》に甘《あま》んずべき筈《はず》ではなかったのである。

それが何時《いつ》の間《ま》にか維新以来《いしんいらい》の雄大《ゆうだい》な理想的精神《りそうてきせいしん》は人々《ひとびと》の心《こころ》から消《き》え失《う》せてし

まって、自己当面《じことうめん》の生活《せいかつ》に直接関係《ちょくせつかんけい》のあることであったら、血眼《ちまなこ》になって騒《さわ》ぐが、直接関係《ちょくせつかんけい》のないような国策経綸《こくさくけいりん》などはどうでもよいという風《ふう》に堕落《だらく》してしまった。遠大《えんだい》な計画《けいかく》を有《も》たずに、たゞ目先《めさき》の小《ちい》さな利害《りがい》や感情《かんじょう》に左右《さゆう》せられているのである。我々《われわれ》はこうした消極的《しょうきょくてき》なその日暮《ひぐ》らしに甘《あま》んじているようなケチな根性《こんじょう》、退《たい》嬰的《えいてき》（＝あとへひくこと。しりごみすること）気分《きぶん》を一掃《いっそう》して、我建国《わがけんこく》の大精神大理想《だいせいしんだいりそう》をもって世界《せかい》に立《た》たねばならぬのである。

「明治維新《めいじいしん》」は日本《にほん》に於《お》ける維新《いしん》であった。いよ〳〵「世界維新《せかいいしん》」とも云《い》うべき「昭和維新《しょうわいしん》」の舞台《ぶたい》は展開《てんかい》したのだ。日本人《にほんじん》の使命《しめい》は重且《じゅうか》つ大《だい》である。

○世《よ》の中《なか》の移《うつ》ろふさまを眺《なが》めては　立《た》つべき時《とき》の来《きた》るを悟《さと》る

今《いま》や出口聖師《でぐちせいし》によって、人類最高《じんるいさいこう》の大理想《だいりそう》の旗《はた》は高《たか》く掲《かか》げられ、人類《じんるい》の進《すす》むべき新《あたら》しき道《みち》は明《あき》らかに指《さ》し示《しめ》されたのである。人々《ひとびと》は起《た》ってその道《みち》を歩《あゆ》んで行《ゆ》けばよいのである。（「人類愛善会」小冊子『愛善の世界へ』桜井重雄編集　昭和5年3月14日）

第三編　救世のご経綸

第一章　神儒仏耶の同根

◆国祖《こくそ》・国常立尊《くにとこたちのみこと》（＝艮の金神）は、地球《ちきゅう》の修理固成《しゅうりこせい》を終《お》えた後《のち》、主神《すしん》の命《めい》によりこの地上《ちじょう》を統治《とうち》しておられた。太初《たいしょ》の世界《せかい》は、風清《かぜきよ》く、水《みず》きよく、星《ほし》は満天《まんてん》に麗《うるわ》しく輝《かがや》き、神人《しんじん》はいずれも和楽《わらく》と歓喜《かんき》に満《み》たされ、黄金時代《おうごんじだい》の天国楽園《てんごくらくえん》であった。

だが皇大神《すめおほかみ》から生《う》まれた天足彦《あだるひこ》、胞場姫《えばひめ》は大神《おほかみ》の直系《ちょっけい》で人間《にんげん》の祖《そ》であるが、世《よ》の初発《しょはつ》にあたり神命《しんめい》に背《そむ》いて、体主霊従禁断《たいしゅれいじゅうきんだん》の木《こ》の実《み》を胞場姫《えばひめ》が食《しょく》し、天足彦《あだるひこ》にも勧《すす》めた。それより大神《おほかみ》の御心《みこころ》に反《そむ》きし邪心《じゃしん》より、妖邪《ようじゃ》の気《き》が地上《ちじょう》に充《み》ち溢《あふ》れ、その霊魂《れいこん》が凝《こ》り固《かた》まって、露国《ろこく》あたりに八岐大蛇《やまたのおろち》の邪霊《じゃれい》となって発生《はっせい》した。またインド方面《ほうめん》に金毛九尾《きんもうきゅうび》白面《はくめん》の姿《すがた》をした醜狐《しこぎつね》が生《う》まれ、そしてユダヤの地《ち》では曲鬼《まがおに》の邪鬼《じゃき》となって出現《しゅつげん》していった。

この邪霊《じゃれい》が、伊邪那岐大神《いざなぎのおほかみ》の手《て》の股《また》を潜《くぐ》り支那《しな》（中国《ちゅうごく》）の北《きた》の方《ほう》の地域《ちいき》に発生《はっせい》された身魂《みたま》で盤古大神《ばんこだいじん》（=塩長彦。中国では「天王聖母」と尊崇される従順な神・大神の直系）、そして天王星《てんのうせい》から降臨《こうりん》になった大自在天神《だいじざいてんじん》（=大国彦。北米大陸に出生した神人。豪勇の神にして神典では大国主神。大梵天、梵自在天というも同じ神名）の心《こころ》の油断《ゆだん》を狙《ねら》って憑依《ひょうい》し地上《ちじょう》は体主霊従《たいしゅれいじゅう》、弱肉強食《じゃくにくきょうしょく》の修羅《しゅら》の世界《せかい》を現出《げんしゅつ》させてしまった。

国祖大神《こくそおほかみ》の神政《しんせい》は世界《せかい》に国魂神《くにたまがみ》（=国の主権者）を配置《はいち》し、戒律《かいりつ》を設《もう》けて天則違反《てんそくいはん》の取締《とりしまり》を強化《きょうか》するが治《おさ》まらず、また和光同塵《わこうどうじん》を好《この》まず、ついに艮《うしとら》の方向《ほうこう》に退去《たいきょ》を命《めい》じら幽政《ゆうせい》（=閻魔大王）を司《つかさど》られる。

国祖《こくそ》に代《かわ》りて任命《にんめい》されたのが盤古大神《ばんこだいじん》で、大自在天《だいじざいてん》と争《あらそ》いその結果勝利《けっかしょうり》したものであった。盤古大神《ばんこだいじん》は八王《やつおう》（=国の主権者。大統領・首相）、八頭《やつがしら》（=宰相）を配置《はいち》して神政《しんせい》を行《おこな》うことになる。この神《かみ》は、善神《ぜんしん》であったが曲神《まがかみ》に憑依《ひょうい》され、以前《いぜん》にも益《ま》して修羅《しゅら》の世《せ》界《かい》を現出《げんしゅつ》したため、神政建設《しんせいけんせつ》の難《むずか》しさを覚《さと》り再《ふた》び国祖《こくそ》・艮《うしとら》の金神《こんじん》に地上一切《ちじょういっさい》の権《けん》利《り》を奉還《ほうかん》になられる。（=これが中華、中国の元祖神の謂われと推察される）

しかし、邪神《じゃしん》の荒《すさ》びはより激《はげ》しく国祖《こくそ》を中心《ちゅうしん》とする神儒仏耶《しんじゅぶつや》の諸神人《しょしんじん》はミロクの世建設《よけんせつ》の宣伝活動《せんでんかつどう》にもかかわらず、世《よ》の終末《しゅうまつ》である「ノアの方舟《はこぶね》」「大洪水《だいこうずい》」の大《だい》惨事《さんじ》を惹起《じゃっき》することになる。それにより野立彦命《のだちひこのみこと》はじめ神々《かみがみ》は、忍耐《にんたい》の上《うえ》にも忍《にん》耐《たい》をかさねながら大神《おおかみ》のご経綸《けいりん》に従《したが》い、地球《ちきゅう》の修理個成《しゅうりこせい》、万有救済《ばんゆうきゅうさい》のために根《ね》の国底《くにそこ》の国《くに》へと向《む》かわれる。……。

○

野立彦命《のだちひこのみこと》（＝国祖神・艮の金神）、野立姫命《のだちひめのみこと》（＝妻神）は、地上《ちじょう》の大洪水《だいこうずい》の惨状《さんじょう》を見《み》て悲嘆《ひたん》に堪《た》えず、宇宙《うちゅう》の大原因神《だいげんいんしん》たる大国治立尊《おほくにはるたちのみこと》（＝主神）に祈願《きがん》する。

「地上《ちじょう》の森羅万象一種《しんらばんしょうひといろ》も残《のこ》さず、大難《だいなん》より救《すく》わせ給《たま》え。一切万有《いっさいばんゆう》の贖《あがな》いとして根底《ねそこ》の国《くに》に落《お》ち行《ゆ》き無限《むげん》の苦《くる》しみを受《う》けん。願《ねが》わくば地上万有《ちじょうばんゆう》の罪《つみ》を許《ゆる》させ給《たま》え。かかる大難《だいなん》の出来《しゅったい》せしは吾《われ》らの一大責任《いちだいせきにん》なれば、身《み》をもって天下万象《てんかばんしょう》に代《かわ》らん」……。

と天教山《てんきょうざん》（＝神代の富士山）の猛烈《もうれつ》なる噴火口《ふんかこう》に身《み》を投《とう》じて神避《かむさ》り（＝地獄の底へ）ましにける。

また善《ぜん》なる諸神人《しょしんじん》も、幽界《ゆうかい》（＝地獄）の諸霊《しょれい》を安息《あんそく》せしめんがため、天教山《てんきょうざん》の噴火《ふんか》口《こう》からそれぞれ身《み》を投《とう》じ、大地《だいち》の中心地点《ちゅうしんちてん》たる火球《かきゅう》の世界《せかい》、即《すなわ》ち根底《ねそこ》の国《くに》（＝大地獄）に至《いた》りて、この幽界《ゆうかい》を修理固成《しゅうりこせい》し、かつ神人各自身魂《しんじんかくじみたま》の帰着《きちゃく》を定《さだ》め、再《ふたた》び地上《ちじょう》に出生《しゅっせい》して、

▼月照彦神《つきてるひこのかみ》は、インドの国《くに》浄飯王《じょうぼんおう》の太子《たいし》と生《うま》れ、「釈迦《しゃか》」（＝２５００年前在世）となって衆生《しゅじょう》を済度《さいど》し、仏教《ぶっきょう》を弘布《ぐふ》せり。ゆえに釈迦《しゃか》の誕生《たんじょう》したインドを月氏国《げっしこく》といい、釈迦《しゃか》を月氏《げっし》と称《しょう》す。

▼足真彦司《だるまひこのかみ》は、月照彦神《つきてるひこのかみ》の後《あと》を追《お》いて月氏国《げっしこく》に出生《しゅっしょう》し、「達磨《だるま》」（＝１６００年前。インドの僧、中国に渡り禅宗の祖となる。ダルマとはサンスクリット語で「法」の意味）となりて禅道《ぜんどう》を弘布《ぐふ》したり。

神人《かみがみ》の身魂《みたま》は、時所位《じしょい》（＝時代や場所、その位置関係）に変現《へんげん》され、いずれも「豊国姫命《とよくにひめのみこと》」（＝地蔵菩薩）の分霊《ぶんれい》にして、「国治立命《くにはるたちのみこと》」の分身《ぶんしん》なり。

▼少名彦司《すくなひこのかみ》（＝キリスト。２０００年前）は幽界《ゆうかい》を遍歴《へんれき》し、天地《てんち》に上下《じょうげ》し、天津神《あまつかみ》の命《めい》をうけユダヤに降誕《こうたん》して、天国の福音《ふくいん》を地上《ちじょう》に宣伝《せんでん》したまえり。

▼天道別命《あまぢわけのみこと》は、天教山《てんきょうざん》の噴火口《ふんかこう》より地中《ちちゅう》の世界《せかい》に到達《とうたつ》し、数十万年《すうじゅうまんねん》の神業《しんぎょう》を修《しゅう》し、清《きよ》められて天上《てんじょう》に上《のぼ》り、天地《てんち》の律法《りっぽう》を再《ふたた》び地上《ちじょう》に弘布《ぐふ》され、これを後世《こうせい》「モーゼの司《かみ》」（＝イスラエルの預言者。紀元前14世紀ごろ在世。生地エジプトを脱出しイスラエル民族をカナンにおもむかせた。彼の事跡を記したモーゼ五書、及び十戒は広く知られる）という。

▼天真道彦命《あめのまみちひこのみこと》も同《おな》じく、天教山《てんきょうざん》の噴火口《ふんかこう》に飛《と》び入《い》り、火《ひ》の洗礼《せんれい》を受《う》けて、根底《ねそこ》の国《くに》を探険《たんけん》し、地上《ちじょう》に出生《しゅっしょう》して人体《じんたい》と化《か》し、「エリヤの司《かみ》」（＝イスラエル王国初期の予言者。バアル礼拝を移入した王妃イゼベルに反対し、カルメル山上でバアル預言者と対決、勝利を得る）と現《あらわ》れてその福音《ふくいん》を遍《あまね》く地上《ちじょう》に宣伝《せんでん》し、天下救済《てんかきゅうさい》

の神業《しんぎょう》に従事《じゅうじ》したり。

▼また高皇産霊神《たかみむすびのかみ》の御子《みこ》たりし「大道別《おほみちわけ》」は、「日《ひ》の出神《でのかみ》」となりて神界《しんかい》 現界《げんかい》に救《すく》いの道《みち》を宣伝使《せんでんし》し、このたびの変《へ》によりて天教山《てんきょうざん》に上《のぼ》り、それより天《あま》の浮橋《うきはし》を渡《わた》りて日《ひ》の御国《みくに》（＝天国、浄土）に到《いた》り、仏者《ぶっしゃ》のいわゆる「大日如来《だいにちにょらい》」となり、神界《しんかい》にてはやはり「日《ひ》の出神《でのかみ》」と称《とな》えられるなり。

▼豊国姫命《とよくにひめのみこと》（＝瑞霊・豊雲野尊）は地中《ちちゅう》の火球《かきゅう》、汐球《せっきゅう》を守《まも》り、数多《あまた》の罪《つみ》ある身魂《みたま》の無差別《むさべつ》的救済《てききゅうさい》に神力《しんりき》を傾注《けいちゅう》し、仏者《ぶっしゃ》のいわゆる「地蔵尊《じぞうそん》」（＝地獄に堕ちた神霊(みたま)を無差別に救済される）は即《すなわ》ちこの神《かみ》なり。

▼弘子彦司《ひろやすひこのかみ》は一たん根底《ねそこ》の国《くに》にいたりしとき、仏者《ぶっしゃ》のいわゆる「閻羅王《えんらおう》」（＝閻魔大王）なる「野立彦命《のだちひこのみこと》」（＝厳の御魂・国祖神）の命《めい》により、幽界《ゆうかい》の探険《たんけん》を中止《ちゅうし》し、再《ふたた》び現界《げんかい》に幾《いく》

度《たび》となく出生《しゅっしょう》し、現世《うつしよ》の艱苦《かんく》を積《つ》みて、遂《つい》に現代《げんだい》の支那《しな》に出生《しゅっしょう》し、「孔子《こうし》」と生《うま》れ、治国安民《ちこくあんみん》の大道《だいどう》を天下《てんか》に弘布《ぐふ》したりけり。

然《しか》るに孔子《こうし》の教理《きょうり》は余《あま》りに「現世的《げんせいてき》」にして、神界幽界《しんかいゆうかい》（＝天国地獄）の消息《しょうそく》に達《たっ》せざるを憂慮《ゆうりょ》し、野立彦命《のだちひこのみこと》は吾《わ》が身魂《みたま》の一部《いちぶ》を分《わ》けて、同《おな》じ支那国《しなくに》に出生《しゅっしょう》せしめ給《たま》いぬ。これ「老子《ろうし》」なり。

（『霊界物語』第6巻　第23章「神儒仏耶の同根」大正11年1月20日）

◆神々誕生《かみがみたんじょう》の御因縁《ごいんねん》　伊邪那岐大神《いざなぎのおほかみ》は、天《あま》の安河原《やすかゎ》にて左《ひだり》の御眼《おんめ》を洗《あら》い給《たま》いて天照大御神《あまてらすおほみかみ》を生《う》ませ給《たま》い、太陽界《たいようかい》の主宰神《しゅさいしん》とならせ給《たま》う。

次《つぎ》に右《みぎ》の御眼《おんめ》を洗《あら》い給《たま》ひて月読命《つきよみのみこと》を生《う》み太陰界《たいいんかい》の主宰神《しゅさいしん》とならせ給《たま》い。八百万《やほよろず》神々《かみがみ》が生《うま》れたいやはてに陰陽《いんよう》の火水《いき》を放《はな》ち給《たま》いて、豊国姫《とよくにひめ》の身魂《みたま》を神格化《しんかくか》して神素《かむす》盞鳴尊《さのおのみこと》と名《な》づけ、大海原《おほうなばら》（＝この地球）の司《つかさ》に任《にん》じ給《たま》う。豊国姫命《とよくにひめのみこと》より神格化《しんかくか》して神素《かむす》盞嗚尊《さのおのみこと》のまたの御名《みな》を国大立命《くにひろたちのみこと》という。国大立命《くにひろたちのみこと》は四魂《しこん》を分《わか》ちて、月照彦神《つきてるひこのかみ》、足真彦神《だるまひこのかみ》、少彦名神《すくなひこなのかみ》、弘子彦神《ひろやすひこのかみ》となり、神幽現《しんゆうげん》の三界《さんかい》にまたがりて神業《しんぎょう》に参加《さんか》し給《たま》いつつあるなり。（『霊界物語』第10巻　26章「貴の御児」大正11年2月26日）

○

◆天足彦《あだるひこ》、胞場姫《えばひめ》の体主霊従的邪念《たいしゅれいじゅうてきじゃねん》は凝《こ》って悪蛇《あくじゃ》、悪鬼《あっき》、悪狐《あっこ》となり、その霊魂《れいこん》地上《ちじょう》に横行闊歩《おうこうかっぽ》して妖邪《ようじゃ》の気満《きみ》ち、生存競争激烈《せいぞんきょうそうげきれつ》となり、神人多《しんじんおお》くその邪気《じゃき》に感染《かんせん》して利己主義《りこしゅぎ》をもっぱらとし、ついに至仁至愛《しじんしあい》の大神《おほかみ》の神政《しんせい》を壊滅《かいめつ》せんとするにいたりける。地上《ちじょう》に大洪水《だいこうずい》が起《お》こり、一旦地《いったんち》の世界《せかい》は泥海《どろうみ》と化《か》し、その惨状目《さんじょうめ》もあてられぬ光景《こうけい》となり、諸善神《しょぜんしん》は天《てん》に帰《かえ》り、あるいは地中《ちちゅう》にひそみ、幽界《ゆうかい》に入《い》りたまいて、陰《かげ》の守護《しゅご》を遊《あそ》ばされることとなぬ。

八王大神《やつおうだいじん》・常世彦《とこよひこ》（=盤古大神の水火（いき）から生れた神）、常世姫《とこよひめ》（=稚桜姫命（わかざくらひめのみこと）の第3女の娘）は悪魔に魅せられ、ウラル彦《ひこ》、ウラル姫《ひめ》と名称《めいしょう》を変更《へんこう》して、ウラル山《さん》を中心《ちゅうしん》に割拠《かっきょ》しウラル教《きょう》を開《ひら》き、自《みずか》ら盤古神王《ばんこしんおう》を偽称《ぎしょう》し、常世《とこよ》の国《くに》に渡《わた》る。（＝米国はウラル教をもとに国是とするが、豪勇のバラモンが混入する国）

また常世《とこよ》の国《くに》に生《うま》れた大自在天神《だいじざいてんじん》大国彦《おおくにひこ》・大国姫《おおくにひめ》は邪神《じゃしん》のため、その精魂《せいこん》誑惑《きょうわく》され、ロッキー山《ざん》に立《た》て籠《こも》りバラモン教《きょう》を開設《かいせつ》、その子息《しそく》大国別《おおくにわけ》・大国姫《おおくにひめ》は、常世《とこよ》の国《くに》からエジプト、メソポタミア、ペルシャ、インドのハルナの都《みやこ》に渡《わた》りバラモン教《きょう》を開《ひら》くが、常世彦《とこよひこ》の宰相《さいしょう》をつとめし鬼雲彦《おにくもひこ》が常世彦《とこよひこ》の死後《しご》大国別《おおくにわけ》を追放《ついほう》し、自《じ》分《ぶん》がバラモン教主《きょうしゅ》となり名《な》を大黒主《おおくろぬし》と改《あらた》めてより大勢力《だいせいりょく》に成長《せいちょう》し、天下《てんか》の神政《しんせい》を私《わたくし》せんとする野望《やぼう》を抱《いだ》くにいたれり。……。

一方大国別《いっぽうおおくにわけ》は流《なが》されてシロの島《しま》（＝スリランカ。釈迦の生れた島）に渡《わた》り、サガレン王《おう》となるが、一つ目《め》の神《かみ》の説示《せつじ》に服従《ふくじゅう》し神政《しんせい》を行《おこな》うことになる。（『霊界物語』第36巻）

○

伊邪那美大神《いざなみのおほかみ》はこれらを見《み》てみずから邪神《じゃしん》の根源地《こんげんち》たる黄泉《よもつ》の国《くに》（＝霊界の意味ではない。邪神の集まる国の意）に出《い》で帰順《きじゅん》せしめ、あるいは改心《かいしん》するまで地上世界《ちじょうせかい》に荒《すさ》び出《で》ざるよう、牽制的運動《けんせいてきうんどう》のためでもある。またついで海中《かいちゅう》の竜宮城《りゅうぐうじょう》に現《あらわ》れ神策《しんさく》をほどこし給《たま》い。ところが大自在天《だいじざいてん》にして後《のち》の常世神王《とこよしんおう》となりし、大国彦《おおくにひこ》その他《た》の系統《けいとう》は常世《とこよ》の国《くに》（アメリカ）から黄泉島《よもつしま》（＝太平洋に浮かぶ、元ムー大陸）を占領《せんりょう》して地上《ちじょう》の権利《けんり》を掌握《しょうあく》せんとしたれば大神《おほかみ》はついに「前代未聞《ぜんだいみもん》の黄泉比良坂《よもつひらさか》の神戦《しんせん》」を開始《かいし》されるにいたるなり。この戦《たたか》いは善悪正邪《ぜんあくせいじゃ》の諸神人《しょしんじん》の勝敗《しょうはい》の分《わ》かるるところにして、いわゆる「世界《せかい》の大《おお》峠《とうげ》」これなり。

（『霊界物語』 第10巻 第15章「言霊別」大正11年2月23日 略記）

○

物語《ものがたり》では黄泉比良坂《よもつひらさか》の戦《たたか》いで、伊邪那美尊《いざなみのみこと》から迦具土《かぐつち》の神《かみ》（火《ひ》の文明《ぶんめい》）が生《う》まれ、八種雷神《やくさのいかずちがみ》など邪神《じゃしん》が出現《しゅつげん》しイフヤ坂《ざか》に「千引岩《ちびきいわ》を置《お》き、事戸《ことど》をわたす」ということがありますが、この「事戸《ことど》」とは、曲津神《まがつかみ》を寄《よ》せ付《つ》けないということ。夫婦《ふうふ》であれば離婚《りこん》を迫《せま》ることで、崇神天皇《すじんてんのう》の場合《ばあい》には外国《がいこく》の政策《せいさく》を別離《べつり》（離縁《りえん》）して、新《めたら》しい時代《じだい》には主神《すしん》・神素盞鳴大神《かむすさのおおほかみ》の愛善《あいぜん》の御教《みおしえ》を遵奉《じゅんぽう》することを説示《せつじ》されます。

この現代《げんだい》にはバラモン教《きょう》やウラル教《きょう》、大中教《だいちゅうきょう》、アブナイ教等《きょうなど》のように「左手《ゆんで》に経典《きょうてん》、右手《めて》に剣《つるぎ》」「法衣《ほうい》の下《した》に鎧《よろい》」を着《き》て民衆《みんしゅう》を惑《まど》わす、自己慾行為《じこよくこうい》、軍備《ぐんび》の増強《ぞうきょう》、増税《ぞうぜい》は民衆《みんしゅう》を苦《くる》しめ、地球《ちきゅう》の発展《はってん》を阻害《そがい》するだけで、何《なん》の得《とく》もない、永遠《えいえん》の平和《へいわ》ミロクの世《よ》の実現《じつげん》は望《のぞ》めず「事戸《ことど》」を渡《わた》すという事《こと》になります。

○

常世《とこよ》の国《くに》（米国《アメリカ》）から常世彦夫妻《とこよひこふさい》は、太平洋《たいへいよう》の真中《まんなか》に浮《う》かぶ黄泉島《よもつしま》に部下《ぶか》を派遣《はけん》します。この黄泉島《よもつしま》は邪神《じゃしん》の集《あつ》まる島《しま》、つまり軍隊《ぐんたい》の屯《たむろ》する島《しま》、この島《しま》を併呑《へいごう》することは世界《せかい》の覇権《はけん》を握《にぎ》ることが出来《でき》る、と誤解《ごかい》したのがハワイ諸島《しょとう》です。

出口直《でぐちなお》・開祖《かいそ》が「立替立直《たてかえたてなお》し」をさけばれた明治《めいじ》25年頃《ねんごろ》、米国《アメリカ》は常夏《とこなつ》のハワイ王国《おうこく》を併合《へいごう》して陸海空軍《りくかいくうぐん》の基地建設《きちけんせつ》を進《すす》め、昭和《しょうわ》16年《ねん》12月《がつ》8日《か》、大日本海軍《だいにほんかいぐん》は奇襲攻撃《きしゅうこうげき》を真珠湾《しんじゅわん》に仕掛《しか》け、太平洋戦争《たいへいようせんそう》が始《はじ》まります。

物語《ものがたり》では黄泉比良坂《よもつひらさか》で素盞鳴尊《すさのおのみこと》の三女神《さんにょしん》が「三個《こ》の桃《もも》の子《み》」（瑞《みづ》の身魂《みたま》）として、言霊《ことたま》を発射《はっしゃ》して敵《てき》を言向和《ことむけやわ》しますが、現実《げんじつ》では悪魔《あくま》と悪魔《あくま》の戦《たたかい》でした。

余白歌

○何事《なにごと》も皆《みな》戦《たたか》ひの世《よ》なりとて　戦《たたか》ふ人《ひと》は曲津神《まがつかみ》なり

○争《あらそ》ひは一日《ひとひ》も早《はや》く治《をさ》めかし　月日《つきひ》を経《ふ》れば真実《まこと》消《き》え行《ゆ》く

○今迄《いままで》の諸《もも》の宗教《をしへ》は形《かたち》のみ　御魂《みたま》は既《すで》に消《き》え失《う》せにけり

○神《か》人《み》は神《か》人《み》　獣類《けもの》は獣類《けもの》　鳥《とり》は鳥《とり》　虫《むし》にも魚《うお》にも道《みち》はありけり

○神《か》人《み》にしてもし禽獣《きんじう》の道《みち》ゆかば　この天界《てんかい》はたゞちに乱《みだ》れむ

○禽獣《きんじう》の道《みち》はやすけし神《かみ》の道《みち》を　踏《ふ》むは容易《ようい》にあらずかしこし

第二章　有形と無形の障壁

◆ブラバーサはスバッフォードに伴《ともな》われて、エルサレムのアメリカン・コロニーに歩《ほ》を運《はこ》んだ。百人《ひゃくにん》ばかりの信者《しんじゃ》が、祭壇《さいだん》の前《まえ》で祈願《きがん》を凝《こ》らす最中《さいちゅう》であった。一同礼《いちどうれい》拝《はい》を終《おわ》り、スバッフォードは、言葉《ことば》静《しず》かにブラバーサを紹介《しょうかい》した。
「皆《みな》さま、このお方《かた》は高砂島《たかさごじま》（＝日本）から神命《しんめい》を奉《ほう》じて遥々《はるばる》とお越《こ》しになられたブラバーサといい、メシヤ再臨《さいりん》の先駆《せんく》としてご出張《しゅっちょう》になられたお方《かた》です。お互《たが》いに親《した》しく交際《こうさい》をさして戴《いただ》こうじゃありませんか」と挨拶する。

ブラバーサは一同《いちどう》に向《む》かい厚《あつ》く礼《れい》を復《かえ》し、一場《いちじょう》の挨拶的演説《あいさつてきえんぜつ》を始《はじ》めた。

「私《わたくし》は最前聖師《さいぜんせいし》のご紹介下《しょうかいくだ》さった、高砂島《たかさごじま》から神命《しんめい》を帯《お》びてメシヤ再臨《さいりん》の先《せん》駆《く》として派遣《はけん》されたルート・バハー団《だん》（＝皇道大本）の宣伝使《せんでんし》ブラバーサと申《もう》す者《もの》です。

今日《きょう》スバッフォード聖師《せいし》が、ホテルまで御訪問下《ごほうもんくだ》さり、ご教訓《きょうくん》を承《うけたまわ》り、貴団《きだん》の純《じゅん》なる信仰《しんこう》、美《うる》わしき生活《せいかつ》の有様《ありさま》を拝聴《はいちょう》し、感涙《かんるい》に咽《むせ》びました。

悪魔横行《あくまおうこう》の暗黒《あんこく》なる世界《せかい》にも、真善美愛《しんぜんびあい》の聖《せい》なる団体《だんたい》が造《つく》られてあるかと思《おも》えば、神様《かみさま》のご経綸《けいりん》に、感謝《かんしゃ》せざるを得《え》なくなりました。……。

天運循環《てんうんじゅんかん》の神律《しんりつ》に由《よ》り、神《かみ》の御国《みくに》と称《とな》えられた極東《きょくとう》の高砂島《たかさごじま》には、厳瑞二柱《げんづいふたはしら》の救世主《きゅうせいしゅ》があらわれ、高大博遠《こうだいはくえん》な愛《あい》は私共《わたしども》に手近《てぢか》で親《した》しきもの、日々《にちにち》の生活《せいかつ》から放《はな》そうとしても、放《はな》され得《え》ない親《した》しきものとなっているのです。

御一同様《ごいちどうさま》も、愛《あい》の真諦《しんたい》を体得《たいとく》され、キリストの再臨《さいりん》を誠心誠意《せいしんせいい》待望《たいぼう》されつつ、国籍《こくせき》と宗教《しゅうきょう》の障壁《しょうへき》を脱却《だっきゃく》され、聖団《せいだん》を創立《そうりつ》されました事《こと》は、天下万民《てんかばんみん》のために実《じつ》に洪大無限《こうだいむげん》の大神業《だいしんぎょう》だと考《かんが》え、貴団《きだん》の御精神《ごせいしん》のある事《こと》に感謝《かんしゃ》する次第《しだい》です。

今日《こんにち》は国籍《こくせき》や宗教《しゅうきょう》の如何《いかん》に関係《かんけい》なく、世界人類愛《せかいじんるいあい》の上《うえ》より御参考《ごさんこう》の為《ため》一言《いちごん》申《もう》し上《あ》げ度《た》いと思《おも》います。

○

私《わたくし》の生国《しょうこく》、高砂島《たかさごじま》は、貴団《きだん》の方々《かたがた》や、現今《げんこん》の人達《ひとたち》には、想像《そうぞう》も出来《でき》ない程《ほど》、三百諸侯《さんびゃくしょこう》の小《ち》さい国《くに》が敵国《てきこく》に分割《ぶんかつ》され、今《いま》より僅《わず》かに五十年以前《ねんいぜん》の封建《ほうけん》の時代《じだい》でした。

国内《こくない》は、全《まった》く敵国《てきこく》の状態《じょうたい》で、所謂郷関《いわゆるきょうかん》を一歩《いっぽ》出《で》るが最後《さいご》、生命《せいめい》の保証《ほしょう》が出来《でき》ないような実状《じつじょう》でした。

そればかりか、各自《かくじ》腰《こし》に秋水《しゅうすい》（＝日本刀）を帯《お》び、家《いえ》を出《い》づれば男子《だんし》は七人《ななにん》の敵《てき》あり、と覚悟《かくご》しているのが武士道《ぶしどう》の尊《とうと》い所《ところ》で、神国魂《しんこくみたま》の精華《せいか》とせられておりました。又《また》武士《ぶし》は切捨《きりす》て御免《ごめん》と言《い》って、平民《へいみん》を切殺《きりころ》す位《くらい》は武士《ぶし》の普通《ふつう》の特権《とっけん》とさえ見《み》られていたのです。

それを諸侯《しょこう》が、大君《おおぎみ》の思召《おぼしめし》によつて、何《いず》れも前非《ぜんぴ》を悔《く》い、帰順《きじゅん》の誠《まこと》から大君《おおぎみ》の下《もと》に畏服《いふく》し、一切《いっさい》を投《な》げ出《だ》された。それ故《ゆえ》人心《じんしん》大《おおい》に和《やわ》らぎ、四方平等的精神《しほうびょうどうてきせいしん》が、国民《こくみん》の間《あいだ》に貫流《かんりゅう》する様《よう》になったのです。

○

何《なに》が野蛮《やばん》だと言《い》っても、互《たがい》に敵意《てきい》を持《も》って争《あらそ》う程《ほど》野蛮《やばん》なことは有《あ》りません。野《や》蛮人《ばんじん》とは、その親愛《しんあい》の範囲《はんい》の狭小《きょうしょう》なるを意味《いみ》し、文明人《ぶんめいじん》とは親愛《しんあい》の範囲《はんい》の広大《こうだい》なるを意味《いみ》します。

大慈大悲《だいじだいひ》の大神《おほかみ》さまは、全地上《ぜんちじょう》の世界《せかい》を天国浄土《てんごくじょうど》と為《な》し、万民《ばんみん》に安息《あんそく》と栄光《えいこう》を与《あた》えんが為《ため》に三千年《さんぜんねん》の御経綸《ごけいりん》を遊《あそ》ばして、今《いま》や高砂島《たかさごじま》に聖跡《せいせき》を垂《た》れ玉《たま》いました。

そして大神様《おほかみさま》の元《もと》の御屋敷《おやしき》たる、このエルサレムに御降臨《ごこうりん》あそばす、その準備《じゅんび》として瑞《みづ》の御魂《みたま》の聖主《せいしゅ》を下《くだ》し、万民《ばんみん》の罪《つみ》を贖《あがな》いたもうこととなったのです。

又神《またかみ》の選民《せんみん》たるイスラエル民族《みんぞく》の方々《かたがた》が、主唱者《しゅしょうしゃ》となって各国《かっこく》の人々《ひとびと》をこの聖《せい》地《ち》に集《あつ》め、メシヤの再臨《さいりん》を信《しん》じてアメリカン・コロニーの如《ごと》き立派《りっぱ》な殿堂《でんどう》を造《つく》られておられる事《こと》は、私《わたくし》にとり実《じつ》に有難《ありがた》く嬉《うれ》しい事《こと》です。

願《ねが》わくは私《わたくし》もこの聖団員《せいだんいん》の一人《ひとり》に加《くわ》えて頂《いただ》ければ、光栄《こうえい》です。ア、惟神霊幸《かむながらたまち》倍坐世《はへませ》」

と拍手《はくしゅ》の内《うち》に勇《いさ》まし気《げ》に降壇《こうだん》した。

○

スバッフォードは直《ただち》に登壇《とうだん》して、

「只今聖師《ただいませいし》のお話《はなし》によって、今回《こんかい》の聖地《せいち》ご出向《しゅっこう》も了解《りょうかい》いたしました。私達団員《わたしたちだいいん》も定《さだ》めて私《わたくし》と同《おな》じご意見《いけん》だと思《おも》います。

個々分立《ここぶんりつ》して日《ひ》に夜《よ》に争闘《そうとう》の絶間《たえま》が無《な》かった高砂島《たかさごじま》が、統一《とういつ》せられ、また厳瑞《げんづい》二柱《ふたはしら》の救世主《きゅうせいしゅ》が現《あら》われたのも、メシヤ再臨《さいりん》の世界一体《せかいいったい》の深遠《しんえん》なるご経綸《けいりん》で御座《ござ》いましょう。

国内《こくない》の凡《すべ》ての障壁《しょうへき》を取《と》り除《のぞ》かれる事《こと》により、今日《こんにち》の向上《こうじょう》と繁栄《はんえい》を来《き》たす事《こと》になった以上《いじょう》、猶《なお》も進《すす》んで世界中《せかいじゅう》が争闘《そうとう》を止《や》めて相親愛《あいしんあい》し、各国各人種《かっこくかくじんしゅ》などと言《い》う根本的敵愾心《こんぽんてきてきがいしん》を取《と》り去《さ》る事《こと》によって、人類《じんるい》の文化《ぶんか》は神聖《しんせい》なものとなり、同時《どうじ》にその福利《ふくり》の程度《ていど》も高《たか》まること疑《うたがい》なき真理《しんり》であります。

○

要《よう》するに吾々《われわれ》お互《たがい》の親愛《しんあい》の範囲《はんい》の大小《だいしょう》により、野蛮《やばん》ともなり文明《ぶんめい》ともなるのです。世界《せかい》の平和《へいわ》を来《きた》さんがため、即《すなわ》ち五六七《みろく》の神政出現《しんせいしゅつげん》のためには、各国国《かっこくこく》民間《みんかん》の有形《ゆうけい》と無形《むけい》の大障壁《だいしょうへき》をまず第一《だいいち》に取《と》り除《のぞ》かねば駄目《だめ》です。

この挙《きょ》に出《いで》ずして世界《せかい》の平和《へいわ》、五六七《みろく》神政《しんせい》の成就《じょうじゅ》の夢《ゆめ》を見るは、恰《あたか》も器具《きぐ》を別々《べつべつ》にして、水《みず》の融合《ゆうごう》を来《きた》そうとするものと同様《どうよう》の愚挙《ぐきょ》では有《あ》りますまいか。

それ故《ゆえ》、吾々団体員《われわれだんたいいん》は、世界《せかい》に率先《そっせん》して平和《へいわ》の真諦《しんたい》を示《しめ》し、メシヤ再臨《さいりん》の準備《じゅんび》に従事《じゅうじ》しているのです。今日《こんにち》は高砂島《たかさごじま》の聖師《せいし》の御来着《ごらいちゃく》によつて、私《わたくし》は神界《しんかい》の御《ご》経綸《けいりん》の洪大無辺《こうだいむへん》なるに感喜《かんき》の余《あま》り、茲《ここ》に一言蕪辞《いちごんぶじ》を述《の》べ、ご挨拶《あいさつ》に代《か》えました。何《ど》うか空前絶後《くうぜんぜつご》の大神業《だいしんぎょう》の完成《かんせい》に尽《つく》されん事《こと》を希望《きぼう》いたします」と悠然《ゆうぜん》として演壇《えんだん》を下《くだ》った。団員一同《だいいんいちどう》拍手《はくしゅ》してスバッフォード聖師《せいし》の説《せつ》に賛同《さんどう》し、和気藹々《わきあいあい》の気《き》、溢《あふ》るるばかりであった。

○

今《いま》まで感涙《かんるい》に咽《むせ》んでいた**マグダラのマリヤ**は、やおら身《み》を起《おこ》してツカツカと演壇《えんだん》の上《うえ》に立《た》ち、謹厳《きんげん》な態度《たいど》を以《もっ》て一場《いちじょう》の演説《えんぜつ》を始《はじ》めた。

「妾《わたし》は只今両聖師《ただいまりょうせいし》の御演説《ごえんぜつ》を大《おおい》に心強《こころづよ》く感《かん》じました。海洋万里《かいようばんり》の遠方《えんぽう》よりお越《こ》しになったブラバーサさまとエルサレムの停車場前《ていしゃじょうまえ》で偶然《ぐうぜん》に出合《であい》ました事《こと》、実《じつ》に奇蹟《きせき》だと考《かんが》えております。

ブラバーサ様《さま》は、全《まった》く神様《かみさま》の御使命《ごしめい》を帯《お》び、メシヤ再臨《さいりん》の先駆《せんく》として御光来《ごこうらい》になつた事《こと》は寸毫《すんごう》も疑《うたが》う余地《よち》はありません。妾《わたし》は皆《みな》さまと共《とも》に世界万民《せかいばんみん》の為《ため》に、聖《せい》師《し》の光臨《こうりん》を祝《しゅく》し且《か》つ満腔《まんこう》の喜悦《きえつ》に堪《た》えません。

○

メシヤの降臨《こうりん》、キリストの再臨《さいりん》、五六七《みろく》神政成就《しんせいじょうじゅ》とは名称《めいしょう》こそ変《かわ》っておりますが、これは同《おな》じ意味《いみ》だと思《おも》います。

先《ま》ず第一《だいいち》に神《かみ》の子神《こかみ》の生宮《いきみや》たる吾々《われわれ》は、世界《せかい》のあらゆる有形無形《ゆうけいむけい》、この二つの大《だい》なる障壁《しょうへき》を取《と》り除《のぞ》かねばなりません。

有形的障害《ゆうけいてきしょうがい》の最大《さいだい》なるものは対外的戦備《たいがいてきせんび》（警察的武備は別）と、国家的領土《こっかてきりょうど》の閉鎖《へいさ》であります。

また無形《むけい》の障壁《しょうへき》の最大《さいだい》なるものは、即《すなわ》ち国民《こくみん》及《およ》び人種間《じんしゅかん》の敵愾心《てきがいしん》、宗教団《しゅうきょうだん》と宗教団《しゅうきょうだん》との敵愾心《てきがいしん》だと思《おも》います。

この世界的有形《せかいてきゆうけい》の大障壁《だいしょうへき》を除《のぞ》く為《ため》には、まず無形《むけい》の障壁《しょうへき》から取《と》り除《のぞ》いて掛《かか》らねば成《な》らないのです。

聖《せい》キリストは、天国《てんごく》は爾曹《なんじら》の内《うち》に在《あ》りと言《い》われています。聖《せい》アブデユル・バハーは、世界《せかい》の平和《へいわ》は人々《ひとびと》の心《こころ》の内《うち》に建《た》てられねば成《な》らぬ、と教《おし》えられています。仏陀《ぶっだ》は、慈悲《じひ》の心《こころ》を十方世界《じっぽうせかい》に拡《ひろ》めて限界《げんかい》を設《もう》けるな、と教《おし》えられ、ツルク聖主《せいしゅ》の御示教《ごじきょう》にも、まず第一《だいいち》に世界人類《せかいじんるい》の和合《わごう》をもって五六七《みろく》神政成就《しんせいじょうじゅ》の絶対条件《ぜったいじょうけん》としておられます。

神聖《しんせい》とか、精神《せいしん》とか霊的《れいてき》とか申《もう》すことは、別《べつ》に不可思議《ふかしぎ》な神秘《しんぴ》なものでは無《な》く、人類愛《じんるいあい》の心《こころ》、即《すなわ》ち他国民《たこくみん》や人種《じんしゅ》に対《たい》して、少《すこ》しも障壁《しょうへき》も築《きず》かず、胸襟《きょうきん》を披《ひら》いて、自分《じぶん》の友人《ゆうじん》に対《たい》すると同様《どうよう》に友愛《ゆうあい》の心《こころ》を持《も》つ事《こと》です。この障壁《しょうへき》をなす唯一《ゆいいつ》の根元《こんげん》は、自己心《じこしん》と自我心《じがしん》です。幸《さいわ》いに我《わ》が聖団《せいだん》は自己心《じこしん》を脱却《だっきゃく》し、ただ何事《なにごと》も大神様《おほかみさま》の御心《みこころ》にまかす人々《ひとびと》の集《あつ》まりです。大神様《おほかみさま》も御《ご》嘉賞《かしょう》遊《あそ》ばして、遥々《はるばる》と高砂島《たかさごじま》から聖師《せいし》を招《まね》き、我々《われわれ》の聖団《せいだん》にお与《あた》えて下《くだ》さったものと深《ふか》く感謝《かんしゃ》する次第《しだい》であります。アーメン」

マリヤは茲《ここ》まで演《えん》じおわり、一礼《いちれい》し壇《だん》を降《くだ》る。拍手《はくしゅ》の声《こえ》は急霰《きゅうさん》の如《ごと》く場外《じょうがい》にまで響《ひび》き渡《わた》っている。ア、惟神《かむながら》霊《たま》幸倍《ちはへ》坐世《ませ》。

（『霊界物語』第64巻・上　第5章「至聖団」大正12年7月10日略記）

◆世界人が仰いだ聖師　宣伝使・西村光月（ブラバーサのモデル）

第一次世界大戦《だいいちじせかいたいせん》（1914～1918）によって未《いま》だ嘗《かつ》て見《み》ない近代的性格《きんだいてきせいかく》をもった大仕掛《おおじか》けな惨酷戦《ざんこくせん》を戦《たたか》った欧州人《おうしゅうじん》は宗教《しゅうきょう》の無能《むのう》を痛感《つうかん》して無神論者《むしんろんしゃ》に堕《だ》した者《もの》が多《おお》かった。それは旧教《きゅうきょう》と新教《しんきょう》とを問《と》わず僧籍《そうせき》にあるものが常《つね》に「一神《いっしん》」を荘厳《そうごん》しながらいざ戦争《せんそう》となると敵《てき》も味方《みかた》も自国《じこく》の勝利《しょうり》を祈願《きがん》したので、果《はた》して彼等《かれら》は一神《いっしん》を信《しん》じて居《お》るのか、若《も》し一神《いっしん》であるとせば、ドイツに勝利《しょうり》を与《あた》えると同時《どうじ》にフランスにも勝利《しょうり》を与《あた》える事《こと》は矛盾《むじゅん》ではないか。

かゝる矛盾《むじゅん》を祈願《きがん》する僧侶《そうりょ》の言《げん》を信《しん》じる事《こと》は出来《でき》ないというので滔々《とうとう》（＝水の盛んに流れるさま）として信仰《しんこう》を捨《す》てるものが続出《ぞくしゅつ》したのである。併《しか》し彼等《かれら》の信仰心《しんこうしん》そのものが消《き》え失《う》せた訳《わけ》ではない。消《き》え失《う》せない信仰心《しんこうしん》を増《ふ》やす力《ちから》が失《う》せたのである。

荒野《こうや》にさ迷《まよ》える羊《ひつじ》のごとく、彼等《かれら》は求《もと》めるものを得《え》ずして淋《さび》しき彷徨《ほうこう》（＝さまようこと）を続《つづ》けたのである。そこに出口聖師《でぐちせいし》は溌剌《はつらつ》たる「愛善《あいぜん》の聖教《せいきょう》」を投《とう》じて彼等《かれら》の渇《かわ》ける魂《たましい》に希望《きぼう》と生命《いのち》との清涼《せいりょう》を与《あた》えられたのである。

○

私《わたし》が1925（大正《たいしょう》14）年《ねん》6月《がつ》欧州《おうしゅう》へ派遣《はけん》を命《めい》ぜられ、ゼネヴアに於《お》けるエスペラント大会《たいかい》を経《へ》て9月《がつ》パリに乗込《のりこ》むや「愛善会《あいぜんかい》」に関《かん》してその「趣意書《しゅいしょ》」の英訳《えいやく》が唯一《ゆいいつ》の種本《たねほん》であったのでそれを見《み》せると、パリの一老検事《ろうけんじ》は80余歳《よさい》の高齢《こうれい》であるにも拘《かか》わらず、いたく共鳴《きょうめい》、それをフランス語《ご》に訳《やく》して呉《く》れた程《ほど》であった。それから半年《はんとし》の中《うち》にドイツ語訳《ごやく》や、ハンガリー語訳《ごやく》、イタリア語訳《ごやく》、ブルガリヤ語訳《ごやく》が出来《でき》、続《つづ》いて欧州《おうしゅう》に於《お》ける重《かさ》なる国語《こくご》に訳出《やくだ》された。如何《いか》に欧州人《おうしゅうじん》が精神《せいしん》の糧《かて》に渇《かわ》いて居《い》たかゞ判《わか》ると同時《どうじ》に聖師《せいし》の投《とう》じられた一石《いっせき》が如何《いか》に時期《じき》に適《てき》して居《い》たかを証《あか》して余《あま》りある。

○

ドイツのエスペラント連盟総裁《れんめいそうさい》の、エルンスト・クリムケ博士《はかせ》は、当時《とうじ》の暗澹《あんたん》たる欧州《おうしゅう》の天地《てんち》を眺《なが》めて「今《いま》や欧州《おうしゅう》は自由《じゆう》と幸福《こうふく》とを求《もと》むる人《ひと》の子《こ》を盲《めくら》ならしめ、無《む》智《ち》と過誤《かご》と不明《ふめい》の高《たか》き障壁《しょうへき》は人生《じんせい》の花《はな》に至《いた》る道《みち》を塞《ふさ》ぎ、天国《てんごく》の愛《あい》の宝《たから》に導《みちび》く路《みち》を閉《と》じて居《お》る」と嘆《なげ》き「聖師《せいし》は人類《じんるい》をして○○（＝教典）を通《つう》じて光明《こうみょう》を見《み》せしめ、障碍《しょうげ》（＝さわり。さまたげ）を撤《てっ》して天国《てんごく》の関門《かんもん》を開《ひら》き、以《もっ》て人道《じんどう》が漏《も》れなく宇宙《うちゅう》の富《とみ》に接《せっ》して自由《じゆう》の道《みち》に、己《おの》が自恣《じし》（＝自分の思うままに）その幸福《こうふく》を見出《みいだ》さしめ給《たも》う」と讃美《さんび》し「われは聖師《せいし》を宝冠《ほうかん》を戴《いただ》けるいずれの王《おう》よりもいや尊《とうと》き宝冠《ほうかん》なき王《おう》として敬意《けいい》を表《あらわ》す」と結《むす》んでいる。

○

フランス国《こく》のリヨン市《し》在住《ざいじゅう》のエーム・サンデリオン氏《し》は謄写版業者《とうしゃばんぎょうしゃ》であるが、『霊《たま》の礎《いしずえ》』のエス完訳《かんやく》を立派《りっぱ》な表紙《ひょうし》をつけた大判《おうばん》の冊子《さっし》として三百部《ぶ》ばかり奉仕《ほうし》された。「貴下《きか》の尊《とうと》き指導《しどう》の下《もと》に、人間相互《にんげんそうご》の愛《あい》の法律《ほうりつ》のみ支配《しはい》する神《かみ》の国《くに》が速《すみや》かに全世《せんせ》界《かい》に建設《けんせつ》せられ、凡《すべ》ての人《ひと》が例外《れいがい》なく最大《さいだい》の幸福《こうふく》に浴《よく》する時《とき》の来《きた》らん事《こと》を祈《いの》ります」とサ氏《し》は聖師《せいし》に熱烈《ねつれつ》なる希望《きぼう》を寄《よ》せている。

○

ハンガリーはその昔《むかし》、支那《しな》大陸《たいりく》の蒙古《もうこ》が侵攻《しんこう》して以来《いらい》、日本《にほん》とは兄弟《きょうだい》の国《くに》であると思《おも》って居《お》るが、第一次大戦《だいいちじたいせん》の結果《けっか》所謂《いわゆる》トリヤノン条約《じょうやく》（＝1920年、連合国とハンガリーとの間に結ばれた条約。多民族が住むハンガリー王国のトランシルヴァニアがルーマニア系住民が多いということでルーマニア領となる）によって著《いちじる》しく国土《こくど》を削減《さくげん》され、対外的《たいがいてき》にも経済的《けいざいてき》にも国力《こくりょく》を消失《しょうしつ》して悲鳴《ひめい》を挙《あ》げていたのである。同国大審院《どうこくだいしんいん》の判《はん》事《じ》であったセベステン・イムレ博士《はかせ》は曾《かつ》て自国《じこく》の悲境《ひきょう》を訴《うった》え、聖師《せいし》に立《た》って救済《きゅうさい》の任《にん》に当《あた》って貰《もら》いたいと申《もう》し込《こ》んだ事《こと》がある。

大正《たいしょう》10年第《ねんだい》一次《じ》大本弾圧事件《おほもとだんあつじけん》が無事解決《ぶじかいけつ》して大本《おほもと》では「開窟奉賽祭」が執行《しっこう》されたが、欧州各国《おうしゅうかっこく》からも祝詞祝文《のりとしゅくぶん》を寄《よ》せたものが50名《めい》ばかりあった。（以下略）

◆人類愛善会趣意書

「本会《ほんかい》は人類愛善《じんるいあいぜん》の大義《たいぎ》を発揚《はつよう》し、全人類《ぜんじんるい》の親睦融和《しんぼくゆうわ》を来《きた》し、永遠《えいえん》に幸福《こうふく》と歓喜《かんき》に充《あ》てる光明世界《こうみょうせかい》を実現《じつげん》するため、最善《さいぜん》の力《ちから》を尽《つく》さん事《こと》を期《き》するものである。

抑《そもそ》も人類《じんるい》は本来兄弟同胞《ほんらいきょうだいどうほう》であり、一心同体《いっしんどうたい》である。此本義《このほんぎ》に立《た》ち帰《かえ》らんとすることは、万人霊性深奥《ばんにんれいせいしんおう》の要求《ようきゅう》であり、また人類最高《じんるいさいこう》の理想《りそう》である。然《しか》るに近年世態急転《きんねんせたいきゅうてん》して世道《せどう》（＝世の中で人の守るべき道）日《ひ》に暗《くら》く、人心《じんしん》日《ひ》に荒《すさ》びてその帰趨《きすう》（＝最終的に落ち着くところ。帰着するところ）真《しん》に憂《うれ》うべく、恐《おそ》（懼《おそ》）るべきものがある。斯《か》くの如《ごと》くにして進《すす》まんには、世界《せかい》の前途《ぜんと》は思《おも》い知《し》らるゝのである。されば吾等《われら》は此際躍進《このさいやくしん》して、或《あるい》は人種《じんしゅ》、或《あるい》は国家《こっか》、或《あるい》は宗教等《しゅうきょうとう》総《あら》ゆる障壁《しょうへき》を超《ちょう》越《えつ》して人類愛善《じんるいあいぜん》の大義《たいぎ》にめざめ、此厄難《このやくなん》より脱《だっ》し、更《さら》に進《すす》んで地上永遠《ちじょうえいえん》の光明世界《こうみょうせかい》を建設《けんせつ》しなければならぬ。是実《これじつ》に本会《ほんかい》が茲《ここ》に設立《せつりつ》せられたる所以《ゆえん》である。」

（大正14年6月）

第三章　無抵抗主義

（一）神島攻撃

コーカス山《ざん》（＝カスピ海と黒海に囲まれたカフカース山）の珍《うづ》の宮《みや》に、御巫子《みかんのこ》として仕《つか》えたる、月雪花《つきゆきはな》の姉妹《おとどい》の一人《ひとり》、深雪姫《みゆきひめ》は、尚武勇健《しょうぶゆうけん》の気質《きしつ》に富《と》み、十握《とつか》の剣《つるぎ》の威徳《いとく》に感《かん》じて、アルプス山《ざん》の鋼鉄《まがね》を掘《ほ》り出《だ》し、種々《しゅじゅ》の武器《ぶき》を造《つく》り備《そな》えて、国家鎮護《こっかちんご》の神業《しんぎょう》に奉仕《ほうし》せんと、天下《てんか》の英雄豪傑《えいゆうごうけつ》を集《あつ》め、悪魔征討《あくませいとう》の準備《じゅんび》に備《そな》えつつあった。

宮殿《きゅうでん》の屋根《やね》は、千木《ちぎ》、勝男木《かつおぎ》を高《たか》く、千木《ちぎ》の先《さき》は鋭利《えいり》なる両刃《もろは》の剣《つるぎ》をもって造《つく》り、勝男木《かつおぎ》もまた両端《りょうたん》を剣《つるぎ》の如《ごと》く尖《とが》らせ、館《やかた》の周囲《しゅうい》には剣《つるぎ》の垣《かき》を繞《めぐ》らし、曲津《まがつ》の侵入《しんにゅう》を許《ゆる》さず用心堅固《ようじんけんご》の金城鉄壁《きんじょうてっぺき》なりける。

武勇《ぶゆう》の神《かみ》は、先《さき》を争《あらそ》うてこの神島《かみしま》に集《あつ》まり来《きた》り、天下《てんか》の邪神《じゃしん》を掃蕩《そうとう》し、遍《あまね》く神人《しんじん》を安堵《あんど》せしめんと昼夜間断《ちゅうやかんだん》なく武術《ぶじゅつ》の稽古《けいこ》に余念《よねん》なく、剣戟射御《けんげきしゃぎょ》に勤《いそし》む声《こえ》は瀬戸《せと》の海《うみ》を越《こ》えて、遠《とお》く天教山《てんきょうざん》に鎮《しず》まる天照大神《あまてらすおほかみ》の御許《おんもと》にも、轟《とどろ》き渡《わた》りぬ。

天照大神《あまてらすおほかみ》は、善言美詞《ぜんげんびし》をもって世《よ》の曲業《まがわざ》を、見直《みなお》し聞直《ききなお》し宣直《のりなお》すべき、天地《てんち》惟神《かむながら》の大道《たいだう》を無視《むし》して、殺伐《さつばつ》な武器《ぶき》をつくり武芸《ぶげい》を励《はげ》むは、弟神《おとうとがみ》神素盞嗚尊《かむすさのをのみこと》の高天原《たかあまはら》を占領《せんりょう》せんとするきたなき心《こころ》のあるならんと、内心《ないしん》、日夜不快《にちやふかい》の念《ねん》にかられつつあった。

○

四五《しご》の勇士《ゆうし》は武術《ぶじゅつ》の稽古《けいこ》をおわり、眺望《ちょうぼう》よき一つ島《しま》の山巓《さんてん》に登《のぼ》り、諸々《もろもろ》の木実《このみ》を漁《あさ》り、瓢《ふくべ》の酒《さけ》を傾《かたむ》けながら雑談《ざつだん》にふけりいる。

甲「吾々《われわれ》はこうして昼夜《ちゅうや》の区別《くべつ》なく太刀打《たちうち》の稽古《けいこ》、槍《やり》の稽古《けいこ》に体《からだ》も骨《ほね》もグダグダになって仕舞《しま》った。太刀《たち》と槍《やり》の稽古《けいこ》がすすめば、また弓《ゆみ》の稽古《けいこ》、馬乗《うまの》りをと強《しい》られるのだ。敵《てき》も無《な》いのにこの離島《はなれじま》で、これだけ武芸《ぶげい》を励《はげ》まされるのは何《なん》のためだろう」

乙「平和《へいわ》の時《とき》に武《ぶ》を練《ね》るのが武術《ぶじゅつ》の奥義《おくぎ》だ。サア戦争《せんそう》が勃発《ぼっぱつ》したからといって、にわかに慌《あわ》てたところが、何《なん》の役《やく》にも立《た》たない。武士《ぶし》は国《くに》を護《まも》るものだ。つねから武術《ぶじゅつ》の鍛練《たんれん》が必要《ひつよう》だから、それで日々《にちにち》稽古《けいこ》をさせられるのだよ」

丙「こう毎日《まいにち》空《そら》は曇《くも》り、地《ち》は霧《きり》とも靄《もや》とも知《し》れぬ物《もの》が立《た》ちこめ、一間先《いっけんさき》も見《み》えぬようになって来《き》た。この世《よ》の中《なか》が物騒《ぶっそう》で、安心《あんしん》して暮《くら》されぬようになったので、護身《ごしん》のために、大慈大悲《だいじだいひ》の神様《かみさま》が武術《ぶじゅつ》を奨励《しょうれい》なさるのだよ」

甲「三五教《あなないきょう》の御教《みおしえ》には……神《かみ》は言霊《ことたま》をもって言向《ことむ》け和《やわ》すのであるから、武器《ぶき》をもって征伐《せいばつ》を行《おこな》ったり、侵略《しんりゃく》したり、他《ひと》の国《くに》を併呑《へいどん》するような体主霊従的《たいしゅれいじゅうてき》の教《おしえ》ではない。道義的《どうぎてき》に世界《せかい》を統一《とういつ》するのだ……とおうせられておる。何《なに》を苦《くる》しんで武備《ぶび》をととのえ、平地《へいち》に浪《なみ》を起《おこ》すようなことをなさるのだろう。まるでウラル教《きょう》のようじゃないか」

乙「そうだなア、三五教《あなないきょう》の教理《きょうり》とは名実相反《めいじつあいはん》しておるやり方《かた》だ。大声《おおごえ》では言《い》われぬが、これは何《なん》でも深雪姫《みゆきひめ》の神様《かみさま》に八岐大蛇《やまたのおろち》か、鬼《おに》が憑《つ》いてさせるのだろうよ」

丙「実際《じっさい》それだったら、われわれは、実《じつ》に約《つま》らぬものだ。一生懸命《いっしょうけんめい》骨身《ほねみ》をくだくような辛《つら》い稽古《けいこ》をさせられて、天則違反《てんそくいはん》の大罪《だいざい》を重《かさ》ねるようではつまらぬじゃないか」

丁「神様《かみさま》が武《ぶ》を練《ね》り、あまたの武器《ぶき》をたくわえ給《たも》うのは変事《へんじ》に際《さい》して天下万民《てんかばんみん》を救《すく》うためだよ。大慈大悲《だいじだいひ》の神様《かみさま》が何《なに》を好《この》んで殺伐《さつばつ》な修業《しゅぎょう》を遊《あそ》ばすものかい。悪魔《あくま》は剣《つるぎ》の威徳《いとく》に恐《おそ》れ、武術《ぶじゅつ》の徳《とく》によって心《こころ》をあらため、善道《ぜんどう》に帰順《きじゅん》するものだ。如何《いか》に善言美詞《ぜんげんびし》の言霊《ことたま》といえども、曇《くも》り切《き》ったる悪神《あくがみ》の耳《みみ》には入《はい》るものでない。そこで神様《かみさま》が大慈悲心《だいじひしん》を発揮《はっき》して、眼《め》にものを見《み》せて、改心《かいしん》させるというお経綸《しぐみ》だ。

素盞嗚尊様《すさのおのみことさま》は一寸見《ちょつとみ》たところでは、実《じつ》に恐《おそ》ろしい、猛《たけ》しい戦好《いくさず》きのような神《かみ》様《さま》のようだが、決《けっ》して殺伐《さつばつ》なことはお好《この》みにはならぬ。それゆえにこの世《よ》に愛想《あいそ》をつかして、円満具足温和《えんまんぐそくおんわ》なる月《つき》の大神《おほかみ》の世界《せかい》へ帰《かえ》り度《た》いといって、日夜《にちや》お歎《なげ》き遊《あそ》ばし、慈愛《じあい》の涙《なみだ》に暮《く》れておられると、そこへ、御父神《おんちちがみ》（＝伊邪那岐大神）が天《てん》よりお降《くだ》りになって、お前《まえ》のような気《き》の弱《よわ》い事《こと》ではどうしてこの世《よ》が治《おさ》まるか。勇気絶倫《ゆうきぜつりん》の汝《なんじ》を選《えら》んで、悪魔《あくま》の蔓《はびこ》る海原《うなばら》の国《くに》（＝この地上）を修理固成《しゅうりこせい》せよと命令《めいれい》を下《くだ》してある。その女々《めめ》しいやり方《かた》はけしからぬ、といって大変《たいへん》ご立腹《りっぷく》あそばしたので、素盞嗚《すさのお》尊様《みことさま》は、姉君《あねぎみ》の天照大神《あまてらすおおかみ》にお暇乞《いとまごい》のために、高天原《たかあまはら》にお上《あが》りになったという事《こと》だ。その御魂《みたま》を受《う》けついだ珍《うず》の御子《みこ》　深雪姫様《みゆきひめさま》は、尚武勇健《しょうぶゆうけん》なる女神《めがみ》にましますゆえに、まさかの時《とき》の用意《ようい》に武《ぶ》を練《ね》っておられるのであろうよ。武術《ぶじゅつ》は決《けっ》して折伏《しゃくふく》のためではない、摂受《せつじゅ》のためだ。悪魔《あくま》をはらい万民《ばんみん》を救《すく》う真心《まごころ》から出《い》でさせられた御神策《ごしんさく》に違《ちが》いないワ」

甲「お前《まえ》はよく詳《くわ》しいことを知《し》っているなア、一体《いったい》何処《どこ》から来《き》たのだ。この道場《どうじょう》に来《き》てから未《ま》だ間《ま》もないのに、武術《ぶじゅつ》は中々《なかなか》立派《りっぱ》なものだなア」

丁「俺《おれ》か、俺《おれ》は元《もと》は百姓《ひゃくしょう》だ。御年村《みとせむら》の虎公《とらこう》という男《おとこ》だよ」

甲「ヤア、お前《まえ》があの名高《なだか》い自称《じしょう》艮《うしとら》の金神《こんじん》（＝仏教では不動明王）だな。道理《どうり》で大《おお》きな男《おとこ》だと思《おも》ったよ」

虎公「アア、たしかにそれとは分《わか》らぬが、何《なん》だか館《やかた》で騒動《そうどう》がおっ始《ぱじ》まったようだ。サア皆《みな》の連中《れんちゅう》、早《はや》く館《やかた》へ駆《か》けつけよう」

と虎《とら》さまを先頭《せんとう》に一同《いちどう》は丘《おか》を下《くだ》り、館《やかた》を指《さ》して駆《か》けり行《ゆ》く。

（『霊界物語』第12巻　第3編　第22章「一嶋攻撃」大正11年3月11日）

（二）深雪姫の宣旨

一《ひと》つ島《じま》なる深雪姫《みゆきひめ》の館《やかた》の高楼《たかどの》より、眼下《がんか》の海面《かいめん》を見渡《みわた》せば、幾百千《いくひゃくせん》とも限《かぎ》りなき軍船《いくさぶね》、魚鱗《ぎょりん》の備《そな》え堂々《どうどう》と島《しま》を目蒐《めが》けて押寄《おしよ》せ来《きた》る物々《ものもの》しさ。唯事《ただごと》ならじと深雪姫《みゆきひめ》は、近侍《きんじ》の老臣《ろうしん》を招《まね》き、

深雪姫「高杉別殿《たかすぎわけどの》、今海面《いまかいめん》を眺《なが》めれば、攻《せ》め来《く》る数多《あまた》の兵船《ひょうせん》はウラル彦《ひこ》の魔軍《まぐん》か、天教山《てんきょうざん》に現《あ》れませる皇大神《すめおほかみ》の神軍《しんぐん》か、見届《みとど》け来《きた》られよ」

と下知《げち》する。……大国別《ひろくにわけ》を近《ちか》くに招《まね》き、

深雪姫「アイヤ大国別殿《ひろくにわけどの》、当山《とうざん》に攻《せ》め寄《よ》せ来《きた》る数多《あまた》の軍勢《ぐんぜい》ただごとならず。たとえウラル彦《ひこ》の魔軍《まぐん》にもせよ、かならず武器《ぶき》をもって敵対《てきたい》すべからず、善言美詞《ぜんげんびし》の言霊《ことたま》をもって曲《まが》を言向《ことむ》け和《やわ》すは神素盞嗚尊《かむすさのおのみこと》の大御心《おおみこころ》、この館《やかた》には数多《あまた》の武器《ぶき》、

兵士《つわもの》、充《み》ち備《そな》えあれど、決《けっ》して敵《てき》を殺戮《さつりく》する目的《もくてき》に非《あら》ず。

天下《てんか》の神人《しんじん》が心《こころ》にひそむ曲津軍《まがついくさ》を、剣《つるぎ》の威徳《いとく》によって怯《お》じおそれしめ帰順《きじゅん》せしむる神器《しんき》なれば、弓《ゆみ》は袋《ふくろ》に、剣《つるぎ》は鞘《さや》におさめて、すべての敵《てき》に臨《のぞ》むべく部下《ぶか》の将卒《しょうそつ》にもこの旨《むね》きびしく伝《つた》えられよ」
と言葉《ことば》厳《おごそ》かに宣示《せんじ》される。

大国別「敵《てき》は雲霞《うんか》のごとく、当山《とうざん》に向《むか》って攻《せ》め来《きた》り、島人《しまびと》を殺戮《さつりく》し、民家《みんか》山林《さんりん》を焼《や》き払《はら》い、火《ひ》は炎々《えんえん》として最早《もはや》館《やかた》間近《まぢか》く燃《も》えよせたり。日頃《ひごろ》武術《ぶじゅつ》を鍛《きた》えたるは、かかる時《とき》の用意《ようい》ならめ。研《みが》き置《お》きたる弓矢《ゆみや》の手前《てまえ》、胆《きも》を練《ね》りたる将卒《しょうそつ》の今《いま》や武勇《ぶゆう》をあらわす時《とき》、この時《とき》をおいていずれの時《とき》に戦《たたか》わんや。みすみす敵《てき》に焼《や》き滅《ほろぼ》されんは心《こころ》もとなし。神《かみ》は至仁至愛《しじんしあい》にましませども時《とき》あって折伏《しゃくふく》の利剣《りけん》を用《もち》い給《たも》う。

いわんや、コーカス山《ざん》に鎮《しず》まりたもう、十《と》握《つか》の宝剣《ほうけん》の御魂《みたま》の威徳《いとく》になりませる貴《き》神《しん》においてをや。血迷《ちまよ》いたまいしか、いま一度《いちど》反省《はんせい》を希《こいねが》いたてまつる」

深雪姫「剣《つるぎ》は容易《ようい》に用《もち》うべからず。剣《つるぎ》は凶器《きょうき》なり。凶《きょう》を以《もっ》て凶《きょう》に当《あた》り、暴《ぼう》をもって暴《ぼう》に報《むく》ゆるは普通人《ふつうじん》の行《おこな》う手段《しゅだん》、いやしくも三五教《あなないきょう》を天下《てんか》に宣伝《せんでん》する天使《てんし》の身《み》として、また宣伝使《せんでんし》の職《しょく》として、善言美詞《ぜんげんびし》の言霊《ことたま》を閑却《かんきゃく》し、武《ぶ》をもって武《ぶ》にあたるは吾《わ》が心《こころ》の許《ゆる》さざるところ、ただ何事《なにごと》も至仁至愛《しじんしあい》の神《かみ》にまかされよ。

武《ぶ》をたっとび勇健《ゆうけん》を尊重《そんちょう》するは、構《かま》えなきのかまえ、武器《ぶき》あって武器《ぶき》をもちいず、武器《ぶき》無《な》くして武器《ぶき》を用《もち》い、よく堪忍《たえしの》び、柔和《にゅうわ》をもって狂暴《きょうぼう》に勝《か》ち、善《ぜん》をもって悪《あく》に対《たい》し、神《かみ》をもって魔《ま》に対《たい》す。柔《じゅう》よく剛《ごう》を制《せい》するは神軍《しんぐん》の兵法《へいほう》、六韜三略《りくとうさんりゃく》の神策《しんさく》なり。汝《なんじ》、この主旨《しゅし》を忘却《ぼうきゃく》するなかれ。吾《われ》はこれより奥殿《おくでん》に入《い》り、大神《おほかみ》の御前《おんまえ》に神言《かみごと》を奏上《そうじょう》し、寄《よ》せ来《く》る敵《てき》を言向《ことむ》け和《やわ》さん。一兵一卒《いっぺいいっそつ》のはしに至《いた》るまで、今日《きょう》に限《かぎ》り武器《ぶき》を持《も》たしむるべからず」

と宣示《せんじ》し、ゆうゆうとして奥殿《おくでん》に入《い》りたもう。

大国別「まずまず暫《しばら》くお待《ま》ち下《くだ》さい。近《ちか》づく矢叫《やさけ》びの声《こえ》、如何《いか》に善言美詞《みやび》の神嘉《かむよ》言《ごと》をもって言向《ことむ》け和《やわ》さんとすればとて、暴力《ぼうりょく》にはおよび難《がた》からん。吾《われ》はこれより部下《ぶか》の将卒《しょうそつ》を励《はげ》まし、寄《よ》せ来《く》る敵《てき》を縦横無尽《じゅうおうむじん》に斬《き》り立《た》て、薙払《なぎはら》い、日頃鍛《ひごろきた》えし武勇《ぶゆう》を示《しめ》さん。このこと計《ばか》りは強《た》って御許《おゆる》し下《くだ》さい」

と拳《こぶし》を握《にぎ》り身《み》を震《ふる》わし、雄健《おたけ》びしつゝ願《ねが》いいる。

深雪姫《みゆきひめ》はゆう〱せまらず、悠長《ゆうちょう》なる音調《おんちょう》にて、

「神《かみ》が表《おもて》に現《あら》はれて　善《ぜん》と悪《あく》とを立別《たてわ》ける　この世《よ》を造《つく》りし神直日《かむなほひ》　心《こころ》も広《ひろ》き大《おほ》

直日《なほひ》　ただ何事《なにごと》も人《ひと》の世《よ》は　直日《なほひ》に見直《みなほ》せ聞直《ききなほ》せ　世《よ》の曲言《まがこと》は宣《の》り直《なほ》せ　正義《せいぎ》に刃向《はむか》ふ剣《つるぎ》なし　誠《まこと》の力《ちから》は世《よ》を救《すく》ふ　神《かみ》を力《ちから》に三五《あななひ》の　神《かみ》の教《をしへ》を杖《つゑ》として　如何《いか》なる敵《てき》の来《きた》るとも　神《かみ》の嘉言《よごと》に言向《ことむ》けて　敵《てき》を傷《きず》つく事《こと》勿《なか》れ　神《かみ》は汝《なんじ》と倶《とも》にあり神《かみ》は誠《まこと》を立《た》て徹《とほ》す　誠《まこと》で人《ひと》を救《すく》ふべし　今《いま》は身魂《みたま》の試《ため》し時《どき》　心《こころ》の持方《もちかた》一《ひと》つにて善《ぜん》も忽《たちま》ち悪《あく》となり　悪《あく》も忽《たちま》ち善《ぜん》となる　善悪正邪《ぜんあくせいじや》の分水嶺《ぶんすゐれい》　天《あめ》が下《した》にはおしなべて　敵《てき》も味方《みかた》も無《な》きものぞ　味方《みかた》も時《とき》に敵《てき》となり　敵《てき》も味方《みかた》となり変《かは》る　只何事《ただなにごと》も人《ひと》の世《よ》は　神《かみ》に任《まか》せよ悉《ことごと》く　心《こころ》を焦《いら》ちて過失《あやま》つな………　寄《よ》せ来《く》る敵《てき》を言向《ことむ》けて　神《かみ》の力《ちから》を現《あら》はせよ　神《かみ》の稜威《みいづ》を輝《かがや》かせ」

と歌《うた》いながら、奥殿《おくでん》に姿《すがた》を隠《かく》させたもう。

数万《すうまん》の軍勢《ぐんぜい》は全島《ぜんとう》に火《ひ》を放《はな》ち、折《おり》からの風《かぜ》にあおられて黒煙《こくえん》もう〱として四辺《あたり》を包《つつ》み、あまたの将卒《しょうそつ》は何《いず》れも雄猛《おたけ》びして、防戦《ぼうせん》の命《めい》の下《くだ》るを今《いま》や遅《おそ》しと固唾《かたず》を呑《の》みて控《ひか》えている。

大国別《ひろくにわけ》は双手《もろて》を組《く》みて、青息吐息《あおいきといき》、いかがはせんと思案《しあん》に暮《く》るる時《とき》しもあれ、駒《こま》の足音《あしおと》カツカツと走《は》せ帰《かえ》りたる高杉別《たかすぎわけ》は、ヒラリと駒《こま》を飛《と》び下《お》りて、

高杉別「ヤア大国別殿《ひろくにわけどの》、貴神《きしん》はなにゆえ防戦《ぼうせん》の用意《ようい》をなさらぬか。、敵《てき》は四方《しほう》より数万騎《すうまんき》をもって当山《とうざん》をかこみ、山林《さんりん》に火《ひ》を放《はな》ちすでに当館《とうやかた》も烏有《うゆう》に帰《き》せんとする場合《ばあい》、何《なに》を躊躇《ちゅうちょ》されるや」

と膝《ひざ》を叩《たた》きてどなりつけたるにぞ、大国別《ひろくにわけ》はなにの答《いらえ》もなくもろ手《て》を組《く》みたるままうつむき、涙《なみだ》さえ腮辺《しへん》につたうるを見《み》て、

高杉別「エイ、日頃《ひごろ》の武勇《ぶゆう》にも似《に》ず、敵《てき》の勢力《せいりょく》に萎縮《いしゅく》して、周章狼狽《しゅうしょうろうばい》の余《あま》り、憂《ゆう》

苦《く》にしずむ卑怯未練《ひきょうみれん》な貴下《きか》の振舞《ふるまい》、もはやかくなる上《うえ》は、貴下《きか》に相談《そうだん》するもなんの益《えき》あらんや、吾《われ》はこれより館《やかた》の将卒《しょうそつ》を率《ひき》い、ここを先途《せんど》と一戦《いっせん》をこころみ、勝敗《しょうはい》を決《けっ》せん」

と雄健《おたけ》びしながら、スタスタとこの場《ば》を立《た》って表《おもて》に出《いで》んとするを、

大国別「ヤア高杉別殿《たかすぎわけどの》、貴下《きか》の御意見《ごいけん》ごもっとも千万《せんばん》、吾《わ》れとても当館《とうやかた》の主宰者《しゅさいしゃ》、闇々敵《やみやみてき》の蹂躙《じゅうりん》にまかせ袖手傍観《しゅうしゅぼうかん》するにしのびんや。しかし、至仁至愛《しじんしあい》の大神《おほかみ》が天下救済《てんかきゅうさい》の御神慮《ごしんりょ》は慎重《しんちょう》に考慮《こうりょ》せざるべからず。貴下《きか》、しばし熟考《じゅっこう》せられよ」

高杉別「卑怯未練《ひきょうみれん》な陳弁《ちんべん》。貴下《きか》は本島《ほんとう》を守《まも》りたもう深雪姫《みゆきひめ》の神《かみ》の宰相《さいそう》ならずや。卑怯未練《ひきょうみれん》の御心掛《おこころがけ》、敵《てき》に占領《せんりょう》されなば、何《なに》をもって深雪姫《みゆきひめ》の神《かみ》に言解《ことわ》けあるか。アレアレ聞《き》かれよ、山岳《さんがく》もとどろくばかりの敵《てき》の叫《さけ》び声《ごえ》、吾《われ》はこれより単独《たんどく》にて

自由行動《じゆうこうどう》に出《い》で、本島《ほんとう》に攻《せ》め寄《よ》せ来《き》たる雲霞《うんか》の如《ごと》き大軍《たいぐん》を、日頃鍛《ひごろきた》えし武力《ぶりょく》をもって鏖殺《おうさつ》せん」

と勢込《いきおいこ》みて表《おもて》をさして駆出《かけいだ》す。

大国別「ヤアヤア高杉別殿《たかすぎわけどの》、暫《しばら》くお待《ま》ちあれよ」

高杉別「何《なに》ツ、この期《ご》に及《およ》んでしばしの猶予《ゆうよ》がなかろうか、勝《か》てば官軍負《かんぐんま》ければ賊《ぞく》、拙者《それがし》が武勇《ぶゆう》を御目《おんめ》にかけん」

と云《い》い捨《す》てて表門《おもてもん》へと駈出《かけい》だし、部下《ぶか》の将卒《しょうそつ》に向《むか》って、戦闘準備《せんとうじゅんび》を命令《めいれい》せんとする。

深雪《みゆき》ケ丘《おか》より帰《かえ》り来《きた》れる手力男神《たじからおのかみ》はこの体《てい》を見《み》て、

手力男「ヤア、大変《たいへん》に面白《おもしろ》くなつて来《き》ましたね。一つ敵軍《てきぐん》の行列《ぎょうれつ》をゆっくりと、酒《さけ》でも飲《の》んで見物致《けんぶついた》しましょうか」

高杉別「汝《なんじ》は、御年村《みとせむら》の自称丑寅《じしょううしとら》の金神手力男《こんじんたじからお》ではないか。危急存亡《ききゅうそんぼう》の場合《ばあい》、何《なに》をゆう〱として気楽《きらく》そうに構《かま》えていられるや。防戦《ぼうせん》の用意《ようい》をなされよ」

手力男「ヤア面白《おもしろ》い、高杉別《たかすぎわけ》その狼狽《うろたえ》かた、ママアゆっくり落着《おちつ》いて敵軍《てきぐん》の襲撃《しゅうげき》を見《み》て、それを肴《さかな》に一杯《いっぱい》やろうかい。ヤア誰《だれ》も彼《かれ》も酒《さけ》だ酒《さけ》だ、殺伐《さつばつ》な剣《つるぎ》や槍《やり》や弓《ゆみ》のような物《もの》は、神様《かみさま》の聖地《せいち》においてもちうる物《もの》ではない。武器《ぶき》は兇器《きょうき》だ」

高杉別《たかすぎわけ》はクワツと怒《いか》り、「放縦無責任《ほうじゅうむせきにん》の汝《なんじ》の言葉《ことば》、門出《かどで》の血祭《ちまつ》りにせん」と一刀《いっとう》を抜《ぬ》きて真向《まっこう》より斬《き》りかかる。………。

手力男は「モシモシ誤解《ごかい》されては困《こま》りますよ」と云《い》いながら、ヒラリと体《たい》をかわした途端《とたん》に、高杉別《たかすぎわけ》は狙《ねら》い外《はず》れて勢余《いきおいあま》り、トントンと走《はし》って抜刀《ぬきみ》の儘《まま》ピタリと倒《たお》れた。

黒煙《こくえん》は館《やかた》をつつみ、風《かぜ》にあおられて全山樹木《ぜんざんじゅもく》の焼《や》ける音《おと》、攻《せ》め寄《よ》せ来《きた》る人馬《じんば》の物《もの》音《おと》、刻々《こくこく》に近付《ちかづき》高《たか》まり来《き》たりぬ。

（『霊界物語』第12巻　第3編　第23章「短兵急」）

（三）　言霊の徳

手力男神《たじからおのかみ》は正門《せいもん》に現《あらわ》れ、儼然《げんぜん》として敵軍《てきぐん》の襲来《しゅうらい》を心待《こころまち》に待《ま》ちいる。

天菩比命《あめのほひのみこと》は数多《あまた》の軍勢《ぐんぜい》を引連《ひきつ》れ、軍卒《ぐんそつ》は手《て》に松明《たいまつ》を持《も》ち、あたりに火《ひ》をつけ焼《や》き滅《ほろ》ぼしつつ進《すす》み来《く》る。後《あと》よりは一隊《いったい》の軍勢《ぐんぜい》、血刀《ちがたな》を振《ふる》って登《のぼ》り来《きた》る。その光《こう》景《けい》恰《あたか》も地獄道《じごくどう》のごとく思《おも》われけり。

菩比命《ほひのみこと》は門前《もんぜん》にあらわれ、手力男神《たじからおのかみ》に向《むか》って、

菩比命「オー、汝《なんじ》は何神《なにがみ》なるか、速素盞嗚《はやすさのお》の悪逆無道《あくぎゃくぶどう》なる邪神《じゃしん》にしたがう曲津神《まがつかみ》、

我《われ》は天教山《てんきょうざん》に在《ま》します撞《つき》の御柱神《みはしらのかみ》（＝天照大神）の神命《しんめい》を奉《ほう》じ、汝《なんじ》らを征伐《せいばつ》せんがために立向《たちむか》ったり。もはやこの嶋《しま》はほとんど焼《や》きつくし、汝《なんじ》らが部下《ぶか》の将卒《しょうそつ》は、大《たい》半刃《はんやいば》の錆《さび》と消《き》え失《う》せたれば、もはや抵抗《ていこう》するの余力《よりょく》もなかるべし。イザ尋常《じんじょう》にこの門《もん》を開《ひら》き降伏《こうふく》せよ」

と馬上《ばじょう》にまたがりたるまま、威丈高《いたけだか》に呼《よば》わりおる。手力男神《たじからおのかみ》は莞爾《かんじ》として、門《もん》を左《さ》右《ゆう》にサッと開《ひら》き、

手力男「サアサア、門《もん》はかくのごとく開放《かいほう》いたしました。何《なに》とぞ御自由《ごじゆう》におはいり下《くだ》さいませ。あまたの軍卒等《ぐんそつたち》も、さぞお疲《つか》れでございましょう。これだけの島《しま》に火《ひ》を放《はな》って焼《や》きなさるのも並大抵《なみたいてい》のご苦労《くろう》ではございますまい。お蔭《かげ》でこの島《しま》を荒《あら》す猛獣毒蛇《もうじゅうどくじゃ》もほとんど全滅《ぜんめつ》いたしました。お腹《なか》がすいたでしょう、喉《のど》がお

乾《かわ》きでしょう。ここにたくさんの握飯《にぎりめし》、酒《さけ》も用意《ようい》がして御座《ござ》います。何万人《なんまんにん》のお方《かた》がお上《あが》り下《くだ》さっても恥《はじ》をかきませぬ。どうぞゆるりとお上《あが》り下《くだ》さいませ。そのようにこはい顔《かお》をして、肩臂怒《かたひじいか》らし、固《かた》くなっておられては御肩《おかた》が凝《こ》りましょう。我々《われわれ》は善言美詞《ぜんげんびし》の言霊《ことたま》をもって、直日《なおひ》に見直《みなお》し宣直《のりなお》す、神素盞鳴大神《かむすさのおのおほかみ》の御神慮《ごしんりょ》を奉戴《ほうたい》するもの、決《けっ》して酒《さけ》にも飯《めし》にも毒《どく》などは入《い》れておりませぬ、ごゆるりとお召《め》し上《あが》り下《くだ》さいますように」

菩比命「ヤアー、汝《なんじ》は百計《ひゃっけい》つきて、毒《どく》をもって、吾《われ》らを全滅《ぜんめつ》せんとのたくみであろう。その手《て》は食《く》わぬぞ」

手力男「これはこれは、迷惑千万《めいわくせんばん》。しからば手力男《たじからお》がお毒見《どくみ》をいたしましょう」

と言《い》いながら、酒樽《さかだる》に柄杓《ひしゃく》を突《つ》っ込《こ》み、すくっては二三杯《にさんばい》グッと飲《の》み、握《にぎ》り飯《めし》を矢《や》庭《にわ》に五つ六つ頬《ほお》ばりて見《み》せぬ。

菩比命「然《しか》らばしばらく休息《きゅうそく》いたす。今《いま》のうちに館内《かんない》の者《もの》ども、城明渡《しろあけわた》しの準備《じゅんび》をいたせ」

手力男「マア〳〵、そう厳《きび》しくおうせられるにおよびませぬ。おなじ天地《てんち》の神《かみ》の水火《いき》より生《うま》れた人間同志《にんげんどうし》、心一《こころひと》つの持《もち》ようで敵《てき》もなければ味方《みかた》もない、いづれも神《かみ》の水火《いき》より生《うま》れた我々《われわれ》、天下《てんか》の喜《よろこ》びも天下《てんか》の悲《かな》しみもみな一蓮托生《いちれんたくしょう》でござる」

菩比命「汝《なんじ》はこの場《ば》に望《のぞ》んで気楽《きらく》なことを申《もう》す奴《やつ》、何《なに》かふかい秘密《ひみつ》が包《つつ》まれてあるに相違《そうい》なかろう。さようなことに欺《あざむ》かるゝ菩火《ほひ》ではないぞ」

手力男「秘密《ひみつ》と申《もう》せば七十五声《せい》の言霊《ことたま》、美言美詞《みやび》の神嘉言《かむよごと》の威徳《いとく》によって、天地《てんち》清明国土安穏《せいめいこくどあんのん》、病無《やまいな》く争《あらそ》い無《な》く、天下太平《てんかたいへい》にこの世《よ》を治《おさ》める、言霊《ことたま》の秘密《ひみつ》より外《ほか》には何《なに》ものもございませぬ」

高杉別《たかすぎわけ》はこの場《ば》に立《た》ちあらわれ、

「オー、手力男殿《たじからおどの》、ただ今奥殿《いまおくでん》に進《すす》み入《い》り、深雪姫《みゆきひめ》の御前《みまえ》にいたって、御神慮《ごしんりょ》をうかがい奉《たてまつ》るに、瑞《みづ》の御霊《みたま》の御仰《おんおう》せ、言霊《ことたま》をもって荒《あら》ぶる神《かみ》を言向《ことむ》け和《やわ》せとの戒《いまし》め。イヤハヤ貴神《きしん》のやり方《かた》には、高杉別《たかすぎわけ》も感服致《かんぷくいた》した。大国別様《ひろくにわけさま》も貴神《きしん》と同《どう》様《よう》の御意見《ごいけん》でござる」

手力男「さようでござろう。オー、菩比命様《ほひのみことさま》、かくのごとく当館《とうやかた》は表《おもて》は武器《ぶき》をもって飾《かざ》り、勇敢決死《ゆうかんけっし》の武士《つわもの》も数多養《あまたやしな》いおれども、御覧《ごらん》のごとく、貴神《きしん》が獅子《しし》奮迅《ふんじん》の勢《いきおい》をもって、血染焼《ちぞめや》きつくしの攻撃軍《こうげきぐん》にむかい、悠揚《ゆうよう》せまらず御覧《ごらん》のごとく、剣《つるぎ》は鞘《さや》に弓《ゆみ》は袋《ふくろ》におさまり返《かえ》ったこの場《ば》の光景《こうけい》。刃《やいば》に血塗《ちぬ》らずして敵《てき》を喜《よろこ》ばせ、敵《てき》を味方《みかた》とみなして取《と》りあつかうは、仁慈《じんじ》の神《かみ》の思召《おぼしめし》。よくよく大神《おほかみ》の御誠意《ごせいい》を御認識《ごにんしき》の上《うえ》、撞《つき》の御柱《みはしら》の大神《おほかみ》につぶさに言上《ごんじょう》あらむ事《こと》を望《のぞ》みます」

菩比命「案《あん》に相違《そうい》の貴神《きしん》らの振舞《ふるま》い、今《いま》まで逸《はや》り切《き》つたる勇気《ゆうき》も、どこへか消《き》失《う》せたような心地《ここち》でござる。ヤアヤア部下《ぶか》の将卒《しょうそつ》ども、菩比命《ほひのみこと》が命令《めいれい》だ、ただちに甲冑《かっちゅう》を脱《ぬ》ぎすて、武器《ぶき》を放《はな》し、この場《ば》に一同集《いちどうあつ》まって休息《きゅうそく》をいたせ」

この一言《いちごん》に、はやり切《き》ったあまたの将卒《しょうそつ》は、武装《ぶそう》をとき、この場《ば》に喜々《きき》として現《あらわ》れ来《きた》り、酒《さけ》に酔《よ》い握《にぎ》り飯《めし》に腹《はら》をふくらせ、歓喜《かんき》をつくして踊《おど》り舞《ま》い修羅《しゅら》はたちまち天国《てんごく》と化《か》したり。

○

このとき深雪姫命《みゆきひめのみこと》は大国別《ひろくにわけ》に導《みちび》かれ、門内《もんない》の広庭《ひろにわ》に、あまたの軍卒《ぐんそつ》および部下《ぶか》将卒《しょうそつ》の他愛《たあい》もなく酒酌《さけく》みかわし喜《よろこ》びたわむれる前《まえ》にあらわれ、声《こえ》もすずしく歌《うた》いはじめ給《たも》う。

「コーカス山《ざん》に現《あ》れませる　瑞《みづ》の御霊《みたま》の御言《みこと》もて　御山《みやま》を遠《とほ》くサルディニア（＝イタリア西方沖の島。神が降りた足跡、サンダルが転訛してサルデニアとなる。質実剛健の神島）　この神嶋《かみしま》に現《あらは》れて　世《よ》の有様《ありさま》を深雪姫《みゆきひめ》　八《や》十《そ》の曲津《まがつ》の猛《たけ》びをば　鎮《しづ》めむ為《ため》に言霊《ことたま》の　珍《うづ》の息吹《いぶき》を放《はな》てども　曇《くも》り切《き》つたる曲《まが》津《つ》見《み》の　服《まつ》らふ由《よし》もなきままに　神《かみ》の御霊《みたま》の現《あ》れませる　十《と》握《つか》の剣《つるぎ》を数多《かずおほ》く　造《つく》りそなへて世《よ》を守《まも》る　神《かみ》の心《こころ》は徒《いたづ》らに　剣《つるぎ》を以《もつ》て世《よ》を治《をさ》め　弓矢《ゆみや》を以《もつ》て曲神《まがかみ》を言向《ことむ》け和《やは》すためならず　心《こころ》の霊《たま》を固《かた》めむと　玉《たま》の剣《つるぎ》を打《う》たせつつ　神世《かみよ》を開《ひら》く神《かむ》業《わざ》を　天教山《てんけうざん》に現《あ》れませる　撞《つき》の御柱大神《みはしらおほかみ》（＝天照大神）は　いよいよ怪《あや》しと思召《おぼしめ》し　深《ふか》くも厭《いと》はせ嫌《きら》ひまし　菩比命《ほひのみこと》に言任《ことま》けて　此処《ここ》に攻《せ》め寄《よ》せ玉《たま》ひしは　吾等《われら》が

心《こころ》を白波《しらなみ》の　瀬戸《せと》の海《うみ》よりいや深《ふか》く　疑《うたが》ひ玉《たま》ふ験《しるし》なり　七十五声《しちじふごせい》の言霊《ことたま》に　世《よ》の悉《ことごと》は何事《なにごと》も　直日《なほひ》に見直《みなほ》し聞直《ききなほ》し　言向和《ことむけやは》し宣《の》り直《なほ》す　誠一《まことひと》つの一《ひと》つ島《じま》　天《あめ》の真名井《まなゐ》にふり滌《すす》ぎ　さ嚼《がみ》に嚼《か》みて吹《ふ》き棄《す》つる　気吹《いぶき》の狭霧《さぎり》に生《うま》れたる　吾《われ》は多紀《たぎ》理《り》の毘売神《ひめのかみ》　心平《こころたひら》に安《やす》らかに　神素盞嗚大神《かむすさのおのおほかみ》の　赤《あか》き心《こころ》を真具《まつぶ》さに　天《あめ》に帰《かへ》りて大神《おほかみ》の　命《みこと》の前《まへ》に逸早《いちはや》く　宣《の》らせたまへや菩比《ほひ》の神《かみ》　朝日《あさひ》は照《て》るとも曇《くも》るとも　月《つき》は盈《み》つとも虧《か》くるとも　君《きみ》に対《たい》して村肝《むらきも》の　穢《きたな》き心《こころ》あるべきか　天津御神《あまつみかみ》も見《み》そなはせ　国津御神《くにつみかみ》も知《し》ろしめせ　空《そら》に輝《かがや》く朝日子《あさひこ》の　日《ひ》の出神《でのかみ》の一《ひと》つ火《び》に　照《てら》して神《かみ》が真心《まごころ》を　高天原《たかあまはら》に細《こま》やかに　宣《の》らせ玉《たま》へよ菩比《ほひ》の神《かみ》　善《ぜん》と悪《あく》とを立別《たてわ》ける　神《かみ》が表《おもて》に現《あらは》れて　疑《うたが》ひ深《ふか》き空蝉《うつせみ》の　心《こころ》の闇《やみ》の岩屋戸《いはやど》を　開《ひら》かせ玉《たま》へスクスクに　唯何事《ただなにごと》も人《ひと》の世《よ》は　直日《なほひ》に見直《みなほ》し聞直《ききなほ》し　宣《の》り直《なほ》しませ天津神《あまつかみ》　御空《みそら》も清《きよ》く

天照《あまて》らす　皇大神《すめおほかみ》の御前《おんまへ》に　謹《つつし》み敬《うやま》ひ畏《かし》こみて　猛《たけ》く雄々《をを》しく現《あらは》れし　十《と》握《つか》の
剣《つるぎ》は姫神《ひめがみ》の　神言《みこと》の剣《つるぎ》いと清《きよ》く　光《ひか》り輝《かがや》く神御霊《かむみたま》　瑞《みづ》の御霊大神《みたまのおほかみ》の　御前《みまへ》に捧《ささ》
げ奉《たてまつ》る」

と歌《うた》いおわれば、菩《ほ》比命《ひのみこと》は思《おも》い掛《がけ》無《な》きこの場《ば》の光景《こうけい》に力《ちから》脱《ぬ》け、懺悔《ざんげ》の念《ねん》に堪《た》え兼《かね》て、さしもに猛《たけ》き勇将《ゆうしょう》も、涙《なみだ》に暮《く》れるばかりなりける。

○

たちまち天空《てんくう》をとどろかし、この場《ば》に舞《ま》い降《くだ》る巨大《きょだい》の火光《かこう》、彼《ひ》我《が》両軍《りょうぐん》の頭上《ずじょう》を、前後《ぜんご》左右《さゆう》に音響《おんきょう》をたてて廻転《かいてん》しはじめたり。神々《かみがみ》は一斉《いっせい》に天《てん》をあおぎ、この光景《こうけい》を見《み》つめつつありき。火光《かこう》はたちまち変《へん》じて麗《うるわ》しき男神《おとこがみ》となり、空中《くうちゅう》に佇立《ちょりつ》して一同《いちどう》の頭上《ずじょう》を見下《みくだ》したまいつつありき。

この神《かみ》は伊《い》邪《ざ》那《な》岐命《ぎのみこと》の珍《うづ》の御《み》子《こ》日《ひ》の出神《でのかみ》であった。正邪善悪《せいじゃぜんあく》の証明《あかし》のために天《てん》教山《きょうざん》より神勅《しんちょく》を奉《ほう》じて、降《くだ》りたもうたのである。

たちまち白煙《はくえん》となって中空《ちゅうくう》に消《き》えたまい、あとは嚠喨《りゅうりょう》たる音楽《おんがく》聞《き》こえ、次第々々《しだいしだい》に音楽《おんがく》の音《ね》も遠《とお》くなりゆきぬ。いよいよ菩比命《ほひのみこと》の降臨《こうりん》によって、素盞嗚尊《すさのおのみこと》の麗《うるわ》しき御心《みこころ》判明《はんめい》し、菩比命《ほひのみこと》はただちに高天原《たかあまはら》にこの由《よし》を復命《ふくめい》さるることとはなりける。

……。

（『霊界物語』第12巻　第3編　第24章「言霊の徳」大正11年3月11日）

◆この第《だい》3編《ぺん》には、神《かむ》素《す》盞嗚《さのおの》大神《おほかみ》の表現神《ひょうげんしん》として三女神《さんにょしん》、深雪姫《みゆきひめ》（多紀理姫《たぎりひめ》の前《ぜん》身《しん》。武道《ぶどう》の神《かみ》）の他《ほか》に、橘姫《たちばなひめ》（多岐都姫《たきつひめ》の前身《ぜんしん》。農業《のうぎょう》）の神《かみ》、秋月姫《あきづきひめ》（市杵島姫《いちきしまひめ》の前《ぜん》身《しん》。音楽《おんがく》の神《かみ》）の無抵抗主義《むていこうしゅぎ》の活動《かつどう》が述《の》べられますが略《りゃく》しています。

第四編　天の目一つの神の教示

第一章　大中教《だいちゅうきょう》の（偽《にせ》）盤古神王《ばんこしんおう》

かのウラル山《さん》およびアーメニヤ（＝アジア、アメリカの意。悪神の根拠地本城三ヶ所、アーメニヤ・ウラル山・コーカス山）の野《の》に神《しん》都《と》を開《ひら》き、体主霊従的神政《たいしゅれいじゅうてきしんせい》を天下《てんか》に流布《るふ》し、ついに温順《おんじゅん》にして、かつ厳粛《げんしゅく》なる盤古《ばんこ》神王《しんおう》を追放《ついほう》し、自《みずか》ら偽盤古神王《にせばんこしんおう》（＝ウラル彦）となり、大蛇《おろち》の霊魂《みたま》に使嗾《しそう》（＝指図してそそのかす。けしかけること）されて、一時《じ》は暴威《ぼうい》をふるいし盤古神王《ばんこしんおう》も大洪水《だいこうずい》の惨事《さんじ》にも大神《おほかみ》の慈悲《じひ》によりアルタイ山《さん》に救《すく》われるが、再《ふたた》びウラル山《さん》に立帰《たちかえ》りアーメニヤに神都《しんと》を開《ひら》き仁徳《じんとく》を施《ほどこ》し人々《ひとびと》の尊敬深《そんけいふか》かりしが、年月《としつき》を経《ふ》るにしたがい、夫婦《ふうふ》は神政《しんせい》に倦《う》み、色食《しきしょく》の道《みち》を耽溺《たんでき》し、またもや大蛇《おろち》の霊魂《みたま》、金狐《きんこ》および鬼《おに》の身魂《みたま》に憑依《ひょうい》され体主霊従的行《たいしゅれいじゅうてきこう》動《どう》を始《はじ》めたり。

「呑《の》めよ騒《さわ》げよ一寸先《いっすんさき》は暗《やみ》よ　暗《やみ》の後《あと》には月《つき》が出《で》る　人《ひと》は呑《の》め食《く》へ寝《ね》て転《ころ》べ」

盤古神王《ばんこしんおう》はじめ眷属神《けんぞくしん》に、一寸《ちょっと》の油断《ゆだん》あれば悪神《あくがみ》は風《かぜ》のごとく襲《おそ》い来《きた》って、その身魂《みたま》を悪化《あっか》させ根底《ねそこ》の国《くに》に落《おと》しゆかんとするものである。……。

偽盤古神王《にせばんこしんおう》は、ついに一派《ぱ》の教《おしえ》を立《た》て、これを「大中教《だいちゅうきょう》」という。この教《おしえ》の意味《いみ》は、要《よう》するに極端《きょくたん》な個人主義《こじんしゅぎ》の教理《きょうり》であって、己一人《おのれひとり》を中心《ちゅうしん》とする主義《しゅぎ》である。大《だい》は一人《ひとり》を中心《ちゅうしん》とするという意義《いぎ》にして、ただ一人《いちにん》がこの世界《せかい》の神《かみ》であり、王者《おうじゃ》であり、最大権力者《さいだいけんりょくしゃ》である。この一人《ひとり》を中心《ちゅうしん》に、総《すべ》ての命令《めいれい》に服従《ふくじゅう》せよという教《おしえ》の立《た》て方《かた》である。

しかるに数多《あまた》の宣伝使《せんでんし》は、立教《りっきょう》の意義《いぎ》を誤解《ごかい》し、大蛇《おろち》や金狐《きんこ》の眷属《けんぞく》の悪霊《あくれい》に左右《さゆう》され、ついには己一人《おのれひとり》を中心《ちゅうしん》とするをもって、「大中教《だいちゅうきょう》」の主義《しゅぎ》と誤解《ごかい》するにいたり、忌《い》むべき利己《われよし》主義のやり方《かた》と変《か》わりける。

この「大中教《だいちゅうきょう》」は、葦原《あしはら》の瑞穂国《みづほのくに》（＝全地球上）にあまねく拡《ひろ》がり、大山杙神《おほやまぐひのかみ》（＝山を多く占領する人間）、小山杙神《こやまぐひのかみ》、野槌神《のづちのかみ》（＝原野、田圃の大区画を独占する人間）、茅野姫神《かやぬひめのかみ》（＝小区画を独占する）の跋扈跳梁《ばっこちょうりょう》となり、金山彦《かなやまひこ》（＝体主霊従的荒ぶる神々）、金山姫《かなやまひめ》、火焼速男神《ほのやきはやをのかみ》、迦具槌神《かぐづちのかみ》（＝火の文明を悪用する）、火《ひ》迦々毘野神《かかびののかみ》、大宜津姫神《おほげつひめのかみ》（＝穀物の神であるが、神命に背き穀物を悪用する）、天《あま》の磐樟船神《いはくすぶねのかみ》、天《あま》の鳥船神《とりぶねのかみ》などの体主霊従的荒《たいしゅれいじゅうてきあら》ぶる神々《かみがみ》が地上《ちじょう》の各所《かくしょ》に顕現《けんげん》する大勢《たいせい》を馴致《じゅんち》せり。

○

アーメニヤの神都《しんと》を南《みなみ》に距《さ》ること僅《わず》か数《すう》十丁《ちょう》の田舎《いなか》の村《むら》に、東西《とうざい》に流《なが》れるかなり広《ひろ》き河《かわ》あり、これをカイン河《がわ》という。ある春《はる》の日《ひ》に雑談《ざつだん》にふける四五《しご》の乞食《こじき》の群《むれ》れがあった。

甲「……世《よ》の中《なか》の利己主義《われよし》の人間《にんげん》は苦労知《くろうし》らずだ。一方《ぽう》では沢山《たくさん》な山《やま》や田地《でんち》を持《も》ち、家《いえ》、倉《くら》を建《た》て、妾《てかけ》、足懸《あしか》けを沢山囲《たくさんかこ》うて綾錦《あやにしき》に包《つつ》まれ、毎日々々酒《まいにちまいにちさけ》に喰《く》らい酔《よ》って、『呑《の》めよ騒《さわ》げよ一寸先《いっすんさき》は暗《やみ》よ、呑《の》め食《く》らえ寝《ね》て転《ころ》べ』なんて盤古大神《ばんこだいじん》を気取《きど》りやがって、天下《てんか》を吾《わ》が物顔《ものがお》にしている餓鬼《がき》と、俺《おい》らのように家《いえ》の軒《のき》を拝《はい》借《しゃく》したり、樹《き》の下《した》に雨露《うろ》をしのぎ、雑巾屋《ぞうきんや》の看板《かんばん》のような襤褸錦《つづれにしき》を纏《まと》い、俺《おれ》はもう世《よ》の中《なか》が嫌《いや》になった。一体盤古神王《いったいばんこしんおう》（＝元の名、盤古大神）てな奴《やつ》は、ありゃ八岐《やまた》の大《おろ》蛇《ち》の再来《さいらい》だよ」

乙「コラ〳〵、大《おお》きな声《こえ》でいうない。それまた向方《むこう》に変《へん》な奴《やつ》が来《き》おるぞ。あいつは山杙《やまぐい》とか川杙《かわぐい》とかいう悪神《わるがみ》に使《つか》われている奴役人《どやくにん》だろう。この間《あいだ》もドンシュウが盤古神王《ばんこしんおう》のやり方《かた》を話《はな》していたら、狗《いぬ》が嗅《か》ぎ出《だ》しやがって、無理矢理《むりやり》にドンシュウを踏縛《ふんじば》って、ウラル山《さん》の山奥《やまおく》へ伴《つ》れて行《い》って嬲《なぶり》ものにしたということだ。恐《こわ》い〱、鬼《おに》の世《よ》の中《なか》だ。」

この時《とき》、顔色《がんしょく》の赭黒《あかぐろ》い目付役《めつけやく》が、乞食《こじき》の群《むれ》の前《まえ》に立《た》ち止《ど》まり、訊問《じんもん》する。がハイハイといいながら、一行《こう》は何《なん》とか切《き》り抜《ぬ》ける。

（『霊界物語』第6巻　第31章「襤褸《つづれ》の錦」大正11年1月22日略記）

○

ウラル教《きょう》の目付役《めつけやく》の姿《すがた》が見《み》えなくなり、ホッと安心《あんしん》して、ヤレ〱と胸《むね》をなでおろし、

乙「アゝ危《あぶ》なかったのう。すんでのことで女郎《じょろう》でもないのに、わが身《み》をウラル山《さん》

の山奥《やまおく》に引捉《ひっとら》えられて行《ゆ》くところだった。本当《ほんとう》に利己主義《われよし》の強《つよ》い者勝《ものが》ちの世《よ》の中《なか》じゃ。思《おも》いきり大洪水《だいこうずい》じゃないが、堤切《どてき》って暴《あば》れてやったら何《ど》うだろう」

丙「一体全体《いったいぜんたい》この世《よ》の中《なか》は何《なん》と思《おも》う。貴様《きさま》らは人間《にんげん》の世界《せかい》と思《おも》っているのか。第《だい》一その点《てん》からして大間違《おおまちが》いだ。八岐大蛇《やまたのおろち》という大《おお》きな魔《ま》や、金毛九尾《きんもうきゅうび》という大魔《だいま》狐《こ》や鬼《おに》の大魔《だいま》のはびこる世《よ》の中《なか》だ。その魔神《ましん》どもが、今《いま》の勢力《せいりょく》ある神人《しんじん》にのり憑《うつ》って、いろ〳〵の事《こと》をさせて弱《よわ》い者虐《ものいじ》めをやるのだ。それで偉《えら》い神《かみ》さまだと思《おも》っていると大魔違《おおまちが》いだ。こんな所《ところ》で魔誤々々《まごまご》していると、魔《ま》かり違《ちが》えばまたウラル山《さん》じゃ。永居《ながい》は恐《おそ》れだ。早《はや》くこのカイン河《がわ》を渡《わた》って対岸《むこう》へ逃《に》げろ〳〵」……。

（『霊界物語』第6巻　第32章「瓔玖《ようらく》の河越」大正11年1月22日略記）

第二章　五大教の東彦

「可飲《かいん》の流《なが》れは止《と》まるとも　とめて止《と》まらぬ色《いろ》の道《みち》　酒《さけ》と博打《ばくち》は猶《なほ》やまぬ　飲《の》めよ騒《さわ》げよ一寸先《いっすんさき》や暗《やみ》と　旨《うま》い事《こと》いふ宣伝使《せんでんし》　俺等《おいら》は裸体《はだか》で蓑虫《みのむし》の　雨《あめ》に曝《さら》され荒《あら》風《かぜ》に　吹《ふ》かれて深山《みやま》の霜《しも》を踏《ふ》み　常夜《とこよ》の露《つゆ》に曝《さら》されて　飲《の》みたき酒《さけ》もヱー飲《の》まず食《く》ひたいものもヨー食《く》はず　人《ひと》の屑《くづ》やら余《あま》りもの　貰《もら》うて其日《そのひ》をヒョロ〳〵と渡《わた》る浮世《うきよ》の丸木橋《まるきばし》　吾身《わがみ》に襤褸《ぼろ》を纏《まと》へども　肝心要《かんじんかなめ》の魂《たましひ》は　錦《にしき》を飾《かざ》る大丈夫《ますらを》ぞウラルの神《かみ》の邪曲《よこしま》に　虐《しひた》げられて吾々《われわれ》は　昨日《きのふ》は山《やま》に今日《けふ》はまた　野辺《のべ》の嵐《あらし》に晒《さら》されて　臭《くさ》い狗《いぬ》めに嗅出《かぎだ》され　捕《つかま》へられて何時《いつ》の日《ひ》か　ウラルの山《やま》に連《つ》れ行《ゆ》かれ

舌《した》を捻《ねじ》られ眼《め》を抜《ぬ》かれ　手足《てあし》を菱《ひし》に縛《しば》られて　飲《の》めよ騒《さわ》げよ暢気《のんき》なる　歌《うた》を聞《き》かされ木兎《みみづく》の　身《み》の行《ゆ》く果《はて》を偲《しの》ぶれば　この世《よ》は鬼《おに》か大蛇《をろち》か暗《やみ》の夜《よ》か　旦《あした》の露《つゆ》と消《き》ゆる身《み》の　実《げ》にも果敢《はか》なき身《み》の宿世《すぐせ》　救《すく》ひの神《かみ》は何時《いつ》の世《よ》か　天《あめ》より降《くだ》り来《きた》るらむ　助《たす》けの船《ふね》は何時《いつ》の日《ひ》か　海《うみ》の底《そこ》より浮《うか》び出《で》む　憂《うれ》ひに沈《しづ》む吾々《われわれ》は　何時《いつ》の世《よ》にか浮《うか》ばれむ　あゝ味気《あじき》なの闇《やみ》の世《よ》や　あゝあぢきなの闇《やみ》の夜《よ》や」

と謡《うた》いながら、エデン川《がわ》の岸《きし》を降《くだ》る漂浪神《さすらひがみ》の一群《ひとむれ》あり。

○

このとき前方《ぜんぽう》より、

「神《かみ》が表《おもて》に現《あら》はれて　善《ぜん》と悪《あく》とを立《た》て別《わ》ける　魂《たま》を研《みが》けよ立替《たてかえ》へよ　身《み》の行《おこな》ひも立《た》て直《なほ》せ　誠《まこと》の力《ちから》は世《よ》を守《まも》る」

と節面白《ふしおもしろ》く謡《うた》い来《く》る宣伝使《せんでんし》あり。これは黄金山《おうごんざん》の麓《ふもと》に、この混乱紛糾《こんらんふんきゅう》の世《よ》を救《すく》うべく、埴安彦《はにやすひこ》（＝国祖・艮の金神）という大神現《おほかみあら》われて、「五大教《ごだいきょう》」の教《おしえ》を立《た》て、その宣伝使《せんでんし》なる東彦《あづまひこ》という神人《しんじん》なりき。一行《こう》はこの声《こえ》を聞《き》きて耳《みみ》を傾《かたむ》ける。宣伝使《せんでんし》は、なおも宣伝歌《せんでんか》を謡《うた》いながら此方《こなた》に向《むか》って進《すす》み来《く》る。

宣伝使《せんでんし》は、蓑笠《みのかさ》を纏《まと》い、草鞋脚絆《わらじきゃはん》の、身軽《みがる》な扮装《いでたち》にて宣伝歌《せんでんか》を高唱《こうしょう》しながら、一行《こう》と行《ゆ》き違《ちが》い進《すす》み行《ゆ》く。一同《どう》は互《たが》いに顔《かお》を見合《みあわ》せ、

甲「今《いま》の歌《うた》は何《なん》だか、吾々《われわれ》の耳《みみ》にはいり易《やす》いような気《き》がして、どこともなく面白《おもしろ》いじゃないか」

乙「ウン、そう云《い》えばそうだ。神様《かみさま》の御声《みこえ》のように響《ひび》いたよ」

丙「ともかく呼《よ》び止《と》めて、詳《くわ》しい話《はなし》を聞《き》いたらどうだ」

一同「それがよかろう。オーイ〱」

と一同声《どうこえ》をそろえ、手《て》をあげてさし招《まね》いた。宣伝使《せんでんし》はあと振返《ふりかえ》りつゝ、こなたを見《み》つめていた。……。

「貴神《あなた》の御歌《おうた》を、吾々《われわれ》は承《うけたまわ》りまして、何《なん》とも知《し》れぬ心《こころ》に力《ちから》がついたように思《おも》います。どうぞ御面倒《ごめんどう》でも、吾々《われわれ》一同《どう》を救《すく》うために、詳《くわ》しくお話《はなし》を聞《き》かしていただけませぬか」

と真心《まごころ》を面《おもて》に現《あら》わして頼《たの》み込《こ》んだ。宣伝使《せんでんし》は、

東彦「吾《われ》は天下《てんか》の混乱窮乏《こんらんきゅうぼう》を救《すく》わんために、黄金山麓《おうごんさんろく》に現《あら》われたもう埴安彦命《はにやすひこのみこと》の教《おしえ》を奉《ほう》じて、天下《てんか》に宣伝《せんでん》するもの。吾々《われわれ》の宣伝《せんでん》を御聞《おき》き下《くだ》さるならば、喜《よろこ》んでこれに応《おう》じます」

と答えた。一同《どう》は宣伝使《せんでんし》の傍《かたわ》らに集《あつ》まり、傍《かたわ》らの美《うる》わしき平《ひら》たき岩《いわ》の上《うえ》に座《ざ》をしめ、問答《もんどう》を始《はじ》めける。

甲「只今《ただいま》の御歌《おうた》の中《なか》に『神《かみ》が表《おもて》に現《あら》われて、善《ぜん》と悪《あく》とを立《た》て別《わ》ける』と云《い》う御言《おこと》葉《ば》がありましたが、実際《じっさい》にこの世《よ》に、吾々《われわれ》を守《まも》って下《くだ》さる尊《とうと》い神《かみ》があるのでしょうか。善悪《ぜんあく》を公明正大《こうめいせいだい》に審判《さば》いて下《くだ》さる誠《まこと》の神《かみ》が現《あら》われるのでしょうか」

東彦「この世界《せかい》は誠《まこと》の神様《かみさま》が、御造《おつく》りあそばしたのである。そうして人間《にんげん》は、御《ご》用《よう》を務《つと》めるように神《かみ》が御造《おつく》りになった。神《かみ》は人間《にんげん》を生宮《いきみや》として是《これ》に降《くだ》り、立派《りっぱ》な世《よ》を開《ひら》こうと日夜《にちや》焦慮《しょうりょ》しておられる。あなた方《がた》一同《どう》の肉体《にくたい》もまた、尊《とうと》き神様《かみさま》の霊魂《みたま》と肉《にく》とを分《わ》け与《あた》えられて造《つく》られた人間《にんげん》である。そうして神様《かみさま》の生宮《いきみや》となって、働《はたら》くべき結構《けっこう》な万物《ばんぶつ》の霊長《れいちょう》である。

然《しか》るに人間《にんげん》の本分《ほんぶん》を忘《わす》れ、唯々飲食《ただただのみくい》や、色《いろ》の道《みち》ばかりに耽溺《たんでき》するのは、神様《かみさま》に対《たい》して最《もっと》も深《ふか》き罪悪《ざいあく》です。世《よ》の中《なか》は善《ぜん》の神《かみ》もあれば、悪《あく》の神《かみ》もある。そうして善《ぜん》の神一人《かみひとり》に対《たい》して、悪《あく》の神《かみ》は九百九十九人《にん》の割合《わりあい》に、今《いま》の世《よ》はなっておる。そこで神様《かみさま》は、この世界《せかい》を清《きよ》め、神《かみ》の生宮《いきみや》たる人間《にんげん》の身魂《みたま》を清《きよ》めて、立派《りっぱ》な神国《しんこく》を建《た》てんと思召《おぼしめ》し、宣伝使《せんでんし》を四方《しほう》に派遣《はけん》されおるなり」
と大略《たいりやく》を物語《ものがた》りける。

甲　「吾々《われわれ》はどうしても、合点《がてん》のゆかぬことが沢山《たくさん》あります。……一体今日《いったいこんにち》の人間《にんげん》は広《ひろ》い山《やま》や野《の》を独占《どくせん》し、吾々《われわれ》の働《はたら》く所《ところ》もなく、また働《はたら》かしてもくれない。何《なに》ほど働《はたら》く種《たね》がなければ、吾々《われわれ》は乞食《こじき》でもするより仕方《しかた》がない。勿論吾々《もちろんわれわれ》は、遊《あそ》んで楽《らく》に飲《の》んだり食《く》ったり、贅沢《ぜいたく》をしようとは思《おも》いませぬ。ただ働《はたら》いて、親子夫婦《おやこふうふ》がその日《ひ》をどうなりと、暮《くら》すことができればそれで満足《まんぞく》です。然《しか》るにこの広《ひろ》い天《あめ》が下《した》に、脚踏《あしふ》み立《た》てる場所《ばしょ》も持《も》っていない。皆強《みなつよ》い者《もの》、大《おお》きな者《もの》に、独占《どくせん》されて、働《はたら》く所《ところ》なく、親子兄弟《おやこきょうだい》は、ちり〱ばら〱になり、苦《くる》しみながら漂浪《さすら》いつゝ、わずかにその日《ひ》を暮《くら》しております。

こんな世《よ》の中《なか》を立替《たてか》えて御日様《おひいさま》の御照《おて》らしのように、万遍《まんべん》なく、吾々《われわれ》にも天地《てんち》の恵《めぐ》みが身《み》に潤《うるお》うことができるならば、こんな有難《ありがた》いことはなかろうと思《おも》います。そうしてその結構《けっこう》な神様《かみさま》は、何時《いつ》御現《おあら》われになりましょうか」

と首《くび》を傾《かたむ》け、宣伝使《せんでんし》の顔《かお》をのぞきこむ。宣伝使《せんでんし》は両眼《りょうがん》に涙《なみだ》をたたえながら、

東彦「空翔《そらた》つ鳥《とり》も、野辺《のべ》に咲《さ》く花《はな》も、みな神様《かみさま》の厚《あつ》き恵《めぐ》みをうけて、完全《かんぜん》に生活《せいかつ》を続《つづ》けております。況《いわ》んや万物《ばんぶつ》の霊長《れいちょう》たり、神《かみ》の生宮《いきみや》たる人間《にんげん》において、神様《かみさま》の

御守《おまも》りがどうして無《な》いという事《こと》がありましょうか。ただ何事《なにごと》も神様《かみさま》の御心《みこころ》に任《まか》せ、今日《きょう》ただ今《いま》を有難《ありがた》い〱で暮《くら》してゆけば、神様《かみさま》は花咲《はなさ》く春《はる》に会《あ》わして下《くだ》さいます。

世《よ》の中《なか》は暗夜《やみよ》ばかりではない、何時《いつ》かは夜《よ》が明《あ》ける。冷《つめ》たい雪《ゆき》の降《ふ》る冬《ふゆ》があれば、また長閑《のどか》な花咲《はなさ》き鳥唄《とりうた》う春《はる》が出《で》てくるように、きっと苦《くる》しみの後《あと》には楽《たの》しみがあります。あなた方《がた》も働《はたら》く場所《ばしょ》がないからといって、そこら中《じゅう》を漂浪《さすら》いなさるのも、無理《むり》はありませぬが、この世界《せかい》は皆神様《みなかみさま》のものである。人間《にんげん》のものは、足《あし》の裏《うら》に付《つ》いている土埃《つちほこり》一つだもありません。

今《いま》の人間《にんげん》は広大《こうだい》な山野《さんや》を独占《どくせん》して、自分《じぶん》のもののように思《おも》っているが、命数《めいすう》尽《つ》きて、幽界《ゆうかい》に至《いた》るときは、いかなる巨万《きょまん》の財宝《ざいほう》も、妻子《さいし》も、眷属《けんぞく》も一切《さい》を捨《す》てて、ただ独《ひと》りトボ〱と行《ゆ》かねばならぬのです。ただ自分《じぶん》の連《つ》れとなるものは深《ふか》い罪《つみ》の重荷《おもに》ばかりで、あなた方《がた》も、神《かみ》を信《しん》じ、誠《まこと》一つの心《こころ》を持《も》って、この広《ひろ》い天地《てんち》の間《あいだ》に活動《かつどう》なさい。きっと神様《かみさま》が、幸《さいわ》いを与《あた》えて下《くだ》さいます。

この地《ち》の上《うえ》の形《かたち》ある宝《たから》は、亡《ほろ》ぶ宝《たから》であり、水《みず》に流《なが》れ火《ひ》に焼《や》かれ、虫《むし》に蝕《く》われ、錆《さび》朽《く》ちる、果敢《はか》ない宝《たから》です。それよりも人間《にんげん》は、永遠無窮《えいえんむきゅう》に朽《く》ちず、壊《くず》れず、焼《や》けず、亡《ほろ》びぬ誠《まこと》という一つの宝《たから》を、神《かみ》の御国《みくに》に積《つ》むことを努《つと》めねばなりませぬ」と諄々《じゅんじゅん》として五大教《ごだいきょう》の教理《きょうり》を説《と》き勧《すす》めたる。一同《どう》呼吸《いき》を凝《こ》らして宣伝使《せんでんし》の教示《きょうじ》を聞《き》き入《い》りぬ。この時《とき》またもや、宣伝歌《せんでんか》が聞《きこ》えてくる。

「この世《よ》を創造《つく》りし神直日《かむなほひ》　御魂《みたま》も広《ひろ》き大直日《おほなほひ》　ただ何事《なにごと》も人《ひと》は皆《みな》　直日《なほひ》に見直《みなほ》せ聞直《ききなほ》せ　身《み》の過《あやま》ちは宣《の》り直《なほ》せ」と謳《うた》いつゝ、こちらへ進《すす》み来《く》る宣伝使《せんでんし》あり。

（『霊界物語』第6巻　第33章「五大教」大正11年1月22日略記）

第三章　三大教の北光彦神

頭髪《とうはつ》は飽《あ》くまで白《しろ》く、髭《ひげ》は八握《やつか》の胸先《むなさき》に垂《た》れ、是《これ》また純白《じゅんぱく》にして、銀《ぎん》の如《ごと》き光沢《こうたく》を放《はな》ちたり。この宣伝使《せんでんし》は、霊鷲山麓《りょうしゅうさんろく》の玉《たま》の井《い》の郷《さと》（＝高熊山の麓、穴太の郷）に現《あら》われ出《い》でたる三葉彦神《みつばひこのかみ》（＝瑞の御霊）の教理三大教《きょうりさんだいきょう》を、天下《てんか》に宣布《せんぷ》する北光天使《きたてるのかみ》なり。この霊鷲山《りょうしゅうざん》はインドとチベットの境《さかい》に屹立《きつりつ》する高山《こうざん》にして、黄金山《おうごんざん》は聖地《せいち》エルサレム（＝綾部・本宮山）の傍《かたわ》らに聳《そび》えたつ橄欖山《かんらんざん》の別名《べつめい》なり。

白髪《はくはつ》異様《いよう》な老宣伝使《ろうせんでんし》は、東彦天使《あづまひこのかみ》の宣教《せんきょう》に耳《みみ》をすませて路傍《ろぼう》に立《た》ちながら、静《しず》かに聴《き》き入《い》る。東彦天使《あづまひこのかみ》はこの宣伝使《せんでんし》が、吾傍《わがかたわら》に来《きた》りて教理《きょうり》を立聞《たちき》きせることを夢《ゆめ》にも知《し》らず、一心不乱《いっしんふらん》に五大教《ごだいきょう》の教理《きょうり》を説示《せつじ》しつゝありき。……。

東彦天使《あづまひこのかみ》は少《すこ》しく息《いき》を休《やす》めて、あたりを見《み》れば宣伝使《せんでんし》に気《き》が付《つ》き、

「貴下《あなた》は何人《なにびと》なるや」と軽《かる》く目礼《もくれい》と共《とも》に問《と》いかけるに、

北光「吾《われ》は霊鷲山《りょうしゅうざん》の三葉彦神《みつばひこのかみ》の教《おしえ》を宣伝《せんでん》する使《つか》いなり、今《いま》貴下《きか》の御説示《ごせつじ》を聴《き》き感《かん》嘆措《たんお》くあたはず拝聴《はいちょう》したり、願《ねが》わくは吾《われ》にも教理《きょうり》の蘊奥《うんおう》を説示《せつじ》したまわずや」

と懇請《こんせい》する。東彦天使《あづまひこのかみ》は宣伝使《せんでんし》と聞《き》き、直《ただ》ちに岩《いわ》の座《ざ》を下《くだ》りその前《まえ》に進《すす》み、慇懃《いんぎん》に会釈《えしゃく》しながら、

東彦「吾《われ》は愚鈍《ぐどん》の性質《せいしつ》にして、貴下《きか》らに教理《きょうり》を説《と》くの力《ちから》なし。ただ吾《われ》よりおくれたる信者《しんじゃ》に対《たい》し、神《かみ》の道《みち》を朧気《おぼろげ》ながら口伝《くちづた》えするのみ」

と謙譲《けんじょう》の色《いろ》を表《あらわ》し、固《かた》く辞《じ》し、かつ……。

北光「こは心得《こころえ》ぬ貴下《きか》の御言葉《おことば》かな。そもそも神《かみ》の道《みち》は神人《しんじん》の知識《ちしき》また考量《こうりょう》をもって伝《つた》えるべきものにあらず。神《かみ》は宣伝使《せんでんし》の口《くち》を藉《か》りて、以《もっ》て甚深微妙《じんしんびみょう》の教理《きょうり》を説《せっ》示《じ》したもうにあらざるか」

と問《と》い返《かえ》したるに、東彦天使《あづまひこのかみ》はその理《り》に服《ふく》し、

東彦「吾《われ》は誤《あやま》れり。日夜《にちや》大神《おほかみ》の神示《しんじ》を宣伝弘布《せんでんぐふ》する身《み》でありながら、かくのごとき重大《じゅうだい》なる意義《いぎ》を忘却《ぼうきゃく》しいたり。あゝ恥《は》ずかしや」

とさし俯向《うつむ》いて、袖《そで》に顔《かお》を隠《かく》すを見《み》て、北光天使《きたてるのかみ》は気《き》の毒《どく》がり、

北光「いたらぬ吾《われ》らの過言《かごん》無礼《ぶれい》許《ゆる》させたまえ。吾《われ》は神人《かみびと》を思《おも》うのあまり、かくも不遜《ふそん》の言辞《げんじ》を、宣伝使《せんでんし》たる貴下《きか》に申《もう》し上《あ》げしは不覚《ふかく》のいたりなり。実《げ》に恥《は》ずかしさの限《かぎ》りよ」

と吾心《わがこころ》に省《かえり》み、大《おお》いに恥《は》ずるものゝようなりける。

ここに二人《ふたり》の宣伝使《せんでんし》は岩上《がんじょう》に立《た》ち、宣伝歌《せんでんか》を交《かわ》る〴〵謡《うた》って、「天津祝詞《あまつのりと》」を奏上《そうじょう》し、天地《てんち》の大神《おおかみ》の洪徳《こうとく》を讃美《さんび》したりける。しかして二人《ふたり》は宣伝歌《せんでんか》を合一《ごういつ》して一つの歌《うた》に延長《えんちょう》したり。

「神《かみ》が表面《おもて》に現《あら》はれて　善《ぜん》と悪《あく》とを立別《たてわ》ける　魂《たま》を研《みが》けよ立替《たてか》へよ　身《み》の行為《おこなひ》も立直《たてなほ》せ　この世《よ》を造《つく》りし神直日《かむなほひ》　霊魂《みたま》もひろき大直日《おほなほひ》　ただ何事《なにごと》も人《ひと》の世《よ》は直日《なほひ》に見直《みなほ》せ聞直《ききなほ》せ　身《み》の過失《あやまち》は宣《の》り直《なほ》せ」　（「基本宣伝歌」本書カバー裏参照）

東彦天使《あづまひこのかみ》は席《せき》を譲《ゆず》って、北光天使《きたてるのかみ》を平岩《ひらいわ》の上《うえ》に安坐《あんざ》せしめ、神《かみ》の教示《きょうじ》を聴《き》き入《い》りぬ。……。

甲「只今《ただいま》の宣伝使《せんでんし》に御尋《おたず》ねいたします。前刻《せんこく》より黄金山《おうごんざん》の宣伝使様《せんでんしさま》に承《うけたまわ》りますには、この世《よ》の中《なか》は善悪《ぜんあく》の立替《たてかえ》があり、大慈大悲《だいじだいひ》の神様《かみさま》が現《あら》われて善人《ぜんにん》を助《たす》け、悪人《あくにん》を亡《ほろ》ぼし、強《つよ》きを挫《くじ》き、弱《よわ》きを救《すく》い、吾々《われわれ》の地《ち》に落《お》ちたる人民《じんみん》を天国《てんごく》に救《すく》うて下《くだ》さるということであります。実《じつ》に吾々《われわれ》は再生《さいせい》の思《おも》いと、歓喜《かんき》にたえませぬ。然《しか》るに、又《また》もや貴神《あなた》がここに現《あら》われて、『ただ何事《なにごと》も人《ひと》の世《よ》は、直日《なほひ》に見直《みなほ》せ聞《きき》直《なほ》せ云々《うんぬん》』と仰《おお》せられましたが、一体《いったい》これは何《ど》ういうことでしょうか。

　吾々《われわれ》は祖先伝来《そせんでんらい》の山《やま》や田地《でんち》を悪人《あくにん》に占領《せんりょう》せられ、女房《にょうぼう》は奪《うば》い取《と》られ、住居《すみか》は焼《や》かれ、食《く》うに食《しょく》なく、眠《ねむ》るに家《いえ》なく、親子夫婦《おやこふうふ》は四方《しほう》に離散《りさん》し、実《じつ》にあるにあられぬ、悲《かな》しい世《よ》を送《おく》っております。私《わたくし》はそれ故《ゆえ》かく乞食《こじき》となりて四方《しほう》をめぐり、家《いえ》を焼《や》き女房《にょうぼう》を奪《うば》った悪者《わるもの》を探《さが》し求《もと》めて、仇《あだ》を討《う》ってやろうと考《かんが》え、苦労艱難《くろうかんなん》を致《いた》しておりますが、もし神様《かみさま》がこの世《よ》に在《い》らっしゃるのならば、なぜこんな不公《ふこう》平《へい》なことがあるのに、黙《だま》って見《み》ておられるのでしょうか。私《わたくし》はこの世《よ》に神《かみ》の存在《そんざい》を疑《うたが》います。

先《さき》の宣伝使《せんでんし》の言《い》われたように、善悪《ぜんあく》を立替《たてかえ》る神様《かみさま》が在《あ》るとすれば、一日《にち》も早《はや》くこの無念《むねん》を晴《は》らして欲《ほ》しいと思《おも》います。然《しか》るに只今貴下《ただいまあなた》の御言葉《おことば》の中《なか》に『ただ何事《なにごと》も人《ひと》の世《よ》は、直霊《なほひ》に見直《みなほ》せ聞直《ききのほ》せ』と仰《おお》せになりましたが、これは〔何事《なにごと》も諦《あきら》めよ〕との教《おしえ》ではありますまいか。先《さき》の神様《かみさま》の教《おしえ》と貴下《あなた》の教《おしえ》とは、つばねが合《あ》わないように考《かんが》えますが、詳《くわ》しく御諭《おさと》しをお願《ねが》いします」

北光天使《きたてるのかみ》は、

「神様《かみさま》は至善至美至仁至愛《しぜんしびしじんしあい》の御方《おかた》である。ゆえに悪《あく》を憎《にく》み、無慈悲《むじひ》を御嫌《おきら》いあそばすのはいうまでもない。しかし人間《にんげん》はいかに立派《りっぱ》な賢《かしこ》い者《もの》でも、神様《かみさま》の御智慧《おちえ》に比《くら》べてみれば、実《じつ》に恥《は》ずかしいものです。災《わざわ》い多《おお》く悪魔《あくま》の蔓延《はびこ》る今日《こんにち》の世《よ》の中《なか》は、どうしても無限絶対力《むげんぜったいりょく》の神様《かみさま》の力《ちから》に依頼《たよ》らねばならない。

あなたが家《いえ》を焼《や》かれ、山林田畑《さんりんでんばた》を掠奪《りゃくだつ》され、女房《にょうぼう》を取《と》られて、その怨《うら》みを晴《は》らそうと思《おも》い、諸方《しょほう》を尋《たず》ね廻《まわ》るのは人情《にんじょう》としてもっともであり、吾々《われわれ》も満腔《まんこう》の同《どう》情《じょう》をよせますが、しかし、そこを人間《にんげん》は忍耐《にんたい》して、敵《てき》を赦《ゆる》してやらねばならぬのです。そこが人間《にんげん》の尊《とうと》いところであって、神様《かみさま》の大御心《おおみこころ》に叶《かな》うというものです」

と聞《き》くや否《いな》や、甲《こう》はムックと立《た》ち上《あが》り、「馬鹿《ばか》」と叫《さけ》び、かつ隼《はやぶさ》のような眼《め》を剝《む》いて北光天使《きたてるのかみ》を睨《にら》みつけ、息《いき》をはずませながら、

甲「オヽ俺《おれ》はコヽ斯《こ》んな宣伝使《せんでんし》の吐《ぬ》かすことは、キ、気《き》に食《く》わぬ。腰抜野郎奴《こしぬけやろうめ》。嬶《かか》を奪《と》られ、家《いえ》を焼《や》かれ、悪人《あくにん》に財産《ざいさん》を全部《すっかり》ふんだくられ、寝《ね》る家《いえ》もなく、食《く》う

物《もの》もなし、親子《おやこ》は散《ち》り〴〵バラ〳〵になって、あるにあられぬ艱難苦労《かんなんくろう》をしておるのに、苦労《くろう》知《し》らずの人情《にんじょう》知《し》らず奴《め》、ナ、何《なに》が、カ、神《かみ》さまだ。許《ゆる》してやれも糞《くそ》もあったものかい。尻《けつ》が呆《あき》れらア。あまり人《ひと》を馬鹿《ばか》にするない。そんならお前《まえ》の頭《あたま》に、オ、俺《おれ》が今《いま》小便《しょうべん》を引《ひ》っかけてやるが、それでもお前《まえ》はオ、怒《おこ》らぬか」といいながら、宣伝使《せんでんし》の背後《はいご》に立《た》ち、端坐《たんざ》せる北光天使《きたてるのかみ》の頭《あたま》めがけて、ジャア〳〵と放《や》りだした。東彦天使《あづまひこのかみ》、その他《た》の一同《どう》は、「待て〳〵」と叫《さけ》ぶ。

その間《あいだ》に小便《しょうべん》は全部《すっかり》放出《ほうしゅつ》しおわりぬ。北光天使《きたてるのかみ》はニッコリとして坐《すわ》りいたり。

甲《こう》はなおも口汚《くちぎた》なく、「ヤイ腰抜《こしぬ》け、弱虫《よわむし》、小便《しょうべん》たれ、洟《はな》たれ」と罵《ののし》る。

一同《どう》は「オイ貴様《きさま》が小便《しょうべん》たれたじゃないか。今現《いまげん》に小便《しょうべん》たれたであろう。人《ひと》のことだと思《おも》って自分《じぶん》の事《こと》を吐《ぬ》かしていらア。オイ、洟《はな》を拭《ふ》かぬか。水洟《みずばな》たらしやがって、洟《はな》たれ小便《しょうべん》たれとは貴様《きさま》のことだよ」

甲「なに、俺《おれ》が小便《しょうべん》たれたのじゃない。小便《しょうべん》の方《ほう》から出《で》よったのだ。俺《おれ》や、洟《はな》たれアせぬ、洟《はな》の方《ほう》から出《で》てきやがったのだい」

北光天使《きたてるのかみ》は泰然《たいぜん》として、小便《しょうべん》を浴《あ》びたまゝ講演《こうえん》を続《つづ》けいたり。

（『霊界物語』第6巻　第34章「三大教」大正11年1月22日　略記）

余白歌

○人間《にんげん》はこの世《よ》を去《さ》ればそれぎりと　思《おも》へる人《ひと》の驚《おどろ》く霊界《れいかい》

○相応《さうおう》の理《り》に造《つく》られし世《よ》の中《なか》は　現《げん》界《かい》霊《れい》界《かい》同《どう》一《いつ》なりけり

○現《げん》幽《いう》一《いっ》致《ち》生《せい》死《し》一《いち》如《によ》の真諦《しんたい》を　悟《さと》れば此《こ》の世《よ》に怖《おそ》るるものなし

王仁

第四章　北光開眼

霊鷲山《りょうしゅうざん》の宣伝使《せんでんし》北光天使《きたてるのかみ》は、一心不乱《いっしんふらん》に神教《しんきょう》を説《と》き進《すす》めつゝあった。

一同《どう》の中《うち》より、

乙「お尋《たず》ねします。私《わたくし》はこの通《とお》り片目《かため》をウラルにより剔《えぐ》られ、幸《さいわ》い片目《かため》は助《たす》かりどうにかこの世《よ》の明《あ》かりが見《み》えますが、時々《ときどき》シャクにさわります。あなたの御話《おはなし》を承《うけたまわ》り、御忍耐《ごにんたい》の強《つよ》きに感動《かんどう》しまして、私《わたくし》も貴下《あなた》のように美《うるわ》しき心《こころ》になって、直日《なおひ》とやらに見直《みなお》し聞直《ききなお》そうと覚悟《かくご》を定《さだ》めました。

しかし、腹《はら》の底《そこ》に悪《わる》い虫《むし》が潜《ひそ》んでいて承知《しょうち》してくれません。これでも神様《かみさま》の御《ぎょ》意《い》に叶《かな》いましょうか。仇《あだ》を討《う》て、仇《あだ》を討《う》て、何《なに》をぐづくしている。肝心《かんじん》の眼球《めのたま》を剔《えぐ》られ、卑怯未練《ひきょうみれん》にもその敵《てき》を赦《ゆる》しておくような、弱《よわ》い心《こころ》を持《も》つなと囁《ささや》きます。どうしたら、綺麗《きれい》に忘《わす》れることが出来《でき》ましょうか」

北光彦「御尤《ごもっとも》です、それが人間《にんげん》の浅《あさ》ましさです。しかし、そこを忍耐《にんたい》せなくてはならないのです。何事《なにごと》も惟神《かむながら》に任《まか》せなさい。吾々《われわれ》がこうして一口話《くちはなし》をする間《ま》も、死《し》の悪魔《あくま》は吾々《われわれ》の身辺《しんぺん》を狙《ねら》っておるのです。また吾々《われわれ》の心《こころ》の中《なか》には、常《つね》に鬼《おに》や悪《あく》魔《ま》が出《で》入《い》りします。それで人間《にんげん》は生《う》まれつきの直日《なおひ》の霊《みたま》という立派《りっぱ》な守護神《しゅごじん》と相談《そうだん》して、よく省《かえり》みなくてはなりませぬ。笑《わら》って暮《くら》すも泣《な》いて暮《くら》すも、怒《いか》って暮《くら》すも勇《いさ》んで暮《くら》すも同《おな》じ一生《いっしょう》です。とにかく忘《わす》れるが宜《よろ》しい。仇《あだ》を討《う》つべき理由《りゆう》があり、先方《むこう》が悪《わる》ければ神様《かみさま》はきっと仇《あだ》を討《う》って下《くだ》さるでしょう。

　人間《にんげん》は何《なに》よりも忍耐《にんたい》ということが第《だい》一です。人《ひと》を呪《のろ》わず、人《ひと》を審判《さば》かず、ただ人《にん》間《げん》は神《かみ》の御心《みこころ》に任《まか》してゆけばこの世《よ》は安全《あんぜん》です。何事《なにごと》も神様《かみさま》の御心《みこころ》であって、人《にん》間《げん》は自分《じぶん》の運命《うんめい》を左右《さゆう》することも、どうすることも出来《でき》ないものです。生《い》くるも死《し》するも、みな神様《かみさま》の御手《みて》の中《うち》に握《にぎ》られている。ただ人《ひと》は己《おのれ》を正《ただ》しゅうして人《ひと》に善《ぜん》を施《ほどこ》せば、それが神様《かみさま》の御心《みこころ》にかない、幸福《こうふく》の身《み》となるのです。人間《にんげん》としてこの世《よ》にある限《かぎ》り、どうしても神様《かみさま》のお目《め》に止《と》まるような善事《ぜんじ》をなすことは出来《でき》ませぬ。日《ひ》に夜《よ》に罪悪《ざいあく》を重《かさ》ねてその罪《つみ》の重《おも》みによって種々《しゅじゅ》と因縁《いんねん》が結《むす》ばれて来《く》るのです。

　あなたが眼球《めだま》を刳《えぐ》られたのも決《けっ》して偶然《ぐうぜん》ではありますまい。本守護神《ほんしゅごじん》たる直日《なおひ》に見直《みなお》し聞直《ききなお》し、省《かえり》みて御覧《ごらん》なさい。悪人《あくにん》だと思《おも》っても悪人《あくにん》でなく、神様《かみさま》に使《つか》われている人間《にんげん》もあり、善人《ぜんにん》だと見《み》えても、また悪魔《あくま》に使《つか》われている人間《にんげん》もあります。

善悪正邪《ぜんあくせいじゃ》は到底人間《とうていにんげん》として判断《はんだん》はできませぬ。ただ惟神《かむながら》に任《まか》せて、神《かみ》の他力《たりき》に頼《よ》って安養浄土《あんようじょうど》に救《すく》うてもらうのが、人生《じんせい》の本意《ほんい》であります。惟神霊幸倍坐世《かむながらたまちはえませ》」

と合掌《がっしょう》する。

甲「ヤイ皆《みな》の奴《やつ》、こんな恍《とぼ》けた教示《きょうじ》を聞《き》く馬鹿《ばか》があるか。それこそ強《つよ》い者勝《ものがち》の教《おしえ》だ。こいつはきっとウラル彦《ひこ》の間諜《まわしもの》だぞ。俺《おれ》のような弱《よわ》い者《もの》を、舌《した》の先《さき》で、ちょろまかしよるのだ。……コラヤイ、どこから北光彦《きたてるひこ》の宣伝使《せんでんし》、貴様《きさま》もえらい目《め》に遇《あ》わしたろうか」

というより早《はや》く、削竹《そぎたけ》を持《も》って宣伝使《せんでんし》の右《みぎ》の眼《め》をぐさと突《つ》きたり。宣伝使《せんでんし》は泰然《たいぜん》としてその竹槍《たけやり》を抜《ぬ》きとり、片手《かたて》で目《め》を押《おさ》えながら、右《みぎ》の手《て》に竹槍《たけやり》を持《も》ち、押《お》し戴《いただ》き

料金受取人払郵便

亀岡局承認

357

差出有効期限
2025年12月
18日まで
（切手不要）

郵便はがき

621-8790

京都府亀岡市中矢田町
岸ノ上27-6

みいづ舎 行

ふりがな ご住所	〒
ふりがな お名前	大・昭・平　年　月　日生　男・女　歳

TEL　　FAX

E メール

お求めの書店名（所在地）

読者カード

◆書籍名（お買上げの本のタイトルをご記入下さい。）

◆本書についてのご感想をお聞かせ下さい。（通信欄）

◆本書を何でお知りになりましたか。

①書店店頭　②知人の紹介　③新聞・雑誌（　　　　　　　　）

④小社の書籍案内　⑤その他（　　　　　　　　）

注文書（郵送の際には振替用紙を同封いたします。）

書名	冊
書名	冊
書名	冊

天《てん》に祈《いの》り始《はじ》めたり。

北光「ア、天地《てんち》の大神様《おほかみさま》、私《わたくし》は貴神《あなた》の深《ふか》き広《ひろ》きその御恵《みめぐみ》と、尊《とうと》き御稜威《みいづ》を世《よ》の中《なか》の迷《まよ》える人々《ひとびと》に宣伝《せんでん》して、神《かみ》の国《くに》の福音《ふくいん》を実現《じつげん》することを歓《よろこ》びといたします。殊《こと》に今日《こんにち》は広大無辺《こうだいむへん》の御恩寵《ごおんちょう》を頂《いただ》きました。二つの眼《め》を失《うしな》った人間《にんげん》さえおるに、私《わたくし》はいかなる幸《さいわ》いか、一つの眼《め》を与《あた》えて下《くだ》さいました。そうして一つのお取《と》り上《あ》げになった眼《め》は、物質界《ぶっしつかい》は見《み》ることはできなくなりましたが、その代《かわ》りに、心《こころ》の眼《まなこ》は豁然《かつぜん》として蓮《はちす》の花《はな》の開《ひら》くがごとく明《あきら》かになり、三千世界《さんぜんせかい》に通達《つうたつ》するの霊力《れいりょく》を与《あた》えて下《くだ》さいました。今日《きょう》はいかなる有難《ありがた》い尊《とうと》き日柄《ひがら》でありましょう。天地《てんち》の大神様《おほかみさま》に感謝《かんしゃ》を捧《ささ》げます」

と鄭重《ていちょう》に祈願《きがん》を捧《ささ》げ、天津祝詞《あまつのりと》を声朗《こえほが》らかに奏上《そうじょう》した。

甲「オイ腰抜《こしぬ》け、弱虫《よわむし》、洟《はな》たれ、小便《しょうべん》たれ、減《へ》らず口《くち》を叩《たた》くな。眼《め》を突《つ》かれて嬉《うれ》しけりゃ、お慈悲《じひ》に、も一つ突《つ》いてやろうか」

とまたもや竹槍《たけやり》を持《も》ちて左《ひだり》の目《め》を突《つ》かんとした。このとき東彦命《あずまひこのみこと》は、その竹槍《たけやり》を右手《みぎて》にグッと握《にぎ》った途端《とたん》に右方《うほう》へ押《お》した。甲《こう》はヨロ〳〵として倒《たお》れ、傍《かたわ》らのエデン河《かわ》の岸《きし》より真逆《まっさか》さまに顛落《てんらく》した。北光天使《きたてるのかみ》は驚《おどろ》きて真裸体《まっぱだか》となり河中《かちゅう》に飛《と》び入《い》り、甲《こう》の足《あし》をつかみ浅瀬《あさせ》に引《ひ》いてこれを救《すく》うた。

これより猛悪《もうあく》なりし乱暴者《らんぼうもの》の甲《こう》も衷心《ちゅうしん》よりその慈悲心《じひしん》に感《かん》じ、悔《く》い改《あらた》めて弟子《でし》となり宣伝《せんでん》に従事《じゅうじ》することになりぬ。宣伝使《せんでんし》はこれに清河彦《きよかわひこ》と名《な》を与《あた》えたり。因《ちな》みに北光天使《きたてるのかみ》は「天《あめ》の目一箇神《まひとつのかみ》」の前身《ぜんしん》なりけり。

（『霊界物語』第6巻　第35章「北光開眼」大正11年1月22日）

◆カオダイ教と出口王仁三郎

カオダイ教《きょう》は、大正《たいしょう》9（1920）年《ねん》ゴーバンチュー（呉文昭）に神示《しんじ》が降《くだ》り開設《かいせつ》されたベトナムの新興宗教《しんこうしゅうきょう》。儒教《じゅきょう》、道教《どうきょう》、仏教《ぶっきょう》、キリスト教《きょう》、イスラム教《きょう》を土台《どだい》に、一つ目《め》をシンボルとする。昭和《しょうわ》10（１９３５）年秋《ねんあき》、出口王仁三郎聖師《でぐちおにさぶろうせいし》の指示《しじ》により、皇道大本《こうどうおほもと》の宣伝使《せんでんし》筧清澄《かけいきよずみ》はカオダイ教《きょう》の聖地《せいち》タイニンを訪問《ほうもん》ファン・コン・タックとあう。教主《きょうしゅ》は「あなたの来《く》ることが神事《しんじ》に出《で》ていたので心待《こころま》ちにしていました」と歓迎《かんげい》される。しかし間《ま》もなく第《だい》二次大本弾圧事件《じおほもとだんあつじけん》（昭和10年12月8日）が起《おこ》り、昭和《しょうわ》30年《ねん》の再交流《さいこうりゅう》まで、20年間《ねんかん》のブランクがある。ベトナムは１８５８年《ねん》以来《いらい》フランスの植民地《しょくみんち》となり、大戦《たいせん》で日本軍《にほんぐん》が占領《せんりょう》。１９４５年《ねん》9月《がつ》ホー・チミンの抗仏解放勢力《こうふつかいほうせいりょく》が、北部《ほくぶ》ハノイで共和国《きょうわこく》を樹立《じゅりつ》、独立戦争後《どくりつせんそうご》の昭和《しょうわ》30（１９５５）年《ねん》、綾部弥勒殿《あやべみろくでん》で「宗教世界会議綾部大会《しゅうきょうせかいかいぎあやべたいかい》」が行《おこな》われ、カオダイ教《きょう》の代表者《だいひょうしゃ》が参《さん》加《か》。翌年出口宇知麿総長《よくねんでぐちうちまろそうちょう》（『大地の母』の著者・出口和明の父）がベトナムを訪問《ほうもん》、やがて南北《なんぼく》に別《わか》れてベトナム戦争《せんそう》が起《おこ》り、米国《べいこく》が参戦《さんせん》するなど、昭和《しょうわ》50（1975）年北《ねんきた》の解放戦線《かいほうせんせん》はサイゴンへ無血入城《むけつにゅうじょう》するまで。戦乱《せんらん》が続《つづ》きカオダイ教信徒《きょうしんと》は大《だい》掃滅《そうめつ》を受《う》けるが、やはり宗教《しゅうきょう》は大切《たいせつ》だと解放後《かいほうご》不死鳥《ふしちょう》の如《ごと》く再建《さいけん》される。

出口《でぐち》王《お》仁《に》三郎《さぶろう》提唱《ていしょう》の「愛善苑《あいぜんえん》」が、訪問交流《ほうもんこうりゅう》したのが平成《へいせい》2年《ねん》になってから。北《きた》ベトナムの獄《ごく》に20年間囚《ねんかんとら》われていたグエン・ギヨク・ホア氏《し》が解放《かいほう》され、出口和明《でぐちやすあき》氏《し》を訪《たず》ねて来《こ》られたのがきっかけでした。ホア氏《し》によると「ベトナムに網《あみ》の目《め》のように道路《どうろ》が出来《でき》ると戦争《せんそう》は終《おわ》る」と神様《かみさま》から知《し》らされていたので、獄中《ごくちゅう》から出《で》るのが近《ちか》いことを感《かん》じていた、とのこと。現在交流《げんざいこうりゅう》は途絶《とだ》えている。

（『神の国』1992・10・11、12月号、『世界更生』1号、2号参照）

第五章　天の目一つの神　世界終焉《しゅうえん》の説話

（ヨハネの黙示録）

◆インドのイルナ国《くに》にある高照山《たかてるやま》の岩窟《がんくつ》に天降《あも》りたる北光彦《きたてるひこ》（＝オリオン星座から天降りになり、玉の井の里にひそむ三大教の宣伝使。神素盞鳴大神から獣類（じゅうるい）の霊を済度（さいど）し、生（せい）を変え人間界に生れ変わるべく恵みを施（ほどこ）せとの命を受けている）の後身《こうしん》で天《あめ》の目一《まひと》つの神司《かむづかさ》は、人間《にんげん》から猛《たけ》き獣族《けもの》まで慈悲慈眼《じひじがん》をもって瑞霊《ずいれい》の御教《みおしえ》（＝万有愛、霊主体従、無抵抗主義、愛善の真理、スサノオの教）、天地《てんち》の神《かみ》の経綸《けいりん》を心《こころ》こめて遠近《おちこち》に宣伝《せんでん》していた。その妻神《つまがみ》を竹野姫《たけのひめ》（＝黄泉比良坂で桃の実と仕えた三女神の一柱）と云《い》い、心《こころ》も直《す》ぐなる神《かみ》、諸《もも》の獣族《けもの》を愛《いっ》くしみ、御教《みおしえ》を体現《たいげん》して夫神《おっとがみ》と共《とも》に人々《ひとびと》に慕《した》われていた。

そこにインドのイルナ国《くに》の城《しろ》から悪臣《あくしん》により追放《ついほう》されていたセーラン王《おう》、その許《いい》嫁《なずけ》のヤスダラ姫《ひめ》やその従臣等《じゅうしんら》、そしてウラル教《きょう》の悪党《あくとう》から改心《かいしん》した竜雲一行《りゅううんいっこう》が岩《がん》窟《くつ》にやって来《き》て、夫婦《ふうふ》はこの珍客達《ちんきゃくら》の来訪《らいほう》を歓迎《かんげい》する。

○

北光《きたてる》の神《かみ》なる天《あめ》の目《ま》一《ひと》つの神《かみ》は白髭《はくぜん》を撫《な》でながら、セーラン王《おう》や那《や》須《す》陀《だ》羅《ら》姫《ひめ》、竜雲《りゅううん》その他《た》を集《あつ》めて、神界《しんかい》の御経綸《ごけいりん》や神示《しんじ》について綿密《めんみつ》なる解釈《かいしゃく》を与《あた》えつゝあった。

セーラン王「昨日《さくじつ》より承《うけたまわ》りました「世界《せかい》の終焉《しゅうえん》」について、今一応《いまいちおう》詳細《しょうさい》なる説《せつ》明《めい》をお願《ねが》い申《もう》しあげたきものでございます。瑞《みづ》の御魂《みたま》の御神示《ごしんじ》の中《なか》に、世《よ》の終《おわ》りの来《き》たる時《とき》は、その日《ひ》の患難《なやみ》の後《のち》、直《ただ》ちに時《とき》は暗《くら》く月《つき》は光《ひかり》を失《うしな》い、星《ほし》は空《そら》より墜《お》ち、天《てん》の勢《いきお》い震《ふる》うべし。その時《とき》、人《ひと》の子《こ》の徴天《しるしてん》にあらわる。また地上《ちじょう》にある諸族《もろもろのもの》は哭《な》き哀《かな》しみ、かつ人《ひと》の子《こ》の権威《けんい》と大《だい》なる栄光《えいこう》とをもって天《てん》の雲《くも》に乗《の》り来《き》たるを見《み》む。又《また》その使《つかい》たちを遣《つか》わし、ラッパの大《だい》なる声《こえ》を出《い》ださしめて、天《てん》の彼《か》の極《きわ》みより此《こ》の極《きわ》みまで、四方《しほう》よりその選《えら》ばれし者《もの》を集《あつ》むべし……。

とあるのは、その言葉《ことば》の通《とお》りに解《かい》すればどんなものでございましょうか、……」

北光神「この予言《よげん》をもって教示《きょうじ》の文字《もじ》通《とお》りに解《かい》するものは可《か》なり沢山《たくさん》あるそうです。是《これ》らの人《ひと》は、日月光《じつげつひかり》を失《うしな》い、星《ほし》は空《そら》より墜《お》ち、主《しゅ》なる神《かみ》の徴天《しるしてん》に現《あら》われ、また雲《くも》の中《なか》よりラッパを持《も》った天子《てんし》は、瑞《みづ》の御魂《みたま》の救世主《きゅうせいしゅ》と共《とも》に、現実的《げんじつてき》に天《てん》より降《くだ》り給《たも》うものと思考《しこう》しているのみならず、見《み》る限《かぎ》りの世界《せかい》はことごとく滅《ほろ》びて、……三五教《あなないきょう》の宣伝使《せんでんし》の中《なか》においても、かくのごとく信《しん》じている人《ひと》があるようです。

かくのごとく信《しん》じている人《ひと》は、神諭《しんゆ》（＝神の御諭し。大本神諭、仏経典、新旧バイブル、コーラン等）の微細《びさい》なるところに至《いた》るまで密意《みつい》の存在《そんざい》しあることを知《し》らないのである。神諭《しんゆ》の裡《うち》には文字《もじ》の如《ごと》く解《かい》すべき自然的世間的《しぜんてきせけんてき》のことではなくして、心霊的《しんれいてき》、神界的《しんかいてき》の秘事《ひじ》を包含《ほうがん》されている。一文一句《いちぶんいっく》のうちにも、いちいち内義《ないぎ》を含《ふく》ましめんために、ことごとく相応《そうおう》の理《り》に由《よ》りて示諭《しゆ》されてある。ゆえに神諭《しんゆ》は、普通《ふつう》の知識《ちしき》や学問《がくもん》の力《ちから》では、とうてい真解《しんかい》されるものではない。是《これ》すなわち神聖《しんせい》なる神諭《しんゆ》たる所以《ゆえん》である。

○

主《しゅ》なる神《かみ》、大空《おおぞら》の雲《くも》に乗《の》りて来《き》たるとの神示《しんじ》もまた内義《ないぎ》に由《よ》って、解釈《かいしゃく》すべきものである。

即《すなわ》ち暗《くら》くならんという日《ひ》は、愛《あい》の方面《ほうめん》より見《み》たる救世主《きゅうせいしゅ》・厳《いづ》の御魂《みたま》を表《あらわ》し、

月《つき》は信《しん》の方面《ほうめん》より見《み》たるは、救世主《きゅうせいしゅ》・瑞《みづ》の御魂《みたま》を表《あらわ》し、

星《ほし》は、善《ぜん》と信《しん》との知識《ちしき》または愛《あい》と信《しん》との知識《ちしき》を表《あらわ》し、

天上《てんじょう》における人《ひと》の子《こ》の徴《しるし》は、神真《しんしん》の顕示《けんじ》を表《あらわ》し、

地上《ちじょう》において哭《な》き哀《かな》しまんという諸族《もろもろのもの》は、真《しん》と善《ぜん》、または信《しん》と愛《あい》とより来《き》たる

万事《ばんじ》を表《あらわ》し、
天《てん》の雲《くも》に乗《の》りて権威《けんい》と栄光《えいこう》とを以《もっ》て主《しゅ》すなわち救世主《きゅうせいしゅ》の来《き》たらんというのは、神《しん》諭《ゆ》の中《なか》に救世主《きゅうせいしゅ》の現存《げんぞん》することを表《あらわ》し、かねてその黙示《もくじ》を表《あらわ》し、
雲《くも》は、神諭《しんゆ》の文字《もじ》に顕《あらわ》れたるを表《あらわ》し、
栄光《えいこう》は、神諭《しんゆ》の内《うち》に潜《ひそ》める意義《いぎ》を表《あらわ》し、
天人《てんにん》のラッパをもちて、大《だい》なる声《こえ》を出《だ》す、というてあるのは、神真《しんしん》の由《よ》りて来《き》たるべき天上界《てんじょうかい》を表《あらわ》したものである。

○

　このゆえに救世主《きゅうせいしゅ》の宣《のたま》える如上《じょじょう》の言葉《ことば》は、何《なん》の意義《いぎ》なるかと言《い》えば、教《おしえ》の聖《せい》場《じょう》の終期《しゅうき》に当《あた》りて、信《しん》と愛《あい》とまた共《とも》に滅《ほろ》ぶる時《とき》、救世主《きゅうせいしゅ》は神諭《しんゆ》の内意《ないい》を啓発《けいはつ》し、

神界《しんかい》の密意《みつい》を現《あら》わし給《たも》うということである。

目下《もっか》のバラモン教徒《きょうと》もウラル教徒《きょうと》もまた三五教徒《あなないきょうと》も、ほとんど全部《ぜんぶ》知《し》るものなしと言《い》って良《よ》いくらいだ。

実《じつ》に宣伝使《せんでんし》の職《しょく》にあるものすら、神諭《しんゆ》のわが解釈《かいしゃく》を否《いな》まんとする者《もの》ばかりだ。

そして彼《かれ》らの多《おお》くは曰《い》う。『何者《なにもの》か、よく神界《しんかい》を探査《たんさ》し来《き》たりて、是《これ》らの事《こと》を語《かた》り得《う》るものぞ』と。かくの如《ごと》き説《せつ》を主張《しゅちょう》する者《もの》、特《とく》に世智《せち》に長《た》けたる人々《ひとびと》の中《うち》に多々《たた》あるを見《み》る。

その害毒《がいどく》の或《あるい》は真率純真《しんそつじゅんしん》の人《ひと》に及《およ》ぼし、遂《つい》にその信仰《しんこう》の壊乱《かいらん》を来《き》たすの恐《おそ》れあるを歎《なげ》き、我《われ》は常《つね》に霊魂《れいこん》を浄《きよ》めて天人《てんにん》と交《まじ》わり、これと相語《あいかた》り合《お》うのである。

天人《てんにん》と言語《げんご》を交換《こうかん》すること、人間界《にんげんかい》と同様《どうよう》に神界《しんかい》より許《ゆる》されて、親《した》しく天界《てんかい》に起《おこ》る諸多《しょた》の事件《じけん》や地獄《じごく》の有様《ありさま》を見《み》ることを許《ゆる》され、神界《しんかい》の真相《しんそう》を天下万民《てんかばんみん》に伝《つた》え示《しめ》し、説《と》き諭《さと》すに努《つと》めているのは、無明《むみょう》の世界《せかい》を照破《しょうは》し、不信《ふしん》の災《わざわ》いを除《のぞ》き去《さ》らんがためである。たとえ神諭《しんゆ》に天地《てんち》が覆《くつがえ》ると示《しめ》してあっても、泥海《どろうみ》になるとあっても、人間《にんげん》が三分《さんぶ》になると示《しめ》されてあっても、目眩《めまい》が来《く》るとあっても、決《けっ》して之《これ》を文字《もじ》そのままに解《かい》するものでない。すべて内義的《ないぎてき》、神界的《しんかいてき》、心霊的《しんれいてき》に解《かい》すべきものである。そうでなくては、かえって天下《てんか》に大《だい》なる害毒《がいどく》を流布《るふ》し、神慮《しんりょ》を悩《なや》ませ奉《たてまつ》ることになるものであることを承知《しょうち》せなくてはならぬと思《おも》う。しかしながら、これは北光《きたてる》一家《いっか》の私言《しげん》だ。脱線《だっせん》しているかも知《し》れぬ、アハヽヽヽ」

セーラン王「御懇篤《ごこんとく》なる御教示《ごきょうじ》を蒙《こうむ》りまして、吾々《われわれ》も漸《ようや》くにして、迷夢《めいむ》を醒《さ》ましました。あゝ惟神霊幸倍坐世《かむながらたまちはえませ》」

と感涙《かんるい》に咽《むせ》ぶ。ヤスダラ姫《ひめ》も竜雲《りゅううん》も、その他《た》一同《いちどう》も息《いき》も継《つ》がず、北光神《きたてるのかみ》の示教《じきょう》を聴聞《ちょうもん》し、感謝《かんしゃ》の涙《なみだ》に暮《く》れつつあった。……。

○

セーラン王《おう》は立上《たちあ》がり銀扇《ぎんせん》を開《ひら》いて、神様《かみさま》に宣伝歌《せんでんか》を奏上《そうじょう》する。

「神《かみ》が表《おもて》に現《あら》はれて　善神邪神《ぜんしんじゃしん》を立別《たてわ》ける　天地《てんち》を造《つく》りし神直日《かむなほひ》　霊魂《みたま》も広《ひろ》き大直日《おほなほひ》　ただ何事《なにごと》も人《ひと》の世《よ》は　神《かみ》の御旨《みむね》に任《まか》すのみ　怪《け》しき卑《いや》しき人《ひと》の身《み》の　いかでか正邪《せいじゃ》を覚《さと》り得《え》む　大黒主《おほくろぬし》（＝バラモン教の大教主。大指導者。誤った思想と行動をとる）の神司《かむつかさ》　八岐大蛇《やまたをろち》の表現《へうげん》と　吾《われ》は心《こころ》に思《おも》へども　尊《たふと》き神《かみ》の摂理《せつり》の下《もと》に　弱《よわ》き身魂《みたま》を救《すく》はむと　邪神《じゃしん》と顕現《けんげん》ましまして　試《ため》させ給《たま》ふも計《はか》られず　他人《ひと》を悪《あ》しと思《おも》はずに　吾《わ》が身《み》の罪《つみ》を省《かへり》みて　日《ひ》に夜《よ》に感謝《かんしゃ》の生活《せいくわつ》を　楽《たの》しむならば天地《あめつち》の　神《かみ》は必《かなら》ず守《まも》るべし　吾《わ》が身《み》の罪悪《つみ》の有様《ありさま》が　写《うつ》り給《たま》ひしものならむ　あゝ惟神《かむながら》　惟神《かむながら》　無抵抗主義《むていかうしゅぎ》の御《み》教《をしへ》に　刃向《はむ》かふ敵《てき》はあらざらめ　あらゆる曲津《まがつ》も醜神《しこがみ》も　大蛇《をろち》もすべて他《た》にあらず　執着心《しふちやくしん》の雲深《くもふか》き、穢《きたな》き身魂《みたま》に憑依《ひょうい》して　吾《わ》が身《み》の罪《つみ》がおのづから　吾《わ》が身《み》を苦《くる》しめ攻《せ》むるなり」（『霊界物語』第42巻　第1章「北光照暗《ほっこうしょうあん》」大正11年1月14日）

◆**世《よ》の終末《しゅうまつ》と立替《たてかえ》**　キリストの本当《ほんとう》の教《おしえ》が伝《つた》わらぬようになった時《とき》、仏法《ぶっぽう》に於《おい》ては釈迦《しゃか》の誠《まこと》の教《おしえ》が伝《つた》わらないようになった時《とき》、それが世《よ》の終《おわ》りである。即《すなわ》ちキリスト精神《せいしん》の滅亡《めつぼう》を意味《いみ》する。この時《とき》にあたり、本当《ほんとう》の耶蘇教《やそきょう》、誠《まこと》の仏法《ぶっぽう》を起《おこ》すのが世《よ》の立替《たてかえ》である。（『水鏡』）

◆**バラモン教《きょう》**　大自在天《だいじざいてん》（＝大国彦。豪勇の神。神典では大国主神。物語では常世神王という）系統《けいとう》が開設《かいせつ》。力主体《つよいもの》の霊《がち》、理性《りせい》を主《しゅ》とする教《おしえ》だから一般人《いっぱんじん》を救《すく》う事《こと》は出来《でき》ない。第《だい》2のウラル教《きょう》とも云《い》い、左手《ひだりて》にコーラン、右手《みぎて》に剣《つるぎ》を持《も》つ。精鋭《せいえい》なる武器《ぶき》、天《あま》の磐船《いわふね》、鳥船《とりふね》を無数《むすう》に

準備《じゅんび》し併呑《へいごう》や侵略《しんりゃく》を唯一《ゆいいつ》とする。専制主義《せんせいしゅぎ》。人間《にんげん》に階級《かいきゅう》をつけて差別《さべつ》する。武力《ぶりょく》をもって治《おさ》めるやりかた。

◆ウラル教《きょう》　体主霊従《われよし》の教《おしえ》。理智《りち》を主《しゅ》とする。盤古大神《ばんこだいじん》（＝塩長彦。伊邪那岐大神の手の股をくぐり、支那（中国）の北方に降臨。温厚無比の正神。人類の祖先神）系統《けいとう》が開設《かいせつ》。左手《ひだりて》に経文《きょうもん》を持《も》ち、右手《みぎて》に剣《つるぎ》を以《もっ》て、武《ぶ》と教《おしえ》を相《あい》兼《かね》ねる。軽生重死《けいせいじゅうし》の教理《きょうり》。

○今《いま》の世《よ》の中《なか》は奸者佞人《かんじゃねいじん》、悪逆無道《あくぎゃくぶどう》を敢行《すいこう》する者《もの》を英雄豪傑《えいゆうごうけつ》、紳士紳商《しんししんしょう》、国民《こくみん》の選良《せんりょう》と持《も》てはやし、現代思潮《げんだいしちょう》の真髄《しんずい》とするのが勇者《ゆうしゃ》だ、覇者《はしゃ》だ。善悪《ぜんあく》というのは時《とき》と所《ところ》と地位《ちい》によって代《かわ》る。人間《にんげん》も肉体《にくたい》のある限《かぎ》り、衣食住《いしょくじゅう》の完全《かんぜん》を望《のぞ》まなければ人生《じんせい》は嘘《うそ》だ。半死人的行為《はんしにんてきこうい》をなすのが至善《しぜん》の道《みち》と迷信《めいしん》している人物《じんぶつ》は、現界《げんかい》に生《せい》存《ぞん》の価値《かち》もない。だから無抵抗主義《むていこうしゅぎ》の人類愛善《じんるいあいぜん》の教《おしえ》の三五教《あなないきょう》や、人間《にんげん》の階級《かいきゅう》を上《じょう》中下《ちゅうげ》三段《だん》に分《わ》ける社会《しゃかい》、矛盾《むじゅん》を平気《へいき》でやっているバラモン教《きょう》は嫌《きら》いだ。

……自由競争《じゆうきょうそう》をもって社会《しゃかい》の原則《げんそく》とする。さすれば力一杯《ちからいっぱい》の大活動《だいかつどう》もすることが出来《でき》る。……盤古神王《ばんこしんおう》は比喩《ひゆ》を作《つく》って、世界万民《せかいばんみん》に知《し》らず知《し》らずに伝《つた》えさせたもうたのである。これほど鬼《おに》　大蛇《おろち》　悪魔《あくま》のはびこる世《よ》の中《なか》に処《しょ》するには、それ以上《いじょう》の強圧力《きょうあつりょく》がなくてはならい。例《たと》え根底《ねそこ》の国《くに》があろうとも、現幽神《げんゆうしん》の三界《さんかい》は盤古神王《ばんこしんおう》の掌握《しょうあく》したもうところ、盤古神王《ばんこしんおう》の御意《ぎょい》に叶《かな》う行動《こうどう》をなす者《もの》が、どうして罪《つみ》になるものか。（ウラル教の竜雲の言）

（『霊界物語』第36巻　第15章「眩代思潮《げんだいしちょう》」大正年11月9月32日略記）

◆**三五教《あなないきょう》**　先《さき》の五大教《ごだいきょう》と三大教《さんだいきょう》を合《あわ》せた伊都能売《いづのめ》（主の神・神素盞鳴大神）の教《おしえ》。感性《かんせい》・感情教《かんじょうきょう》。一切万事《さいばんじ》無抵抗主義《むていこうしゅぎ》を採《と》り四海同胞《しかいどうほう》、博愛慈悲《はくあいじひ》を旗幟《しるし》とするので、草《くさ》の片葉《かたは》に至《いた》るまでその徳《とく》になつかぬものはない。今日《こんにち》のごとく、武力《ぶりょく》と学力《がくりょく》の盛《さか》んな世《よ》の中《なか》に、「慈悲心《じひしん》」のみをもって道《みち》を行《ゆ》くのは、薄弱《はくじゃく》な頼《たよ》りないもののように思《おも》われるがそうではない。最後《さいご》の勝利《しょうり》は、よき感情《かんじょう》すなわち大慈悲心《だいじひしん》、同情心《どうじょうしん》が艮《とどめ》をさす。

霊主体従《れいしゅたいじゅう》を霊《ひ》の本《もと》の身魂《みたま》と言《い》い、一切《さい》天地《てんち》の律法《りっぽう》に適《かな》いた行動《こうどう》を好《この》んで遂行《すいこう》せんとし、常《つね》に天下公共《てんかこうきょう》のために心身《しんしん》をささげ、犠牲的行動《ぎせいてきこうどう》をもって本懐《ほんかい》となし、至真《ししん》、至善《しぜん》、至美《しび》、至直《しちょく》の大精神《だいせいしん》を発揮《はっき》する救世《きゅうせい》の神業《しんぎょう》に奉仕《ほうし》する。

宇宙《うちゅう》一切《さい》は神霊界《しんれいかい》を主《しゅ》とし、物質界《ぶっしつかい》を従《じゅう》にして造《つく》られ生《い》かし育《そだ》てられており、人《ひと》の場合《ばあい》も魂《たましい》が本尊《ほんぞん》であって、肉体《にくたい》はその容器《うつわ》である。従《したが》って、行動《こうどう》の上《うえ》でも、愛《あい》と誠《まこと》を武器《ぶき》に神霊世界《しんれいせかい》および魂《たましい》を主《しゅ》として実行《じっこう》する。………。

第五編　弥勒の世界へ

第一章　黄泉比良坂の大峠を越えて

◆昭和《しょうわ》10（１９３５）年《ねん》12月《がつ》8日《か》　第《だい》2次《じ》大本《おほもと》弾圧《だんあつ》事件《じけん》（治安《ちあん》維持法《いじほう》、不敬罪《ふけいざい》違反《いはん》。昭和《しょうわ》20年《ねん》9月《がつ》8日《か》無罪《むざい》判決《はんけつ》）が勃発《ぼっぱつ》し、綾部《あやべ》亀岡《かめおか》の両聖地《りょうせいち》を破壊《はかい》売却《ばいきゃく》、全国《ぜんこく》の別院《べついん》、本苑《ほんえん》、分苑《ぶんえん》、支部《しぶ》、会合所《かいごうしょ》、個人宅《こじんたく》の私有物《しゆうぶつ》まで砕《くだ》かれ解散《かいさん》を余儀《よぎ》なくされた国家《こっか》の大弾圧《だいだんあつ》。被告68人。拷問《ごうもん》、虐待《ぎゃくたい》、調書《ちょうしょ》偽造《ぎぞう》、警官《けいかん》の偽称《ぎしょう》、検挙者《けんきょしゃ》３０００人《にん》、獄死《ごくし》病死者《びょうししゃ》15名《めい》。海外《かいがい》にも弾圧《だんあつ》の手《て》は伸《の》び、当時《とうじ》の樺太《からふと》、台湾《たいわん》、国後島《くなしりとう》、南洋諸《なんようしょ》島《とう》、朝鮮《ちょうせん》、満州《まんしゅう》、中国《ちゅうごく》での幹部《かんぶ》検挙《けんきょ》、施設《しせつ》の破壊《はかい》が行《おこな》われた。

この弾圧《だんあつ》事件《じけん》から人類《じんるい》の贖《あがな》い主《ぬし》・出口《でぐち》王仁三郎《おにさぶろう》聖師《せいし》は、星坐《ほしくら》より２４３５日後《にちご》（6年《ねん》8ケ月《げつ》）の昭和《しょうわ》17（１９４２）年《ねん》8月《がつ》7日《か》、ここ中矢田町《なかやだちょう》岸《きし》ノ上《うえ》に未決《みけつ》から帰《かえ》られると「ワシが出《で》て来《き》たから日本《にほん》は負《ま》け始《はじ》めじゃ」と呟《つぶや》かれたとか。丁度《ちょうど》日本《にほん》がガダルカナルのソロモン島海戦《とうかいせん》からソロリ〱負《ま》け始《はじ》めた当日《とうじつ》で、それより小磯《こいそ》（内閣）ついに連戦連敗《れんせんれんぱい》、3年後《ねんご》の昭和《しょうわ》20年《ねん》8月《がつ》15日《にち》、日本《にほん》は敗戦《はいせん》を迎《むか》えます。

◆狭《せま》い〱オリオンの星座《せいざ》から出《で》られた出口聖師《でぐちせいし》はこれ以上長引《いじょうながび》くと命《いのち》が危《あぶ》ないというところまで衰弱《すいじゃく》され、歩行《ほこう》も困難《こんなん》であられたとか。それでも「中矢田理想《なかやだりそう》農園《のうえん》」では、当局《とうきょく》の監視《かんし》の目《め》が光《ひか》る中《なか》、渾身《こんしん》の力《ちから》を奮《ふる》って沢山《たくさん》の短冊《たんざく》を染筆《せんぴつ》される。その中《なか》の一冊《さつ》に『よもつひらさかのうた』と題《だい》して、出所《しゅっしょ》の年《とし》の「昭和《しょうわ》17年《ねん》12月《がつ》　出口王仁三郎《でぐちおにさぶろう》　72歳《さい》　歌及《うたおよ》び書筆《しょひつ》　出口新衛所有《でぐちしんえいしょゆう》」と染筆《せんぴつ》された変体仮名《へんたいかな》の「短冊帳《たんざくちょう》」（和歌56首）が出口新衛家《でぐちしんえいけ》に遺品《いひん》として残《のこ》されていた。

よもつひらさかのうた

○億万年《おくまんねん》神代《かみよ》の昔《むかし》にさかのぼり　神《かみ》の力《ちから》のまことをしるさむ　王仁

○七十《しちじゅう》の坂《さか》三っつ越《こ》えし吾《われ》にして　心《こころ》は春《はる》の若草《わかくさ》ともゆ　王仁

○千代《ちよ》までも契《ちぎ》る言葉《ことば》も口《くち》こもる　鴛鴦《おし》の衾《ふすま》の新枕《にひまくら》かな　出口王仁

○なみの愛大空《あいおほぞら》のゆめ地《ち》のゆめ　いまやうつつにあらはれにけり　王仁

○あし別《べつ》の山《やま》は愛《いと》しも勇《いさ》ましも　神代《かみよ》ながらの装《よそほ》いにして　王仁

○わが夢《ゆめ》に宵《よひ》の明星《みやうじやう》輝《かがや》きて　天地《てんち》は真昼《まひる》の光《ひか》るなりけ里《り》　すみ

○自由《じいう》なる身《み》にて屋敷《やしき》のもみぢ葉《ば》を　ふみしめ遊《あそ》ぶ今日《けふ》のうれしき　すみ

○いと狭《せま》き星坐《ほしくら》に四年《とせ》をすごしけり　おなじ苦《くる》しき若者《わかうど》を思《おも》う　すみ

○孫《まご》たちの泥池《どろいけ》におりてタニシとる　このうつし絵《え》を永久《とは》にのこさな　すみ

○今日《けふ》の日《ひ》は明日《あす》のすくせは如何《いか》にぞと　昼夜《ちうや》わすれぬ友《とも》の身《み》のうへ　すみ

○人《ひと》の世《よ》は一足《ひとあし》ひと泣《な》き天《あま》津《つ》国《くに》に　上《のぼ》り下《くだ》りの旅《たび》の道《みち》しば　すみ

○金銀《きんぎん》はあめよりふらず地《ち》よりわく　鍬《くは》と汗《あせ》との土《つち》の中《なか》より　すみ

○懐《なつ》かしき松江《まつえ》の城《しろ》や赤山《あかやま》の　教《おし》え子《ご》しのびて四年《よとせ》をへにけり　すみ

○安《やす》らかなる夫《つま》の寝姿《ねすがた》高《たか》いびき　夢《ゆめ》ならぬかとおきつなかめつ　すみ

○厳《いか》めしき星坐《ほしくら》の庭《には》の花《はな》をきそい　争《あらそ》うさまを見《み》るはおかしき　すみ

○学《がく》は知恵《ちえ》ちえの奥《おく》にはおくがある　奥《おく》のおくおく奥《おく》が神《かみ》なり　すみ

○現世《うつしよ》に曲《まが》のおたけび強《つよ》くとも　まことの教《のり》に言向和《ことむけや》はさん　すみ

○玉《たま》の汗水《あせみづ》におとして鍬《くは》をとる　秋《あき》の垂穂《たりほ》の実《みの》りをこがれつ　すみ

○目《め》をむく子《こ》泣《な》く子《こ》笑《わら》う子《こ》しこふむ子《こ》　歌《うた》う子《こ》踊《おど》る子《こ》眠《ねむ》る子《こ》めぐしき　すみ

○日《ひ》の恵《めぐ》み知《し》らざる人《ひと》はなけれども　月《つき》の恩《おん》知《し》る者《もの》はまれなり　すみ

○地《ち》の上《うへ》のはての果《は》てまで日《ひ》の本《もと》の　おのが大岐美《おほきみ》の御代《みよ》となるらん　すみ

○機道具《はたどうぐ》は四十八色《いろ》ありと聞《き》く　一つ欠《か》くとも機《はた》は織《お》れなく　すみ

○種《たね》まけど石《いし》の上《うへ》には芽《め》は萌《も》えじ　月日《つきひ》と土《つち》のめぐみなりけり　すみ

○勝鬨《かちどき》の声勇《こゑいさ》ましき初日《はつひ》の出《で》　月《つき》の国《くに》まで輝《かがよ》う御代《みよ》かな　すみ

○寒菊《かんぎく》も嫁入《よめい》りすかたの綿帽子《わたぼうし》　溶《と》けてゆかしき今日《けふ》の初雪《はつゆき》　すみ

○子《こ》も孫《まご》もみな集《つど》ひきて笑《わら》ひ遊《あそ》ぶ　これ天国《てんごく》の姿《すがた》なるらん　すみ

○（扇面《せんめん》の絵《え》を見《み》て）
初春《はつはる》の鶴《つる》の巣《す》こもりありきお松《まつ》　これぞ昭和《せうわ》のすがたなるらん　すみ

○むつみあいていつも青々松《あをあをまつ》ごころ　上《のぼ》り下《くだ》りも岐美《きみ》と離《はな》れじ　すみ

○はゝそはの初《はつ》のはらめるみづ子《こ》さへも　月《つき》のみつれは開《ひら》くいわやと　すみ

○（一休僧《いっきゅうそう》をよみて）

なんのそのまけてなろうか一休《いっきゅう》に　悟《さと》りてみれば同《おな》じ神《かみ》の子《こ》　すみ

○春雨《はるさめ》の空《そら》よりふりくる白雪《しらゆき》も　溶《と》けて谷間《たにま》の流《ながれ》にまじこる　すみ

○夜《よ》もすがら蚤《のみ》に攻《せ》められ蚊《か》にすはれ　ひとしほ苦《くる》しき星坐《ほしくら》の内《うち》かな　すみ

○天《あめ》の恩《おん》知《し》るものはあれど土《つち》の恩《おん》を　さとらず暮《く》らす人《ひと》のさまなる　すみ

○小夜《さよ》深《ふか》みわが窓《まど》の上《へ》の月《つき》きよみ　御空豊《みそらゆた》かにはたらふ夢《ゆめ》みし　すみ

○ありがたや今孫《いままご》まごに囲《かこ》まれて　過《す》ぎし獄《ひとや》のさましのぶなり　すみ

○懐《なつ》かしき教《をしへ》の友《とも》とめぐり合《あ》いて　かたもまれつゝ八年《やとせ》をかこらふ　すみ

○禍《わざはひ》の多《おほ》き浮世《うきよ》と知《し》りながら　たまには口《くち》と溜息《ためいき》つくなり　すみ

○八力《はちりき》の神《かみ》は鉢伏山々《はちふせやまやま》に　しのびて時《とき》を待《ま》ちたもうなり　すみこ

○天《あめ》が下片手《したかたて》に握《にぎ》りし蛇《じゃ》の目《め》傘《がさ》の　この正夢《まさゆめ》をいつかとくべき　すみ

○（ある人《ひと》よりかちぐりをもらひて）

五十六の二月《ぐわつ》五日《か》の今日《けふ》の日《ひ》を　わすれざらましいきの限《かぎ》りを　すみ

○厳《いか》めしき星坐《ほしくら》の庭《には》の梅《うめ》の花《はな》の　かほりゆかしくわれをなぐさむ　すみ

○二代《だい》には重《おも》き任務《にんむ》のありといふ　神《かみ》の御《み》のりを今《いま》やさとりぬ　すみ

○おやの親《おや》おやおやおやの親《おや》の親《おや》を　問《と》へば天地《てんち》ぞ火《ひ》なる水《みづ》なる　すみ

○夢《ゆめ》に見《み》し瑞《みづ》の御魂《おんたま》かねのつる　すえひろまつり朝《あさ》日《ひ》輝《かが》よう　すみ

○みやこ路《ぢ》の坂《さか》はやさしからんと思《おも》ひしを　おもひのほかにきつくかむなり　すみ

○一粒《つぶ》の種《たね》をおろせば千万《ちよろづ》に　みのるも神《かみ》の恵《めぐ》みなりけり　すみ

○神《かみ》と仏《ほとけ》は別《べつ》のものかと思《おも》ひしに　さとりてみれば同《おな》じ一みち　すみ

○人《ひと》は皆土《みなつち》より出《いで》て土《つち》に生《い》き　土《つち》の恩《おん》うけ土《つち》にかくるゝ　すみ

○かねてよりかくと覚悟《かくご》はしながらも　折々《をりをり》くちのこまかとふなり　すみ

○田人《たびと》らの命《いのち》の親《おや》の米作《こめつく》るを　かわず切《き》りとは誰《だれ》が名付《なづ》けたる　すみ

○厳《いか》めしき星坐《ほしくら》の庭《には》の八重桜《やへざくら》　四《よ》度《たび》眺《なが》むる春《はる》のさみしさ　すみ

○せせらぎの音懐《おとなつ》かしも五十年《いそとせ》の　母《はは》にいだかれいやさる夜半《よは》を　すみ

○うつし世《よ》の人《ひと》の心《こころ》は変《か》わり行《ゆ》けど　神《かみ》の慈愛《じあい》は永久《とは》にうごかじ　すみ

○（便器枕《べんきまくら》べにあれば）
黄金《こがね》なす水《みづ》はわくなり金《きん》のたま　わが枕《まくら》べにウンは放《はな》れし　すみ

○相生《あひおひ》の松《まつ》や目出度《めでた》き尉《じょう》と姥《うば》の　齢《よはひ》をたまへ天津日《あまつひ》の神《かみ》　すみ

○経緯《たてよこ》の神《かみ》のしぐみは機《はた》の道《みち》　うたれたゝかれ錦《にしき》織《お》るなり　すみ

（以上　短冊56枚也　すみとあるも聖師の代筆也）

◆獄舎オリオン星座の歌が『朝嵐』〔回顧歌〕（昭和17年揮毫）に１６００首あります。ご参照下さい。

第二章　言霊《ことたま》の光《ひかり》

抑《そもそも》紫微《しび》の天界《てんかい》はスの言霊《ことたま》の水火《いき》によりて鳴《な》り出《い》でませるが故《ゆえ》に、天地万有一切《てんちばんゆういっさい》のものいずれも稚々《わかわか》しく、柔《やわ》らく、現在《げんざい》の地球《ちきゅう》の如《ごと》く山川草木修理固成《さんせんそうもくしゅうりこせい》の域《いき》に達《たつ》し居《お》らず、神《かみ》また幽《ゆう》の幽《ゆう》にましまし、意志想念《いしそうねん》の世界《せかい》なれば、到底現代人《とうていげんだいじん》の想像《そうぞう》も及《およ》ばざる程《ほど》なり。清軽《せいけい》なるものは高《たか》く昇《のぼ》りて天《てん》となり、重濁《じゅうだく》なるものは降《くだ》りて地《ち》となる。これの真理《しんり》によりて紫微天界《しびてんかい》は五十六億七千万年《ごじゅうろくおくしちせんまんねん》の後《のち》、修理固成《しゅうりこせい》の神業完成《しんぎょうかんせい》すると共《とも》に、其重量《そのじゅうりょう》を増《ま》し、次第々々《しだいしだい》に位置《いち》を大空中《たいくうちゅう》の低処《ていしょ》に変《へん》ずるに至《いた》りたれば、我地球《わがちきゅう》こそ、紫微天界《しびてんかい》のやゝ完成《かんせい》したるものと知《し》るべし。

紫微天界《しびてんかい》に於《お》ける数万丈《すうまんじょう》の山岳《さんがく》と雖《いえど》も殆《ほとん》ど気体《きたい》なれば、柔《やわ》らかく膨《ふく》れあがり、伸《の》びひろごりたるもの、次第々々《しだいしだい》に収縮作用《しゅうしゅくさよう》を起《おこ》し、最高二万数千尺《さいこうにまんすうせんじゃく》の山岳《さんがく》を止《とど》むるに至《いた》りたるなり。紫微天界《しびてんかい》に於《お》ける国土生《くにう》み、神生《かみう》みの神業《みわざ》も、この柔《やわ》らかき一切《いっさい》の気体界《きたいかい》を物質界《ぶっしつかい》に修理固成《しゅうりこせい》する迄《まで》の年処《ねんしょ》は、五十六億七千万年《ごじゅうろくおくしちせんまんねん》の久《ひさ》しきを経《へ》たるなり。故《ゆえ》に紫微天界《しびてんかい》の神々《かみがみ》の御活動《ごかつどう》は、無始《むし》より無終《むしゅう》に連続《れんぞく》して止《や》む時《とき》なし。故《ゆえ》に神代《かみよ》に於《お》ける愛《あい》の情動《じょうどう》も、亦現代人《またげんだいじん》の如《ごと》く濃厚執拗《のうこうしつよう》ならず、時《じ》、処《しょ》、位《い》に応《おう》じて愛《あい》の情動起《じょうどうおこ》り、忽《たちま》ち消散《しょうさん》して後《あと》なき極《きわ》めて淡泊《たんぱく》なる情動《じょうどう》なりしなり。併《しか》しながら世《よ》の次《つ》ぎ〱下《くだ》るに従《したが》いて、山川草木其《さんせんそうもくそ》の硬度《こうど》を増《ま》し、人情又濃厚執拗《にんじょうまたのうこうしつよう》となりて、遂《つい》には愛恋《あいれん》の乱《みだ》れ、争闘《そうとう》を起《おこ》すに至《いた》れるも自然《しぜん》の結果止《けっかや》むを得《え》ざる事《こと》と言《い》うべし。故《ゆえ》に主《ス》の大神《おほかみ》は紫微天界《しびてんかい》の最初《さいしょ》にあたり、天之道立《あめのみちたつ》の神《かみ》をして、世《よ》の混乱《こんらん》を防《ふせ》ぐべく、天津真言《あまつまこと》の道《みち》を天地万有《てんちばんゆう》に永遠無窮《えいえんむきゅう》に教《おし》え導《みちび》き給《たま》い、乱《みだ》れゆく世《よ》を建正《けんせい》すべく経綸《けいりん》されたるは深《ふか》き神慮《しんりょ》のおわします事《こと》なり。

○

紫微天界《しびてんかい》に於《お》ける山川大地《さんせんだいち》は、浮脂《うきあぶら》のごとく漂《ただよ》えるを以《もっ》て、現代人《げんだいじん》の如《ごと》き重濁《じゅうだく》なる身《み》をもっては、殆《ほと》んど空中《くうちゅう》を行《ゆ》く如《ごと》く、水上《すいじょう》を歩《あゆ》むが如《ごと》く、如何《いかん》ともすべからざれども、神代《かみよ》の神人《しんじん》は気体《きたい》にましませば、浮脂《うきあぶら》のごとき柔《やわ》らかき地上《ちじょう》を歩《あゆ》みて何《なん》の支障《ししょう》なく、恰《あたか》も現代人《げんだいじん》の現界地上《げんかいちじょう》を歩《あゆ》むと異《こと》なるところなきなり。国土《くに》の修理《しゅうり》固成《こせい》なりて硬度《こうど》を増《ま》すに従《したが》い、神々《かみがみ》も亦体重《またたいじゅう》を増加《ぞうか》し、遂《つい》には人《ひと》となりて地上《ちじょう》に安住《あんじゅう》するに至《いた》りたるなり。我地球《わがちきゅう》の今日《こんにち》の如《ごと》く確固不動《かくこふどう》に修理固成《しゅうりこせい》さるゝまでは、五十六億七千万年《ごじゅうろくおくしちせんまんねん》の年処《ねんしょ》を経《へ》たるを思《おも》えば、神界《しんかい》の経綸《けいりん》の幽遠《ゆうえん》なるに畏敬《いけい》の念《ねん》をはらわざるべからざるなり。

○

斯《か》くの如《ごと》く主《ス》の大神《おほかみ》を初《はじ》め、種々《しゅじゅ》の神等《かみたち》の努力《どりょく》の結果完成《けっかかんせい》したる地上《ちじょう》に人《ひと》と生《うま》れ、安住《あんじゅう》せしめらるゝ其広慈大徳《そのこうじだいとく》は到底筆紙《とうていひっし》に尽《つく》すべき限《かぎ》りに非《あら》ず。況《いわ》んや全地《ぜんち》の中心《ちゅうしん》にして四季《しき》の順序調和《じゅんじょちょうわ》したる中津国《なかつくに》に生《せい》を享《う》けたる人生《じんせい》に於《おい》てをや。我々《われわれ》は主《ス》の大神《おほかみ》の住《すま》わせ給《たま》いし紫微天界《しびてんかい》の完成期《かんせいき》に近《ちか》づける地球《ちきゅう》の中心葦原《ちゅうしんあしはら》の中津国《なかつくに》なる日《ひ》の本《もと》に生《うま》れ、万世一系《ばんせいいっけい》の皇神国《すめらみくに》の天皇《すめらぎ》に仕《つか》えまつりて、神《かみ》の宮居《みやい》となり、神《かみ》の子《こ》となりて仕《つか》えまつる幸福《こうふく》は、三千大千世界《さんぜんだいせんせかい》の宇宙《うちゅう》の世界中《せかいじゅう》到底《とうてい》求《もと》め得《う》べからざる仁恵《じんけい》に浴《よく》せるものと知《し》るべし。故《ゆえ》に我皇神国《わがすめらみくに》に生《うま》れたる大御民《おほみたから》は、海外《かいがい》の諸国《しょこく》に比《ひ》して特《とく》に敬神尊皇報国《けいしんそんのうほうこく》の至誠《しせい》を披瀝《ひれき》し、其大慈洪徳《そのだいじこうとく》に報《むく》いまつらずむばあるべからず。紫微天界《しびてんかい》の完成《かんせい》したる神国《みくに》なるが故《ゆえ》に、我国《わがくに》を皇神国《すめらみくに》と称《とな》え、其《そ》の君《きみ》を天皇《すめらぎ》と申《まを》し奉《たてまつ》るなり。

○

ためしなき此神国《このかみくに》に人《ひと》と生《うま》れ　清《きよ》き身魂《みたま》を濁《にご》すべきかは

久方《ひさかた》の天津皇国《あまつみくに》を生《う》みませし　神《かみ》の御稜威《みいづ》を夢《ゆめ》な忘《わす》れそ

言霊《ことたま》の水火《いき》は次《つ》ぎ〳〵固《かた》まりて　この美《うるは》しき天地《あめつち》は成《な》れり

智者学者《ものしりびと》数多《あまた》あれども天界《かみくに》の　なり出《い》で初《そ》めたる真相《まこと》を知《し》らずも

主《ス》の神《かみ》の恵思《めぐみおも》へば地《ち》の上《うへ》に　住《す》むもつゝしみの心《こころ》湧《わ》くなり

神々《かみがみ》の恵《めぐみ》も知《し》らず世《よ》の中《なか》を　はかなみ思《おも》ふ愚《おろ》かなる人《ひと》よ

愛善《あいぜん》の光《ひかり》にみつる神《かみ》の国《くに》を　火宅《くわたく》とをしへし曲津《まがつ》の教《のり》かな

現世《うつしよ》も亦幽界《またかくりよ》も主《ス》の神《かみ》の　領有《うしは》ぎたまふ国土《くに》と知《し》らずや

久方《ひさかた》の天《あめ》より降《くだ》りて中津国《なかつくに》を　永久《とは》に知召《しろしめ》す主《ス》の神《かみ》の御子《みこ》よ

葦原《あしはら》の国《くに》なり出《い》でし遠因《ゑんゐん》を　思《おも》ひて敬神尊皇《けいしんそんのう》に尽《つく》せよ

言霊《ことたま》の生《い》ける活用白雲《はたらきしらくも》の　空《そら》に迷《まよ》へる学者《ものしり》あはれ

もろ〳〵の学《まな》びあれども言霊《ことたま》の　真言《まこと》の学《まな》び悟《さと》れるはなし

世《よ》の中《なか》に学《まな》びは数多《あまた》ありながら　学王学《がくわうがく》の言霊《ことたま》知《し》らずも

言霊《ことたま》の学《まな》びは総《すべ》ての基《もとゐ》なり　其他《そのた》の学《まな》びは末《すゑ》なりにけり

根本《こんぽん》を悟《さと》らず末《すゑ》の学《まな》びのみ　栄《さか》ゆる此世《このよ》は禍《わざはひ》なるかな

世《よ》の中《なか》の一切万事《いっさいばんじ》は言霊《ことたま》の　光《ひかり》によりて解決《かいけつ》するなり

言霊《ことたま》の真言《まこと》の道《みち》を知《し》らずして　此神国《このかみくに》の治《をさ》まるべきやは

吾《われ》は今神《いまかみ》の依《よ》さしの言霊《ことたま》の　学《まな》びに真道《まみち》を説《と》かむとするなり

皇神国《すめらみくに》の大本《たいほん》を知《し》るは言霊《ことたま》の　生《い》ける学《まな》びによるの外《ほか》なし

（『天称地瑞』第75巻　第2章「言霊の光」昭和8年11月3日　旧9月16日）

皇道の神政策

救済策《きゅうさいさく》の第一歩《だいいっぽ》は、現代《げんだい》の「金銀為本《きんぎんいほん》」の国家経綸策《こっかけいりんさく》を根本《こんぽん》より改《あらた》め、「御稜《みい》威《づ》」を本《もと》とする国家経綸《こっかけいりん》を行《おこな》うことである。即《すなわ》ち「皇道経済《こうどうけいざい》」を先《ま》ず運用《うんよう》すべきであるが、現代《げんだい》の為政者等《いせいしゃら》には到底出来《とうていでき》そうもなく、具体的《ぐたいてき》に示《しめ》せば狂人《きょうじん》に正宗《まさむね》の名《めい》刀《とう》を持《も》たす様《よう》な結果《けっか》になるから、今しばらく、その運用《うんよう》の具体的方策《ぐたいてきほうさく》については述《の》べないことにする。

私《わたし》は徒《いたずら》に大言壮語《たいげんそうご》するものでもなく、独断《どくだん》の放言《ほうげん》でも無《な》い。私《わたし》には皇道経済《こうどうけいざい》による現社会《げんしゃかい》の救済具体案《きゅうさいぐたいあん》が完全《かんぜん》に出来上《できあが》って居《お》り、既《すで》にその試験的工作《しけんてきこうさく》は終《お》っているのである。前《まえ》にも述《の》べた如《ごと》く、皇道経済《こうどうけいざい》によれば、富士山《ふじさん》を崩《くず》して太平洋《たいへいよう》を埋《う》める様《よう》なことをしなくとも、富士山《ふじさん》も太平洋《たいへいよう》もその儘《まま》にしておいて――言葉《ことば》を換《か》えて云《い》えば、上層階級《じょうそうかいきゅう》も下層階級《かそうかいきゅう》も、北海道《ほっかいどう》の人《ひと》も台湾《たいわん》の人《ひと》も、インテリもルンペンも皆《みな》一様《よう》に喜《よろこ》んで、一人《ひとり》も不足《ふそく》を云《い》う者《もの》はなく、恵良々々《えらえら》に歓《えら》ぎ賑《にぎ》わい、永遠《えいえん》に栄《さか》え行《ゆ》く大神策《だいしんさく》である。而《しか》も明日《あす》からでも直《ただ》ちに実行出来得《じっこうできう》る国家《こっか》の大経綸策《だいけいりんさく》なのである。

（『惟神の道』）

◎補足事項

一、盤古大神と大自在天

『霊界物語《れいかいものがたり》』の初《はじ》めに国治立命《くにはるたちのみこと》（＝国祖・艮の金神）、盤古大神《ばんこだいじん》、大自在天《だいじざいてん》の各派《かくは》が、三《み》つ巴《どもえ》となって争《あらそ》うことが口述《こうじゅつ》され、その盤古大神《ばんこだいじん》および大自在天《だいじざいてん》の説明《せつめい》について、

○

盤古大神《ばんこだいじん》、盤古神王《ばんこしんおう》、また盤古真王《ばんこしんおう》というのは、平田篤胤《ひらたあつたね》の『赤県太古伝成分《もろこしたいこでんせいぶん》』という著書《ちょしょ》の「盤古神王記《ばんこしんおうき》」に、

「古昔天地未《こせきてんちいま》だ分《わ》かれず、混沌《こんとん》として鶏子《けいし》の如《ごと》し、盤古氏《ばんこし》そこに生《しょう》ず。九万《まん》八千《せん》歳《さい》にして天地開闢《てんちかいびゃく》せり。清軽《せいけい》のものは上《あ》がって天《てん》となり、濁重《だくじゅう》のものは下《さが》って地《ち》と

なる。盤《ばん》古《こ》その中《なか》に在《あ》り、一日《にち》に九変《へん》して、天《てん》においては神《かみ》に、地《ち》においては聖《せい》なり。天《てん》日《ひ》に高《たか》きこと一丈《いちじょう》、地《ち》日《ひ》に厚《あつ》きこと一丈《いちじょう》、盤《ばん》古《こ》日《ひ》に長《ちょう》ずること一丈《いちじょう》、かくの如《ごと》き九万《まん》八千歳《せんさい》、天極《てんきわ》めて高《たか》く、地極《ちきわ》めて深《ふか》く、盤《ばん》古《こ》極《きわ》めて長《ちょう》ぜり。数《すう》は一《いち》に起《お》こりて三に立《た》ち、五において成《な》り、七において盛《さか》りに、九において処《しょ》す。

盤《ばん》古《こ》氏《し》夫妻《ふさい》は陰陽《いんよう》の始《はじ》めなり。大荒《だいこう》に生《しょう》じてその初《はじ》めを知《し》ることなし。蓋《けだ》し陶鎔《とうよう》（＝地球の太初、形成期）造化《ぞうか》の主《しゅ》にして、天地《てんち》万物《ばんぶつ》の祖《そ》なり。すなわち元始天王《げんしてんおう》、大元聖母《たいげんせいぼ》はこれなり。盤《ばん》古《こ》氏《し》の後《のち》に★**三皇**《さんこう》あり、これ「天地人《てんちじん》」の始《はじ》めなり」

とあるごとく、「支那《しな》」の人民《じんみん》が「天王聖母《てんおうせいぼ》」として尊崇《そんすう》するところのものが「盤《ばん》古《こ》大神《だいじん》」であります。

そうして盤《ばん》古《こ》大神《だいじん》は体主霊従《たいしゅれいじゅう》（われよし）で、国常立命《くにとこたちのみこと》は霊主体従《れいしゅたいじゅう》（ひのもと）

であります。しかし物語《ものがたり》には神命《しんめい》を国治立命《くにはるたちのみこと》と申《もう》しあげております。

○

つぎに大自在天《だいじざいてん》は、力主体霊《りきしゅたいれい》（つよいものがち）であって、仏典《ぶってん》によると婆羅門《ばらもん》教徒《きょうと》は、この神《かみ》は世界万物《せかいばんぶつ》の造物主《ぞうぶつしゅ》であり、また世界《せかい》の本体《ほんたい》であり、この神《かみ》の支配《しはい》のままに吾人《ごじん》苦楽《くらく》の果報《かほう》が割《わ》り当《あ》てられるのであると云《い》って、あらん限《かぎ》りの崇拝《すうはい》の的《まと》としている。ところが仏教《ぶっきょう》が起《お》こってから後《のち》というのは、大自在天神《だいじざいてんじん》と命名《めいめい》されて、ようやく大六天《だいろくてん》の統治者《とうちしゃ》として、きわめて平凡《へいぼん》な取扱《とりあつか》いを受《う》けるものとなったのです。

○

次《つぎ》に「常世《とこよ》の国《くに》」について、一言《げん》すると『稽古要略《けいこようりゃく》』という書物《しょもつ》に、

「少彦名神《すくなひこなのかみ》、粟茎《あわくき》（=あわがら）に乗《の》りて、常世《とこよ》の国《くに》に渡《わた》りき。按《あん》ずるに常世《とこよ》の国《くに》とは本神仙《ほんしんせん》の幽境《ゆうきょう》をいう。因《よ》って海外《かいがい》の絶域《ぜついき》、人到《ひといた》り易《やす》からざる地《ち》を称《しょう》す」とありますから、日本《にほん》からいえば海外《かいがい》の絶域《ぜついき》であるアメリカは常世《とこよ》の国《くに》となりますが、アメリカからいえば日本《にほん》が常世《とこよ》の国《くに》となる。故《ゆえ》に『霊界物語《れいかいものがたり》』と古文書《こぶんしょ》と比《ひ》較研究《かくけんきゅう》して見《み》る事《こと》が肝要《かんよう》だと思《おも》います。

（『霊界物語』第3巻「あとがき」大正11年1月29日　王仁識）

◆三皇《さんこう》　中国《ちゅうごく》の古文献《こぶんけん》に「三皇五帝《さんこうごてい》」の皇帝伝説《こうていでんせつ》があり、夏王朝《かおうちょう》の前《まえ》に活躍《かつやく》された聖王《せいおう》とされる。『出口王仁三郎全集《でぐちおにさぶろうぜんしゅう》』第《だい》五巻《かん》「謡曲言霊解《ようきょくことたまかい》・西王母《せいおうぼ》」に、「三皇五帝《さんこうごてい》とは、支那《しな》の伏義《ふくぎ》や神農《しんのう》、黄帝《こうてい》の三時代《じだい》と、少昊《しょうこう》、顓頊《せんぎょく》、帝嚳《ていこく》、尭《ぎょう》、舜《しゅん》の五代《だい》にして実《じつ》に天下泰平《てんかたいへい》に治《おさ》まった太古《たいこ》の世《よ》のことである。我《わ》が神典《しんてん》の示《しめ》し給《たも》うところに依《よ》れば、天之御中主神《あめのみなかぬしのかみ》、高皇産霊神《たかみむすびのかみ》、神皇産神《かむみむすびのかみ》の造化三神《ぞうかさんしん》を三皇《さんこう》といい、これに葦芽彦遅神《あしがいひこじのかみ》、天之常立神《あめのとこたちのかみ》を合《あ》わせて五帝《ごてい》という。……西王母《せいおうぼ》とは、月《つき》の大神《おほかみ》・変性女子《へんじょうにょし》の大活動《だいかつどう》のこと」と記《しる》される。

○

インドの種姓《しゅせい》は、刹帝利《せっていり》、婆羅門《バラモン》、毘舎《びしゃ》、首陀《しゅだ》四姓《ししょう》の外《ほか》にまだ幾種《いくしゅ》の姓《せい》もあった。婆羅門種《バラモンしゅ》、大婆羅門《だいバラモン》とは豪族《ごうぞく》にして勢力《せいりょく》あるものの謂《い》いである。これを特《とく》に清貴《せいき》と称《とな》え、天地《てんち》を創造《そうぞう》せる大梵天王《だいぼんてんおう》の子《こ》、梵天《ぼんてん》の苗胤《びょういん》にて、世々《よよ》その称《しょう》を襲《おそ》うている。

義浄三蔵《ぎじょうさんぞう》が『寄帰内法伝《ききないほうでん》』（＝インドに渡った中国の唐代の僧。全4巻。インドおよび東南アジア諸国の旅行記）に曰《い》う……婆羅門《バラモン》という語《ご》は、梵天《ぼんてん》の梵《ぼん》と同語《どうご》なるがゆえに、貴勝《きしょう》と称《たた》えられたのである。インドとは月《つき》の意義《いぎ》であるが、インド全体《ぜんたい》を通《つう》じて月《つき》とはいわず、婆羅門国《バラモンこく》と謂《い》っていた。婆羅門教徒《バラモンきょうと》の主唱《しゅしょう》するところによると、「大虚空上《だいこくうじょう》に、大梵天《だいぼんてん》、梵自在天《ぼんじざいてん》、大自《だいじ》在天《ざいてん》とも称《たた》える無始無終《むしむしゅう》の天界《てんかい》あって、その天界《てんかい》には大梵王《だいぼんおう》とも那羅延天《ならえんてん》とも摩首《ましゅ》羅天《らてん》とも称《しょう》する大主宰《だいしゅさい》の天神《てんじん》があって、これも無始無終《むしむしゅう》の神様《かみさま》なるがゆえに、無《む》より有《ゆう》を出生《しゅっしょう》せしめてこの天地《てんち》を創造《そうぞう》し、人種《じんしゅ》、森羅万象一切《しんらばんしょういっさい》の祖神《そしん》である」と語《かた》り伝《つた》えてきた。……

また曰《い》う、「あらゆる一切《いっさい》の命非命《めいひめい》は、みな大自在天《だいじざいてん》より生《しょう》じ、また自在天《じざいてん》に従《したが》い滅亡《めつぼう》す。自在天《じざいてん》の身体《からだ》は、頭《あたま》は虚空《きょくう》、眼《め》は月日《つきひ》、地《ち》は肉体《にくたい》、河海《かかい》の水《みず》は尿《にょう》、山岳《さんがく》は尿《にょう》の固《かた》まったもの、火《ひ》は熱《ねつ》または体温《たいおん》、風《かぜ》は生命《せいめい》、一切《いっさい》の蒼生《そうせい》は、自在天《じざいてん》が肉身《にくしん》の虫《むし》である。自在天《じざいてん》は常《つね》に一切《いっさい》の物《もの》を生《しょう》じ給《たも》う」と信《しん》じられている。

○

支那《しな》の古書《こしょ》に「盤古氏《ばんこし》の左右《さゆう》の目《め》は日月《じつげつ》なり、毛髪《もうはつ》は草木《そうもく》なり、頭手足《あたまてあし》は五岳《ごがく》なり、涙《なみだ》は黄河《こうが》なり、気《き》は風《かぜ》なり、声《こえ》は雷《かみなり》なり云々《うんぬん》」と、酷似《こくじ》している。

バラモンの説《せつ》に「日月星辰及《じつげつせいしんおよ》び地《ち》は無《む》にして、ただ大水有《たいすいあ》り。時《とき》に大安茶生《たいあんだしょう》して鶏子《けいし》の如《ごと》し……」

支那《しな》の古伝《こでん》に、「天地渾沌鶏子《てんちこんとんけいし》のごとき、盤古《ばんこ》その中《なか》に生《うま》れる。一万《まん》八千歳《せんさい》、而《しか》して天地開闢《てんちかいびゃく》、清軽《せいけい》なるものは上《のぼ》りて天《てん》となる、濁重《だくじゅう》なるものは下《さ》がりて地《ち》となり、盤古《ばんこ》その中《なか》に在《あ》り、一日《にち》に九変《へん》、天《てん》において神《かみ》、地《ち》において聖《せい》なり。天極《てんきわ》めて高《たか》く、地極《ちきわ》めて深《ふか》く、盤古極《ばんこきわ》めて長し、これ天地《てんち》の始《はじ》めなり」といえるに似《に》ている。

また梵天王《ぼんてんおう》は八王子《はちおうじ》を生《しょう》じ、八天子《はちてんし》は天地万物《てんちばんぶつ》を生《しょう》ず。故《ゆえ》に梵天王《ぼんてんおう》は一切衆生《いっさいしゅじょう》の父《ちち》といい、威霊帝《いれいてい》ともいわれる。

○

しかるに神示《しんじ》の『霊界物語《れいかいものがたり》』によれば、大自在天《だいじざいてん》（＝天王星より降臨。神典では大国主神。豪勇の神）は大《おお》国彦《くにひこ》であって、その本《もと》の出生地《しゅっせいち》は常世《とこよ》の国《くに》（＝今の北米）で、常世神王《とこよしんおう》といってある。大国彦《おおくにひこ》の子に大国別《おほくにわけ》があって、この神《かみ》が婆羅門《バラモン》の教《おしえ》を開《ひら》いたことも、物語《ものがたり》によって明《あきら》かである。（※大国別は北米で何故《なにゆえ》かウラル教を宣伝、従《したが》って北米はウラル教を国是とする）

大国別《おほくにわけ》は常世国《とこよのくに》（北米）からエジプトに渡《わた》り、次《つ》いでメソポタミヤに移《うつ》り、ペルシャを越《こ》えてインドに入《はい》って、★**ハルナの都《みやこ》**に現《あらわ》れ、ここにバラモン教《きょう》の基礎《きそ》を確立《かくりつ》したのは、大国別《おほくにわけ》の副神《ふくしん》を務《つと》めていた鬼雲彦《おにくもひこ》が大黒主《おおくろぬし》と現《あら》われてからのこと。それ以前《いぜん》のバラモン教《きょう》はきわめて微弱《びじゃく》であった。このバラモン教《きょう》の起元《きげん》は、遠《とお》き神代《かみよ》の素盞嗚尊《すさのおのみこと》の御時代《ごじだい》であって、釈迦《しゃか》の出生《しゅっしょう》に先立《さきだ》つこと30余万年前《よまんねんまえ》の由緒《ゆいしょ》です。

（『霊界物語』第15巻 第1章「婆羅門」大正11年3月31日、第40巻「総説」大正11年10月31日 参照）

二、ハルナの都

◆ハルナの都《みやこ》 インドの旧《きゅう》ボンベイ、現在《げんざい》のムンバイ市《し》。ハルとは東《ひがし》の意《い》で日《に》本《ほん》・東都《とうと》・東京《とうきょう》のこと。ハルマゲドンのハルも同意。

○

『霊界物語《れいかいものがたり》』第《だい》67巻《かん》 第《だい》6章《しょう》「浮島《うきしま》の怪猫《かいびょう》」（大正13年12月2日）に、波切丸《なみきりまる》」（=ハルの湖の渡行船。数百人が乗船。明治から昭和の敗戦に至る日本社会を暗示する）は万波洋々《ばんぱようよう》ハルの湖面《こめん》を西南《せいなん》さして航行中《こうこうちゅう》に、湖水第《こすいだい》一の岩山《いわやま》・高山《こうざん》が見《み》える。このハルの岩島《いわしま》は神秘《しんぴ》を蔵《ぞう》し、昔《むかし》は頂辺《てっぺん》には日月《じつげつ》のごとき光《ひかり》が輝《かがや》き、月《つき》のない夜《よる》の航海《こうかい》には燈明台《とうみょうだい》として国民《こくみん》に親《した》しまれていた。しかし段々《だんだん》と世《よ》の中《なか》が曇《くも》ったせいで、万古不動《ばんこふどう》の岩山《いわやま》も根《ね》がない浮島《うきしま》らしく、その中心《ちゅうしん》が文化風《ぶんかかぜ》に煽《あお》られチクリチクリと東《ひがし》の方《ほう》へ移動《いどう》していったという。（＝西洋文明にあおられ、京都から東京へ遷都）文化《ぶんか》をはじめ日月星辰《じつげつせいしん》みな西《にし》へ西《にし》へと移《うつ》り行《ゆ》くのに、岩山《いわやま》だけは東《ひがし》へ移《うつ》るとは天《てん》地《ち》の道理《どうり》に反《はん》している。浮動《ふどう》するような島《しま》では、いかに岩山《いわやま》で固《かた》めても何時《いつ》沈没《ちんぼつ》するかもわからない。

山《やま》の頂《いただ》は、枯死《こし》せんとするひねくれた小《ちい》さい樹木《じゅもく》が岩《いわ》の空隙《くうげき》に僅《わず》かに命脈《めいみゃく》を保《たも》っているが、何程高《なにほどたか》い山《やま》でも役《やく》に立《た》たぬ。ガラクタ岩《いわ》では山《やま》の山《やま》たる資格《しかく》はない。今《こん》日《にち》では最早《もはや》無用《むよう》の長物《ちょうぶつ》となってしまった。

○

昔《むかし》はあの山《やま》の頂《いただ》きに仁王《におう》のごとく直立《ちょくりつ》している大岩《おおいわ》を「アケハルの岩《いわ》」（＝明治の岩…）と称《とな》え、国《くに》の守《まも》り神様《がみさま》として、国民《こくみん》から尊敬視《そんけいし》されていた。それが澆季末法《ぎょうきまっぽう》（＝人情が軽薄な末法の世）の世《よ》となりて、今日《こんにち》では少《すこ》しも光《ひかり》がなく、おまけに虎狼《とらおおかみ》とも金毛九尾《きんもうきゅうび》とも大蛇《だいじゃ》とも形容《けいよう》し難《がた》い、怪獣《かいじゅう》の生息所《せいそくしょ》となってしまった。

おまけにその大岩《おおいわ》は縦《たて》に大《おお》きなヒビが入《い》り、今《いま》は「大黒岩《おおくろいわ》」「悪魔島《あくまとう》」と人《ひと》が呼《よ》んでいる。世《よ》の中《なか》はこれを見《み》て、このままでは世《よ》がいつまでも続《つづ》くものでない。天《てん》の神様《かみさま》は地《ち》に不思議《ふしぎ》を現《あらわ》し世《よ》の推移《すいい》をお示《しめ》しになるということから、これを推考《すいこう》すれば、「大黒主《おおくろぬし》の天下《てんか》」も余《あま》りそう長《なが》くはありますまい。

あの岩山《いわやま》は時々大鳴動《ときどきだいめいどう》を起《おこ》し、噴煙《ふんえん》を吐《は》き散《ち》らし、湖面《こめん》を暗《やみ》に包《つつ》んでしまうことがある。その噴煙《ふんえん》には一種《いっしゅ》の毒《どく》ガスが含有《がんゆう》しているので、眼病《がんびょう》を煩《わずら》い、耳《みみ》は聞《きこ》えなくなり、舌《した》は動《うご》かなくなるという。

……やがて岩山全山《いわやまぜんざん》が前後左右《ぜんごさゆう》に揺《ゆ》れはじめ、頂上《ちょうじょう》の大《おお》きな夫婦岩《みょうといわ》が下《した》の方《ほう》に動《うご》き始《はじ》め、それが岩《いわ》かと思《おも》うと虎《とら》が這《は》っているようにも見《み》える。ところが磯端《いそばた》まで来ると牛《うし》のような虎猫《とらねこ》で西《にし》の方《ほう》へ泳《およ》いで逃《に》げていった。

その岩山《いわやま》はチクリチクリと沈《しず》み出《だ》し、とうとう沈《しず》んで無《な》くなってしまった。

○

今《いま》まで波切丸《なみきりまる》の船室《せんしつ》に潜《ひそ》んでいた瑞霊《ずいれい》の化神《けしん》・梅公宣伝使《うめこうせんでんし》（＝出口王仁三郎）はやおら起《お》き上《あ》がり甲板《かんぱん》に出《で》ると、

梅公「どうも不思議《ふしぎ》ですなあ。しかし人間《にんげん》から見《み》れば大変《たいへん》な事《こと》のようですが、宇宙《うちゅう》万有《ばんゆう》を創造《そうぞう》された神様《かみさま》の御目《おめ》から見《み》れば、小《ちい》さいことで、吾々《われわれ》はこれを見《み》て自《みずか》らを戒《いまし》め、悟《さと》らねばなりません」

甲「あなたは何教《なにきょう》かの宣伝使《せんでんし》のようですが、一体全体《いったいぜんたい》この世《よ》の中《なか》は何《ど》うなるのでしょうか。一時間前《いちじかんまえ》まで泰然《たいぜん》として湖中《こちゅう》にそびえていた、あの岩山《いわやま》がもろくも湖《こ》底《てい》に沈没《ちんぼつ》する不祥《ふしょう》な世《よ》の中《なか》ですなア」

梅公「今日《こんにち》は妖邪《ようじゃ》の気《き》、国《くに》の上下《じょうげ》に充《み》ちあふれ、仁義《じんぎ》だの、道徳《どうとく》だのという美風《びふう》は地《ち》を払《はら》い、悪《あく》と虚偽《きょぎ》の悪風《あくふう》吹《ふ》き荒《すさ》び、世《よ》は暗黒《あんこく》の淵《ふち》に沈淪《ちんりん》し、聖者《せいじゃ》は野《の》に隠《かく》れ愚《ぐ》者《しゃ》は高《たか》きに上《のぼ》って国政《こくせい》を私《わたくし》し、善《ぜん》は虐《しいた》げられ悪《あく》は栄《さか》えるという無道《むどう》の社会《しゃかい》ですから、天地《てんち》はこれに感応《かんのう》して、色々《いろいろ》不思議《ふしぎ》が勃発《ぼっぱつ》するのです。今日《こんにち》の人間《にんげん》は何《いず》れも堕落《だらく》の淵《ふち》に沈《しず》み、卑劣心《ひれつしん》のみ頭《あたま》をもたげ、有為《ゆうい》の人間《にんげん》は生《う》まれ来《き》たらず、吾々《われわれ》は斎《い》苑《そ》の館《やかた》の神柱《かむばしら》、主《す》の神《かみ》の救世的御神業《きゅうせいてきごしんぎょう》に奉仕《ほうし》し、天下《てんか》の暗雲《あんうん》を払《はら》い、蒼生《あおひとぐさ》を平《へい》安無事《あんぶじ》なる楽郷《らくきょう》に救《すく》わんがため天下《てんか》を遍歴《へんれき》して、神教《しんきょう》を伝達《でんたつ》しているのです。まだまだ世《よ》の中《なか》はこれくらいな不思議《ふしぎ》では治《おさ》まりませんよ。ここ十年以内《ねんいない》には、世《せ》界的《かいてき》、またまた大戦争《だいせんそう》が勃発《ぼっぱつ》するでしょう。今日《こんにち》はウラル教《きょう》（＝アメリカ）とバラモン教《きょう》（＝日本）との戦争《せんそう》（＝第二次世界大戦）が始《はじ》まらんとしておりますが、**こんなことはホンの児戯《じぎ》に等《ひと》しきもので、世界《せかい》の将来《しょうらい》は、実《じつ》に戦慄《せんりつ》すべき大禍《たいか》が横《よこ》たわっておりますよ**」

甲「今《いま》の人間《にんげん》は神仏《しんぶつ》の洪大無辺《こうだいむへん》なる御威徳《ごいとく》を無視《むし》し、暴力《ぼうりょく》と圧制《あっせい》をもって唯一《ゆいっ》の武器《ぶき》とする大黒主《おおくろぬし》の前《まえ》に拝跪渇仰《はいきかっこう》し、世《よ》の中《なか》に尊《とうと》き者《もの》は、ハルナの都《みやこ》の大黒主《おおくろぬし》より外《ほか》にないものと誤解《ごかい》しているのだから、天地《てんち》の怒《いか》りに触《ふ》れて、世《よ》の中《なか》は一旦《いったん》破《は》壊《かい》さるるのは当然《とうぜん》でしょう。あなたは何教《なにきょう》の宣伝使《せんでんし》でしょうか。神様《かみさま》に対《たい》する感《かん》想《そう》や神《かみ》と人《ひと》との関係《かんけい》を解《わか》らせていただくことはできませんか」

梅公「吾宣伝使《わがせんでんし》の君《きみ》から教《おそ》わった一《ひと》つの格言《かくげん》、これを貴方《あなた》にお聞《き》かせ致《いた》しましょう。

○

神力《しんりき》と人力《じんりき》

一、宇宙《うちゅう》の本源《ほんげん》は活動力《かつどうりょく》にして即《すなわ》ち神《かみ》なり。

一、万物《ばんぶつ》は活動力《かつどうりょく》の発現《はつげん》にして神《かみ》の断片《だんぺん》なり。

一、人《ひと》は活動力《かつどうりょく》の主体《しゅたい》、天地経綸《てんちけいりん》の司宰者《しさいしゃ》なり。活動力《かつどうりょく》は洪大無辺《こうだいむへん》にして宗教《しゅうきょう》、政治《せいじ》、哲学《てつがく》、倫理《りんり》、教育《きょういく》、科学《かがく》、法律等《ほうりつとう》の源泉《げんせん》なり。

一、人《ひと》は神《かみ》の子《こ》神《かみ》の生宮《いきみや》なり。而《しか》して又神《またかみ》と成《な》り得《う》るものなり。

一、人《ひと》は神《かみ》にしあれば神《かみ》に習《なら》いて能《よ》く活動《かつどう》し、自己《じこ》を信《しん》じ、他人《たにん》を信《しん》じ、依頼心《いらいしん》を起《おこ》す可《べか》らず。

一、世界人類《せかいじんるい》の平和《へいわ》と幸福《こうふく》の為《ため》に苦難《くなん》を意《い》とせず、真理《しんり》の為《ため》に活躍《かつやく》し実行《じっこう》するものは神《かみ》なり。

一、神《かみ》は万物普遍《ばんぶつふへん》の活霊《かつれい》にして、人《ひと》は神業経綸《しんぎょうけいりん》の主体《しゅたい》なり。霊体一致《れいたいいっち》して茲《ここ》に無《む》限無極《げんむきょく》の権威《けんい》を発揮《はっき》し、万世《ばんせい》の基本《きほん》を樹立《じゅりつ》す。

三、アダムとイブ

人類《じんるい》の祖先《そせん》と称《しょう》するアダム、イブが神様《かみさま》の禁制《きんせい》の智慧《ちえ》の果実《このみ》を神意《しんい》に反《そむ》いて採《さい》食《しょく》した罪悪《ざいあく》の報《むく》いに由《よ》って、その子孫《しそん》たる世界《せかい》の人類《じんるい》は開闢《かいびゃく》の始《はじ》めより今日《こんにち》に至《いた》るまで、祖先《そせん》の罪悪《ざいあく》の血《ち》を受《う》けているので、残《のこ》らず大罪人《だいざいにん》、所謂《いわゆる》罪《つみ》の子《こ》として生《う》まれて来《き》ているから、地獄《じごく》にその霊魂《れいこん》を落《おと》され、消《き》えぬ火《ひ》に焼《や》かれて無限《むげん》の苦悩《くのう》を味《あじ》わうべきものである。

その惨状《さんじょう》を全智全能《ぜんちぜんのう》にして絶対《ぜったい》の権威《けんい》に坐《まし》します無限愛《むげんあい》なる神《かみ》はいたく憐《あわ》れませ給《たま》いて最愛《さいあい》の独《ひと》り子《こ》たるエスを現世《げんせ》に降《くだ》し十字架《じか》に釘付《くぎづ》けてこれを殺《ころ》し、キリストの名《な》に由《よ》って天帝《てんてい》に祈願《きがん》するものゝみこれを天国《てんごく》に再生《さいせい》せしめ給《たま》うと説《と》くのが既成《きせい》宗教《しゅうきょう》キリスト各派《かくは》の教理《きょうり》である。

以上《いじょう》の如《ごと》き教理《きょうり》は数《すう》千年《ねん》以前《いぜん》の人智蒙昧《じんちもうまい》なる野蛮時代《やばんじだい》に於《お》いては、多少《たしょう》の脅嚇《きょうかく》も誤《ご》魔化《まか》しも効力《こうりょく》があったであろうが、現代《げんだい》の如《ごと》く不完全《ふかんぜん》ながらも、科学《かがく》の進歩《しんぽ》に向《むか》いつゝある時代《じだい》には何人《なにびと》といえども常識《じょうしき》を備《そな》えたる者《もの》に信《しん》ずる者《もの》の無《な》いのは当然《とうぜん》過《す》ぎる程当然《ほどとうぜん》の帰結《きけつ》である。

精神上《せいしんじょう》に大《だい》なる欠陥《けっかん》ある者《もの》か、癲狂痴呆《てんきょうちほう》の徒《と》にあらざる限《かぎ》りは、これを信《しん》ずる事《こと》は出来《でき》ない筈《はず》である。誠《まこと》に思《おも》えば、現今《げんこん》の如《ごと》き矛盾《むじゅん》と欠陥《けっかん》の多《おお》い自己愛《じこあい》のみの社《しゃ》会《かい》に生《うま》れた現行刑法《げんこうけいほう》、即《すなわ》ち神《かみ》ならぬ凡人《ぼんじん》の造《つく》った法律《ほうりつ》でさえも、祖先又《そせんまた》は父母兄弟《ふぼけいてい》が大罪《たいざい》を犯《おか》したとしても、その子孫又《しそんまた》は弟妹《ていまい》にまで罪《つみ》を科《か》すというような不合理《ふごうり》は施行《しこう》しないのである。況《いわん》や全智全能《ぜんちぜんのう》であって、愛《あい》の本体《ほんたい》とも称《しょう》する神《かみ》が、祖先《そせん》の罪《つみ》を何《なん》十万年末《ねんまつ》の子孫《しそん》にまで及《およ》ぼし、これを地獄《じごく》に投《とう》ずべき理由《りゆう》は無《な》い筈《はず》だ。万々《まんまん》一左様《さよう》な分《わか》らず屋《や》の神《かみ》ありとすればそれは世界《せかい》の大魔神《だいまじん》であって吾々人類《われわれじんるい》の赦《ゆる》すべからざる敵《てき》として、この宇宙《うちゅう》から宜《よろ》しく放逐《ほうちく》すべきである。

然《しか》るに、現代《げんだい》の立派《りっぱ》な紳士《しんし》と言《い》わるゝ人《ひと》の中《なか》にも、こんな不合理《ふごうり》な不徹底《ふてってい》な教理《きょうり》、否狂理《いなきょうり》を信《しん》じ、斯《か》かる没分暁漢《ぼつぶんぎょうかん》（＝わからずや）の魔神《ましん》に憐《あわ》れみを乞《こ》い、赦《ゆる》されん事《こと》を祈《いの》り安心立命《あんしんりつめい》を得《え》んとするは、木《き》によりて魚《うお》を求《もと》めんとするにもまさった愚劣《ぐれつ》さであり卑怯《ひきょう》さである。

文化《ぶんか》の進《すす》んだ二十世紀《せいき》の現代《げんだい》には既《すで》に已《すで》に大部分《だいぶぶん》の人民《じんみん》より捨《す》てられて居《い》るのは当然《とうぜん》である。既成仏教《きせいぶっきょう》もまた、キリスト的《てき》の脅嚇《きょうかく》や誤魔化《ごまか》しがあって、是《これ》とても既《すで》に已《すで》に宗教《しゅうきょう》としての価値《かち》はみとめられない。仏教《ぶっきょう》の大乗部《だいじょうぶ》は別《べつ》として、小乗部《しょうじょうぶ》の教理《きょうり》など婆々《ばば》嬶《かか》だましの世迷言《よまよいごと》である。数《すう》千年《ねん》以前《いぜん》の人智《じんち》未開《みかい》の世《よ》に適《てき》した宗教《しゅうきょう》の教理《きょうり》を、今日《こんにち》に施行《しこう》せんとするは、三冬《とう》厳寒《げんかん》の頃《ころ》に用《もち》いた綿入《わたいれ》着物を土用三伏《どようさんぷく》の酷暑《こくしょ》の時代《じだい》に着用《ちゃくよう》せよと教《おし》ゆると同様《どうよう》にして愚《ぐ》の骨頂《こっちょう》である。

斯《か》かる教理《きょうり》を、臆面《おくめん》もなくまことしやかに説《と》いて居《い》る。その野呂《のろ》さ、迂愚《うぐ》さと言《い》ったら、到底論《とうていろん》ずるの価値《かち》さえもなきものである。

かくして既成宗教《きせいしゅうきょう》の各派《かくは》は日《ひ》に〳〵破産《はさん》して行《い》くのである。滅亡《めつぼう》の淵《ふち》に向《むか》って直進《ちょくしん》しつゝあるのである。

（『人類愛善新聞』昭和六年九月三日・王仁）

四、『神聖』　顕幽の関係と対ロシア問題

―◆『神聖《しんせい》』「対露問題特輯号《たいろもんだいとくしゅうごう》」「対露問題《たいろもんだい》を論《ろん》す」・出口王仁三郎《でぐちおにさぶろう》（昭和10〔193―

5〕年12月号。「昭和神聖会」機関誌）の論文《ろんぶん》に、霊界《れいかい》と現界《げんかい》の関係《かんけい》から対《たい》ロシアについて掲載《けいさい》される。

「この世《よ》の現象世界《げんしょうせかい》のことをウツシ世《よ》という。それは実体界《じったいかい》を写映《しゃえい》した世界《せかい》という意味《いみ》なのである。然《しか》らば「実体界《じったいかい》」とは何《なに》かという問題《もんだい》が自《みずか》ら起《お》きて来《く》るが、解《わか》り易《やす》い言葉《ことば》で云《い》うと、実体界《じったいかい》とは「精神界《せいしんかい》」ということである。

例《たと》えば人《ひと》が激昂《げっこう》して相手《あいて》を殴《なぐ》るとすると、激昂《げっこう》することが精神界《せいしんかい》の働《はたら》きであって、殴《なぐ》るということが現象界《げんしょうかい》の働《はたら》きとなるのである。

大宇宙間《だいうちゅうかん》に起《おこ》る諸々《もろもろ》の現象《げんしょう》は、実《じつ》に複雑極《ふくざつきわ》まる関係《かんけい》に置《お》かれているものであるから、簡単《かんたん》な人間《にんげん》の推理力《すいりりょく》でその奥底《おうてい》を掌握《しょうあく》することは不可能《ふかのう》であるが、総《すべ》て精神《せいしん》界《かい》に起《お》きたことは、あるいはその形《かたち》を変《か》えその過程《かてい》を違《ちが》えることはあっても、必《かなら》ず現象界《げんしょうかい》にことごとく写影《しゃえい》されるものである。

この世《よ》の中《なか》に病気《びょうき》が益々《ますます》増加《ぞうか》するのは、総《すべ》て人《ひと》の心《こころ》の悩《なや》みの反映《はんえい》であり、犯罪《はんざい》が愈々《いよいよ》多《おお》くなるのは、人《ひと》の心《こころ》の偽《いつわ》りが斯《か》く現《あらわ》れて来《く》るものなのである。

故《ゆえ》に予《よ》は常《つね》に世界《せかい》の動向《どうこう》を眺《なが》め祖国《そこく》の趨勢《すうせい》を観《かん》ずるに当《あた》って、必《かなら》ず人心《じんしん》の動《はたら》きを察《さっ》して来《く》るべき世《よ》の中《なか》を判《はん》ずるのである。

憎《にく》しみの気地《きち》に漲《みなぎ》って天下《てんか》の動乱《どうらん》を察《さっ》し、欺瞞《ぎまん》の風《かぜ》が上下《じょうげ》に充《み》ちて国家《こっか》の危機《きき》近《ちか》きを憂《うれ》い、浮薄《ふはく》の精神内外《せいしんうちと》に溢《あふ》れて社会《しゃかい》の行詰《ゆきつま》りを思《おも》うのである。

かかる観点《かんてん》に立《た》って日露《にちろ》の関係《かんけい》を察《さっ》するに、予《よ》は現状《げんじょう》の儘《まま》では日露《にちろ》の一大衝突《いちだいしょうとつ》は到底免《とうていまぬが》れることの出来《でき》ない必然的《ひつぜんてき》の運命《うんめい》にあると信《しん》じている。

予《よ》は理屈《りくつ》を並《なら》べようとは思《おも》わない。遠《とお》からざる将来《しょうらい》に事実《じじつ》が証明《しょうめい》すると思《おも》っている。既《すで》に今日《こんにち》我《わ》が国《くに》は外交戦《がいこうせん》に於《お》いてロシアに破《やぶ》れ、思想戦《しそうせん》に於《お》いて常《つね》に防御的《ぼうぎょてき》立《たち》場《ば》に立《た》っている。最後《さいご》に残《のこ》っているのは武力戦《ぶりょくせん》であるが、**武《ぶ》の字《じ》は戈《ほこ》を止《とど》めしむるの意《い》であって、真《しん》の武力戦《ぶりょくせん》は剣《つるぎ》を抜《ぬ》かずして敵《てき》を畏服《いふく》せしめることなのである。**だが、かかる意味《いみ》の真武《しんぶ》を発揮《はっき》する為《ため》には、思想的《しそうてき》に経済的《けいざいてき》に而《そ》して外交的《がいこうてき》に、我《わ》が国《くに》が断然《だんぜん》ロシアを圧《あっ》する地位《ちい》に立《た》たなくては駄目《だめ》である。

それが出来《でき》なければ、仮令《たとえ》望《のぞ》ましくないことであっても、最後《さいご》に武力《ぶりょく》だけでも勝《か》たねばならぬことになる。何《なに》とならば日本《にほん》は世界《せかい》の如何《いか》なる国《くに》にも真力《しんりょく》に於《お》いて負《ま》けてはならない国《くに》であるからである。それは祖神《そしん》の定《さだ》め給《たま》いし厳律《げんりつ》である。

兎《と》も角《かく》、予《よ》は若《も》し日本《にほん》に経済的《けいざいてき》に思想的《しそうてき》に、又軍事的《またぐんじてき》に些《いささ》かでも虚隙《きょげき》が生《しょう》じたならば、必《かなら》ず直《ただ》ちにロシアが襲《おそ》うて来《く》るものと信《しん》じている。絶対《ぜったい》に油断《ゆだん》は禁物《きんもつ》である。

而《しか》もこの問題《もんだい》を正《ただ》しく解決《かいけつ》する為《ため》には、所謂《いわゆる》外形的《がいけいてき》の政治《せいじ》工作《こうさく》では駄目《だめ》であって、どうしてもその本源《ほんげん》たる「実体界《じったいかい》」の是正《ぜせい》に遡《さかのぼ》らねばならいが、果《は》たして今日《こんにち》の政治家《せいじか》や外交官《がいこうかん》に斯般《しはん》の消息《しょうそく》が判《わか》る者《もの》があるだろうか。信念《しんねん》も無《な》く、理想《りそう》もない実《じっ》に危《あぶ》なかしい日本《にほん》の現状《げんじょう》である」と掲載《けいさい》される。

◆上記論文《じょうきろんぶん》は今《いま》から88年前《ねんまえ》の第《だい》二次《じ》皇道大本弾圧《こうどうおほもとだんあつ》直前《ちょくぜん》、「昭和神聖会《しょうわしんせいかい》」（＝昭和9〔1934〕年7月22日、東京九段会館で発会式）の機関誌《きかんし》の最終号《さいしゅうごう》に掲載《けいさい》されたもの。当時《とうじ》のロシアは、日露戦争《にちろせんそう》後《ご》も満州《まんしゅう》や蒙古《もうこ》の北方《ほっぽう》に大塹壕《だいざんごう》を建設《けんせつ》し、軍備《ぐんび》を整《ととの》え巨視淡々《きょしたんたん》と南下《なんか》や東方攻撃《とうほうこうげき》を狙《ねら》い、第《だい》二次《じ》世界大戦終了《せかいたいせんしゅうりょう》1週間前《しゅうかんまえ》（＝昭和20〔1935〕年8月8日）に参戦《さんせん》して以来《いらい》、現在《げんざい》の樺太《サハリン》や北方四島《ほっぽうよんとう》を占領《せんりょう》し続《つづ》けているが、これは何《なに》を意味《いみ》するか。

要《よう》するに侵略《しんりゃく》という心《こころ》の動《うご》きが実体界《じったいかい》に現《あらわ》れたもの。言葉《ことば》を変《か》えると世《よ》にいう欲望《よくぼう》という強者《きょうしゃ》の精神界《せいしんかい》が、現象界《げんしょうかい》の働《はたら》きとなって弱肉強食《じゃくにくきょうしょく》の悩《なや》みを生《しょう》ずることになる。

しかし、この世界《せかい》から離《はな》れず、ことごとくこれを美化《びか》し、天国浄土《てんごくじょうど》を実現化《じつげんか》せしむるのが、神《かみ》の成神観《せいしんかん》であって、また教《おしえ》の一大眼目《いちだいがんもく》とされる。

◆吉岡温泉御啓示録《よしおかおんせんごけいじろく》　昭和《しょうわ》20年《ねん》12月《がつ》、面会《めんかい》の時《とき》のお言葉《ことば》（略記《りゃくき》）

大小《だいしょう》の地主《じぬし》がなくなり農地《のうち》は解放《かいほう》される。植民地《しょくみんち》は弱肉強食《じゃくにくきょうしょく》の産物《さんぶつ》、白人《はくじん》であろうと黒人《こくじん》であろうと、一切平等《いっさいびょうどう》でなければならない。その内《うち》に植民地《しょくみんち》の解放《かいほう》運動《うんどう》が起《おこ》り、世界中《せかいじゅう》の植民地《しょくみんち》や属国《ぞっこく》は続々《ぞくぞく》と独立《どくりつ》する。

……アメリカは斜陽化《しゃようか》し、二流国《にりゅうこく》となる。アメリカはその政策《せいさく》を捨《す》てず、ベトナムに手《て》を出《だ》し、上《あ》げも下《おろ》しもならんことになり、遂《つい》には日本《にほん》にさえ商戦《しょうせん》に敗《ま》けたり、眼中《がんちゅう》になかった国《くに》に頭《あたま》を下《さ》げたりする事《こと》になる。この国《くに》は統一《とういつ》されて強大《きょうだい》な国《くに》となる。が、アメリカは「腐《くさ》っても鯛《たい》じゃ」、その膨大《ぼうだい》な軍事力《ぐんじりょく》を過信《かしん》しソ連《れん》と衝《しょう》突《とつ》して敗《ま》ける。今《いま》では、もし、ソ連《れん》が戦争《せんそう》したら、アメリカが勝《か》つと皆思《みなおも》っておるがナー。今度《こんど》は神様《かみさま》とソ連《れん》との戦争《せんそう》じゃ。原子爆弾《げんしばくだん》など神様《かみさま》の眼《め》から見《み》たら線香花《せんこうはな》火《び》に等《ひと》しい。だが悪魔《あくま》は、今《いま》の原爆《げんぱつ》の何千倍《なんぜんばい》もあるやつや、毒《どく》ガス弾《だん》、生物弾《せいぶつだん》など最終兵器《さいしゅうへいき》を持《も》ってくる。大三災《だいさんさい》はこれからじゃ。本当《ほんとう》の火《ひ》の雨《あめ》じゃ。

……神様《かみさま》は言霊《ことたま》の力《ちから》だけで一人《ひとり》でも多《おお》く、否世界中《いなせかいじゅう》の人間《にんげん》を助《たす》けたいばかりに、御苦労《ごくろう》なされておられる。しかしお筆先《ふでさき》にも、やむを得《え》ずの事《こと》が出来致《しゅったいいた》すぞよ、とある。……。

○立替《たてか》へを指折《ゆびを》り数《かぞ》へ松虫《まつむし》の　冬《ふゆ》の霜先《しもさき》あはれなるかな

○立替《たてか》へを世人《よびと》の事《こと》とな思《おも》ひそ　立替《たてか》へするはおのがみたまぞ

立替《たてかえ》がいつ来《こ》ようとも人間《にんげん》はすべてに最善《さいぜん》を尽《つく》しておらねばイカン。神様第《かみさまだい》一として、良《よ》く働《はたら》き、少《すこ》しでも神様《かみさま》にご苦労《くろう》をかけん様《よう》にすべきじゃ。先《ま》ず自分《じぶん》の心《こころ》を立替《たてかえ》て心《こころ》に天国《てんごく》を形《かたち》づくり、家《いえ》に世《よ》に天国浄土《てんごくじょうど》を作《つく》るため努力《どりょく》するのが行《ぎょう》じゃ。

「行《ぎょう》」とは断食《だんじき》をして滝《たき》に打《う》たれたり逆立《さかだ》ちをして山《やま》を登《のぼ》ったりする事《こと》が決《けっ》して正《ただ》

しい「行《ぎょう》」ではない。
山《やま》の木《き》を伐《き》った後《あと》には必《かなら》ず苗木《なえき》を植《う》えんとナー。山《やま》は緑《みどり》に田《た》は黄色《きいろ》く実《みの》り、家《いえ》は美しく、家内和合《かないわごう》、屋敷《やしき》には花《はな》や庭木《にわき》を植《う》えて庭園《ていえん》を造《つく》る。この場合松《ばあいまつ》（赤松《あかまつ》）と梅《うめ》は一、二本《ほん》づつでも植《う》える。墓地《はかち》は花壇《かだん》の如《ごと》くするのが天国《てんごく》の相《そう》、理想《りそう》じゃ。……。商人《しょうにん》は薄利《はくり》で、工業家《こうぎょうか》は損益《そんえき》を超越《ちょうえつ》してよい品《しな》を作《つく》る、という風《ふう》な人間《にんげん》ばかりであったら世《よ》の中《なか》は平和《へいわ》なんじゃがナー。……神様第《かみさまだい》一、利他主義《りたしゅぎ》こそ天国形勢《てんごくけいせい》の基本《きほん》じゃ。

『瑞能神歌と黄泉比良坂』終り

あとがき

本書の『瑞能神歌』は、大日本帝国の破局に警告を与えるもので、その通りとなった。『霊界物語』には霊界のことが現界に写り、現界のことが霊界に写る「顕幽一致」の法則がある。この宇宙は霊主体従《ひのもと》が原則で神の力により世界が動き、万有は生命を保つことが出来る。人の心、想念、精霊界がこの霊主体従《ひのもと》に働くか、体主霊従《われよし》（＝盤古大神系）、力主体霊《つよいものがち》（＝大自在天系）に働くかによって社会は変わってくる。

○

大正昭和初期には、第二次世界大戦を「黄泉比良坂の戦い」「世界の最終戦」と多くの人は理解されていた。しかし、常世の国（＝米国）が黄泉島（＝邪神の集合する島。軍事基地の島）であるハワイの真珠湾に基地を建設したことにより太平洋戦争は始り、世界戦へと拡大する。これは本当の「黄泉比良坂の戦い」ではなく、「邪神と邪神の戦い」でした。

大日本帝国、また米国が相互に敵意不信感をいだき、大戦という体主霊従《われよし》、力主体霊《つよいものがち》の凄惨《せいさん》な地獄をこの世に現出させたことになる。その結果、日本は敗戦を迎え二度と戦争の惨劇を繰り返さないという「戦争放棄の平和憲法」を制定し公布される。また本書補足の「ハルナの都」の「浮島の怪猫《かいびょう》」では、明治、大正、昭和の経綸が鮮明に予言され、その通りになった。

○

出口聖師は、宇宙の御教を世界の民衆に説示し、７００万～８００万の人々を愛善の道に教化育成し、また予言警告を発し続けてきた。

しかし、昭和10（１９３５）年12月８日、素盞嗚尊が高天原を乗っ取るものと当局に誤解され大弾圧を受け、６年８ケ月間オリオンの星座《ほしくら》・囹圄《れいご》の身となり、死線を越えて未決から出所されるのが昭和17（１９４２）年８月７日のこと。、弾圧から10年間は厳しい監視下に置かれていた。（獄中回顧歌『朝嵐』参照）

大本にあることは現実界に移写すると言われ、皇道大本と大日本帝国の歴史を比較すると、数運は天運に合致し神の経緯が6年目毎に相似する。

○昭和9年7月22日（昭和神聖会発会式）↓昭和14年7月22日（第2次近衛内閣成立）

○昭和10年12月8日（第2次皇道大本弾圧）↓昭和16年12月8日（太平洋戦争勃発）

○昭和11年4月18日（綾部・亀岡不当譲渡）↓昭和17年4月18日（東京初空襲）

○昭和20年9月8日（大審院判決無罪）↓昭和26年9月8日（サンフランシスコ講話条約）

○

大正10（１９２１）年2月12日には第一次皇道大本弾圧事件が起こり、未決から出所後『霊界物語』を口述され、その内容は「人類の救い」を教示する。

また物語は、何時の時代にも適合し、現代を含め千年も万年も続くとされ、神の内意を学ぶことが出来ます。物語第1巻の「序文」には神素盞鳴大神が物質文明の八岐大蛇を退治し、弥勒の世、世界平和を建設する究極の理想社会、善悪の標準などが提示されている。

またこの現実界に起きる小三災の「飢病戦」は私達の工夫と修省によって凶を変じて吉となし、禍い転じて福となし、地獄の苦悩から逃れることが出来るとされ、破壊的惨劇を起させないのが神の御心です。本書は「黄泉比良坂」「最後の審判」「末法の世」「世界の大峠」、「テルブソンの刃《やいば》」「世界の終焉」、「ハルマゲドンの戦い」（＝ハルは日本の事である。『新月のかげ』）など、各宗教の経典の中に語られているが、その預言、予測を現実界に起こさせない、経《たて》の経綸を実行させせないのが救世主の心からの叫びです。

そして世の立替立直し、事戸を渡すということは、国や社会を、武力で破壊するのではなく総てをそのままにして、新しい視点で弥勒の世に立替える、「政教一致」の愛善の道を尊守することです。

所が今のやり方は巨費を投じて近代的軍備や、核の兇器を増強し、一方が屈服するか、ただしは引込まない限り，虎腹撃攘《こふくげきじょう》の幕が切って落とされるかも知れない。また、人間の力が尽きて鼻柱が折れ、手の施す余地がなくなり、政治、経済、思想、宗教何もかも一切が行き詰ると、この悩みがどこかで破裂せねばおかないという道理がある。

一つ目の神の教示に、「その微細《びさい》なる密意《みつい》の存在《そんざい》あること。文字の如く解すべき自然《しぜん》的《てき》で世間的《せけんてき》ではなく、「心霊的《しんれいてき》、神界的《しんかいてき》の秘、内義《ないぎ》が含《ふく》まれている」ことに注意がある。

『霊界物語』第10巻　第23章「神の慈愛」には、「天地の神明は、愛と誠をもって心となし給う。いたずらに命を奪い、何の効あらむ。たとえ肉体は死すとも、汝の霊は再び悪鬼となりて天下に横行し、妖邪を行うは目に見るごとし。三五教《あなないきょう》（＝素尊教団）は、武器をもって人を征服し、あるいは他国を略奪するものにあらず。竜虎ともに戦えば、勢い互いに全からず。彼を斬るか、斬られるか、彼も神の子、吾も神の子、神の御子同士、傷をつけ合うは、親神に対して申しわけなし」と神の真意が説かれている。

○

出口聖師は平和を実践するため大正の始めから乗馬を密かに計画し、蒙古からシベリア、エルサレムへと巡教を予定していたところ、「瑞能神歌」は日本当局はじめ米国までも刺激し第一次皇道大本弾圧（＝主犯片山狂介・山形有朋、従犯敬助・原敬）が起こり126日間拘束されます。これにより計画は変更を余儀なくされ、その出所後直ちに『霊界物語』（＝81巻83冊中、67冊分）を口述、「人類最後の教典」を出版されます。しかしこの物語は「瑞能神歌」のようにダイレクトの表現ではなく、精神的平和の書として救世の意図が内包されています。

そして大正13（1924）年2月、未決の身でありながら「東亜の経綸」と称して、蒙古行きを決断し、エルサレムにまで行く予定が、パインタラで張作霖《ちょうさくりん》（＝中国東北部を支配下に治めていた馬賊の頭領。出口聖師は張作霖の許可を得て入蒙を決行するが、張は日本の軍閥首相原敬と手を結んでいた）により捕まり日本へと護送され、大阪若松署に98日間拘留される。しかし、その後の活動は電光石火大正14年5月20日、北京で「世界宗教者連合会」を開催し、大正14年6月9日「人類愛善会」を設立すると、世界から会員、支部設立の申込みが殺到し、樺太（サハリン）、国後、朝鮮、中国、満州（＝満州皇帝溥儀と親密な関係にある。満州人32万人入会）、モンゴル、台湾、フィリピン、アジア各国、欧州、アフリカ、オセアニア、南北アメリカに至る、世界50数ケ国。現地人自身により支部が設立され、現在ミカエルを信仰するウクライナのキーウ、白系ロシア人、中国では紅万字会員など数百万。他、アフガニスタンのカブール、イラクのサモア等、近年の紛争地帯に影響を与えていた。しかし、昭和10年12月8日の第二次皇道大本弾圧事件で2435日間拘束され、神苑は悉く破壊され、残されたのが焼却された灰と信者が密《ひそ》かに持っていた物語と一部の関係資料でした。

○

物語は、主神・神素盞嗚大神が八岐大蛇を退治してミロクの世、世界平和を建設するための大切な経綸の書。神は宇宙を創造し、人は天地経綸の主体、人々は神の子神の宮、その神の子が神に代って平和を実行するのが人間の使命であり、人生の目的です。

人類が主《ス》神《しん》・神素盞嗚大神を中心とする愛善の大道を歩むのか、それとも旧道に戻るか、国や民族、政治、経済、宗教、教育、軍備の垣根（分断、不信感）は高く、スサノオ尊の両刃《もろは》の剣《つるぎ》、黄泉比良坂の分水嶺に立っているのが現代です。

○

宗教には祓いの神事があります。

「禊祓《みそぎはらい》は戒《いまし》め、慎み、敬《うやま》いの心で、悪しき心起これば これを除き去り、過《あやま》ちては改め、不浄汚穢《ふじょうけがれ》あれば洗いすすぐの道である。日頃かくのごとく心を清め身を潔《きよ》めるのが祓いの道で、祓いには大中小があって、大は大宇宙の祓い、中は国や世界の祓い、小は一身一家の祓いがある。罪事《つみごと》のツミは積み重ねる、また包み隠すとなる。金銭、財宝、食糧等を山積し私有すること、邪心を包蔵するなどの罪事《つみごと》は、堕落腐敗を引き起こす源泉となる、これを祓い清めて甦らせる神事が禊祓《みそぎはらい》である」との教。この祓いを分担するのが国祖・国常立大神であり、伊邪那岐大神です。（『善言美詞 祝詞の解説』参照）

○

日本を象徴する霊山・富士山は、その姿を誰もが愛でられます。しかし、その「富士山に噴火がいつ起こっても不思議はない」と科学的根拠を挙げて報道されています。

『物語』第37巻　第1章「富士山」には、平安末期（８５０年前）源頼朝卿の歌、
★道すがら富士の煙もわかざりき（=盛んなさま）晴るるまもなき空のけしきに
★時知らぬ富士の煙も秋の夜の月の為にや立たずなりけむ
と詠まれて源平合戦が始り、これが世界動乱の雛型となって伝わったとあります。

富士山は、江戸時代の宝永の噴火以来３００年間平穏であった。学者によると現在はマグマが深い地底に複雑に蓄積されつつあるようだ、とか。

第二次皇道大本弾圧３日前に発行された『惟神の道』(12)「天災と人震」には、

「……天祖、国祖の大神の我国を見捨て給わん限り国民の生活固定し、社会が腐敗堕落の極に達した度ごとに地震の浄化《じょうか》が忽焉《こつえん》と見舞ってきて一切の汚穢を洗浄する。古語に『小人をして天下を治めしむれば天禄《てんろく》（=天の恵）永く絶えん、国家混乱すれば天災地妖いたる』とあるは、自然と人生の一体たることを語ったものである」と示されます。

素盞嗚尊が高天原へ上られた時「天地が響《どよ》めいた」とありますが、これは驚きの表現で、大地震が起こったという意味ではありません。

２０２３年２月18日

みいづ舎編集　山口勝人

信仰の誠で越へる大峠　王仁

余白歌

○人間《にんげん》はこの世《よ》を去《さ》ればそれぎりと　思《おも》へる人《ひと》の驚《おどろ》く霊界《れいかい》

○山川《さんせん》の清《きよ》けきさやけさ天国《てんごく》に　入《い》りて驚《おどろ》く精霊《せいれい》の心《こころ》

○何故《なにゆゑ》に善徳《ぜんとく》積みておかざりしかと　歯《は》ぎしりなさむ八衢《やちまら》の辻《つじ》

○相応《さうおう》の理《り》に造《つく》られし世《よ》の中《なか》は　現界霊界同一《げんかいれいかいどういつ》なりけり

○現界《げんかい》にありしこと〴〵霊界《れいかい》に　相応《さうおう》すると思《おも》へば恐《おそ》ろし

○霊界《れいかい》に到《いた》りて人《ひと》は驚《おどろ》かむ　依然《いぜん》と命《いのち》の続《つづ》けるを見《み》て

○人間《にんげん》は現世《うつしよ》のみか霊界《れいかい》に　入《い》りたる後《のち》も命栄《いのちさか》ゆる

○肉体はよし死《まか》るとも魂《たましい》は　幾万劫《いくまんごふ》の後《のち》まで生《い》きむ

○一度《ひとたび》は死《し》ぬべき命《いのち》と知《し》りながら　欲《よく》に底《そこ》なきおろか者《もの》かな

○人間《にんげん》の霊《たま》の命《いのち》は不老不死《ふらうふし》　栄《さか》え〳〵て果《は》てしなきもの

出口王仁三郎《おにさぶろう》　瑞能神歌《みづのしんか》と黄泉比良坂《よもつひらさか》

2023年3月22日　初版発行

著　者　出口王仁三郎

編集人　山口勝人

発行所　みいづ舎
〒621-0855 京都府亀岡市中矢田町岸の上27-6
TEL 0771(21)2271　FAX 0771(21)2272
http://www.miidusha.jp/

ISBN978-4-908065-16-3 C0014

出口王仁三郎

神と宇宙の真相

みいづ舎編集

◉スサノオ神の黙示
「霊・力・体」から人類主義への提言
神、言霊、万物同言、ハテ何のこと。

尖端技術は神の領域に達しているとされる。だが地球には人間だけでなく、禽獣虫魚、山川草木、皆生命を保つ。その根源に「言霊」がある。「言霊の天照国」「言霊の幸はう国」等と表現する。この「言霊」には神の霊魂・神力が宿り、宇宙は創造され、統一され、調和が保たれる。さてその「言霊」には世界の万民が納得できる神力、理論が本当にあるのか。出口王仁三郎提唱の宗教と科学の調和、そこから新しい思想「人類主義」を提言する。

B六判・318頁・定価（本体1800円＋税）

出口王仁三郎聖師

善言美詞 祝詞解説

みいづ舎編集

◉人は神の子、宇宙の縮図！
祝詞は古い、難解だ！
だが「言霊学」により新解すると、
天地の理法が容易に真解される。

宇宙の原理である一霊四魂《ひと》、八力《ふた》、三元《み》、世《よ》、出《いつ》、燃《むゆ》、地成《なな》、弥《や》、凝《ここの》、足《たり》「……天の数歌《かずうた》の神秘を解明し、神々のご活動、太祓《おおはらい》の真意義、神と人との関係、人生の目的、人類救済への政治経済教育宗教科学等の大源泉を凝縮する。「天津祝詞《あまつのりと》」、「神《かみ》言《ごと》」、「感謝祈願詞《みやびのことば》」、「基本宣伝歌」の解説書。

B六判・234頁・定価（本体1400円＋税）